图书馆发展战略规划与趋势

《图书情报工作》杂志社　编

海洋出版社

2016 年 · 北京

图书在版编目（CIP）数据

图书馆发展战略规划与趋势／《图书情报工作》杂志社编．—北京：海洋出版社，2016.3

（名家视点．第7辑）
ISBN 978-7-5027-9351-7

Ⅰ．①图…　Ⅱ．①图…　Ⅲ．①公共图书馆－图书馆工作－研究－中国
Ⅳ．①G259.2

中国版本图书馆 CIP 数据核字（2015）第 308427 号

责任编辑：杨海萍　张　欣
责任印制：赵麟苏

海洋出版社　出版发行

http://www.oceanpress.com.cn
北京市海淀区大慧寺路8号　邮编：100081
北京朝阳印刷厂有限责任公司印刷　　新华书店北京发行所经销
2016年3月第1版　2016年3月第1次印刷
开本：787 mm×1092 mm　1/16　印张：19.25
字数：336千字　定价：48.00元
发行部：62132549　邮购部：68038093　总编室：62114335
海洋版图书印、装错误可随时退换

序

2016 年新年伊始，由《图书情报工作》杂志社策划编辑的《名家视点：图书馆学情报学档案学理论与实践系列丛书》第 7 辑共 5 本，已由海洋出版社出版。这一辑丛书是编辑从近年来发表的论文中精选出来的。这是《图书情报工作》杂志社与海洋出版社联袂奉献给中国图书情报界的新年志喜，也是为国家"十三五"规划开局之年给图书情报从业人员的一份礼物。

在这份礼单中，首先是《图书馆发展战略规划与趋势》。在这本书中，我们收录了 26 篇文章，分专题篇、国外篇、国内篇三个部分，集中展示了国内学术界对图书馆发展战略规划与趋势的研究成果。创新发展，规划先行。面向"十三五"，图书馆需要在把握趋势、把握大势的基础上，确立新思维、制订新战略、采取新行动。"十三五"规划制订得好坏，直接影响每个图书馆今后 5 年的发展，而今后 5 年对图书馆的转型变革是至关重要的，是挑战，也是机遇。这一组文章基本上能展现国内外图书馆发展趋势和战略规划的特点和要点，相信对每个图书馆及管理者和图书馆员都具有重要的参考和借鉴价值，应成为制订"十三五"规划和指导"十三五"期间图书馆工作的重要案头书。

其次是《新环境下图书馆用户信息行为》，共收录 26 篇重要文章，分专题篇、网络篇、服务篇和综述篇 4 部分。用户信息行为是图书馆学情报学最重要的研究对象。图书情报服务做得好不好，往往是由图书情报机构对其服务对象（用户）的信息需求和信息行为的认知和分析深度所决定的。在当前变化的信息环境下，我们对用户的信息需求及其行为的跟踪、揭示和研究是非常不够的，这不仅是由用户信息行为的复杂性所决定的，也是因为我们对用户行为的研究仍缺乏前瞻性的理论、科学的方法和有效的技术。本书所收录的文章将为我们进一步的研究提供新的起点、新的视角和新的结论，有助于我们对用户信息行为提供完整和深入的认识。

在今天图书情报机构提供的信息服务中，专利是不可忽视的。专利被认为是创新性研究或应用成果的代表，代表的是科技创新能力，对企业和各类机构而言是十分核心的信息资源和创新支撑。在《专利情报研究与服务》一书中，我们收录了28篇文章，分专题篇、方法篇、应用篇、评价篇4个部分，展现了国内专利领域的专家学者在专利的引文、工具、挖掘、服务、评价等多个方面有代表性的研究成果，表明国内图书情报界在应用专利推动国家的创新驱动发展战略中所开展的卓有成效的服务工作。总体而言，国内图书情报机构在对专利的重视程度上不够，在应用专利推动科技创新的实践力度上不够，在将专利信息资源转化为现实生产力的实际效果上不够。期待这些文章能对解决这些问题产生一定的推动作用。

网络舆情的研究随着新媒体环境的出现而愈发引起包括政府和相关机构的高度重视，也吸引了广大研究人员的积极参与。在名家视点第5辑中推出的《新媒体环境下的网络舆情研究和传播》一书受到读者好评，现已售罄。故这一辑将此书再版，增加了一些最新的稿件，使该书跟上新的形势。在不少图情机构，网络舆情的监控与分析，已经成为一项重要的情报研究和咨询服务。

最后一本书是《数字图书馆知识产权保护研究进展》。随着数字图书馆建设与发展，与数字图书馆相关的知识产权问题也显得愈加突出，往往是著作权法等相关法律未曾涉及的新的问题。知识产权问题能否解决好，关系到作者知识产权保护与数字图书馆可持续发展的平衡问题。二者不应是矛盾的，而是数字图书馆发展中必须直面、解决的问题。本书收录26篇文章，分策略篇、实践篇、综合篇，展示了我刊近年来发表的重要的相关研究成果，体现了作者们在有关数字图书馆知识产权问题的认知、实践和策略，有助于启发我们更深入的思考，提出更加符合法理和现实环境的解决对策。

"十三五"已经到来，图书情报界需要重新定位，前瞻谋划，大胆探索，砥砺前行。就图书情报机构的转型而言，这是一个非常关键的5年。如何做好规划，做好布局，寻求新的突破，重塑图书情报新的职业形象，赢得应有的职业尊严和专业地位，不仅关系到这5年的发展，而且直接影响未来10年或者更长时间图书情报机构的生存。我们既要有危机感和忧患意识，也要提振信心，抓住机遇，看到未来发展的前景。"图书馆，不要自甘寂寞"（《人民日报》2015年12月22日第12版语），代表的是全社会对图书馆的期许，也是对图书馆人的鞭策。图书馆若想不被边缘化，拯救自己的只有图书馆员自己。

初景利
《图书情报工作》杂志社社长、主编，教授，博士生导师

目　　次

专　题　篇

国　外　篇

国 内 篇

专题篇

组织者的话

战略规划是战略管理的重要内容之一，是组织应对环境变化、掌控未来、获取生存与发展的有力工具与手段。实践证明战略规划不仅适用于营利性组织，也有助于非营利性组织的发展。20世纪后半叶，英美等国将战略规划引入公共图书馆领域，使得公共图书馆成功地应对了飞速发展的信息技术、数字化网络化环境所带来的冲击，并在新环境下更好地体现了图书馆的核心价值观，从而赢得了社会、公众和政府的支持，为图书馆拓宽了更大的发展空间。战略规划意识与战略规划能力已成为现代公共图书馆进化与发展的标志之一。

21世纪的社会发展和信息环境给予图书馆战略规划以全新的发展环境。在党的十七大提出文化大发展大繁荣的新时代背景下，我国图书馆事业在公共文化服务体系中获得战略地位，发挥重要作用，具有重大战略意义。公共图书馆要适应宏观环境的变化，承担公共文化的使命，赢得新的发展机遇，就必须强化战略规划意识，加快战略规划步伐。

国家社会科学基金"十一五"重点项目"公共文化服务体系中的图书馆战略规划模型与实证研究"正是在这一背景下对我国图书馆战略规划进行的启动与引领研究——公共图书馆战略规划的重要部分。课题组在充分调研国内外公共图书馆战略规划研究与实践的基础上，探寻公共图书馆战略规划的实践规律与理论依据；立足于我国公共图书馆战略规划的现实基础，为其提供具有现实指导意义的战略规划基本模型。

本期专题组织了国家项目的前期部分成果：《国外公共图书馆战略规划研究现状及趋势分析》对国外相关研究现状进行考察，剖析其研究特点，分析国外公共图书馆战略规划研究将朝着推进战略规划实用度研究、丰富战略规划研究的理论基础、加强战略规划实施与评价研究的趋势发展，为推进我国公共图书馆战略规划研究提供借鉴；《美国公共图书馆战略规划制定对我国的启示：一种基于文本分析的研究》应用文本分析方法对20份美国公共图书馆战略规划书进行多维度分析，提取美国同行在规划体例、内容、制定主体、保障方式、评估体系等方面的成功经验，为构建中国式战略规划核心体系提供相应的参考；《关于公共图书馆战略规划模型的思考》强调应将客观现实进行科学抽象形成战略规划模型以指导规划活动，论文为此专门研究了模型的构建基础、模型的构成类型、模型的应用策略；《我国公共图书馆战略规划缺失问题探究》旨在研究我国公共图书馆战略规划现状，分析规划缺失的原因，根据国外经验以及我国的实际情况，提出相应的解决措施。这一组文章揭示了公共图书馆战略规划的国内外现状、理论与实践，对于我国普遍缺失战略规划的公共图书馆界有一定的启示与指导作用。

公共图书馆战略规划是图书馆学的重大应用问题，需要深入研究。我们要在理论探讨和借鉴国外先进经验的基础上，紧密结合我国国情和公共图书馆现实情况，进一步研究与战略规划模型匹配的实施模式和保障机制，将我国公共图书馆界更快地引导到战略规划国际化发展趋势的道路上。期望通过本专题引发对公共图书馆战略规划更大的关注与重视，共同推进我国公共图书馆战略规划的理论创新和实践应用。

南开大学信息资源管理系教授、博士生导师、系主任　柯　平

国外公共图书馆战略规划研究现状及趋势分析*

1 研究概况

为了详细地获知国外公共图书馆战略规划研究的现状，笔者以国外数据库 Emerald、Elsevier、EBSCO 、PQDD、Kluwer Online、SpringerLink、Wiley InterScience 为工具，将 "public library" 分别与 "strategic"、 "planning"、 "strategy"、"plan" 进行组配，以摘要、关键词、标题分别为入口，对 1990 - 2010 年（截止日期为 2010 年 3 月 1 日）的文献进行检索，将检索结果进行合并，剔除重复项，并仔细研读这些文献，排除无关文献，最后共获取相关文献 40 篇。

美国和英国图书馆事业比较发达，较早开始公共图书馆战略规划的研究，并始终占主导地位。从本次获取的文献来看，仍以美英两国的文献居多，反映出它们在公共图书馆战略规划研究方面的领先优势。值得关注的是，文献中反映出日本[1]、希腊[2-3]、丹麦[4]等国也对公共图书馆战略规划予以相关研究，可见，公共图书馆战略规划已成为许多国家图书馆界普遍重视的问题之一。当前研究主要围绕着战略规划制定、战略规划的优先事项、战略规划与图书馆成效评估等方面展开。

2 关于公共图书馆战略规划制定的研究

2.1 战略规划制定环境要素分析

战略规划是为了应对日益复杂的环境而引入图书馆界的，考察图书馆环境成为制定战略规划时的必然举措。然而，在应该对哪些环境因素进行考察的问题上，研究者有各自的观点。

* 本文系国家社会科学基金"十一五"重点项目"公共文化服务体系中的图书馆战略规划模型与实证研究"（项目编号：08ATQ001）研究成果之一。

Hofmann[5]对制定战略规划的环境因素进行了研究，结果表明支持战略规划的第一步就是收集关于环境的假设、趋势、结构等信息。Hape[4]对丹麦公共图书馆所作的调查研究表明，由于丹麦的国家信息社会战略开始于1995年，公共图书馆作为创建信息社会一份子的认识在此之后才得以认同，故而2000年以后才对图书馆的战略规划有所研究，可见国家政策对形成公共图书馆战略规划的重要影响。Jones[6]对新南威尔士的公共图书馆制定规划时考虑的关键因素进行考察，认为确定用户需求、确定空间和用地需求，并据此评估成本是公共图书馆战略规划的关键因素，他们的经验对新建公共图书馆的战略规划具有参考价值。McGinn[7]以皇后区公共图书馆利用战略规划争取外部经费为对象进行案例分析，该图书馆努力研究外部环境，包括分析一些主要的纽约报纸的内容，研究周围图书馆计划的宣传与服务，以确定自身是否增加了媒体的关注，从而吸引新的外部资金来源、赠款。值得关注的是，国外有多项相关研究讨论战略规划制定的环境时认为必须考察社区。美国《罗德岛公共图书馆管理委员会手册》[8]中指出，公共图书馆战略规划基于对社区的了解、社区的期望和资源以及对社区未来需求的合理预期所做出的长期规划，这将能够使图书馆理事会和管理人员更好地履行和提供有效、积极的图书馆服务。Shields[9]通过对美国的公共图书馆正在使用中的战略规划进行内容分析，指出战略规划过程必须确定社区价值观，基于对社区价值观念理解的基础将帮助图书馆领导作出适当的预算决定。

从对战略规划制定的环境研究来看，国家政策、经济情况、技术发展成为公共图书馆制定战略规划时最常考虑的环境因素。而且，当今国外公共图书馆在制定战略规划时扩大了对社区的了解，一方面使图书馆战略规划能更好地为社区服务，更好地履行公共图书馆对社区的责任和义务，最终提高图书馆的服务能力和社会地位；另一方面也帮助图书馆控制其对社区未来产生的影响、帮助图书馆生存和繁荣。对社区环境的关注，也还将在后文对战略规划制定主体的分析中得以体现。总之，在制定公共图书馆战略规划时，研究者们认为有必要对环境因素进行分析，在此阶段所要分析主要有政治、经济、技术、社会四大因素，可以归结为 PEST（Political、Economic、Technological、Social）四要素，恰与战略规划理论中的 PEST 分析相一致。

2.2 战略规划制定主体

为了尽量避免图书馆员的主观判断，长期以来，图书馆界认为参与规划制定的主体除了图书馆员（主要是馆长、各部门负责人）还应该有专门的咨询专家。在国外，公共图书馆战略规划制定时必须有董事会成员参与。作为公共服务机构，战略规划的制定绝非图书馆单方的行为，公共图书馆服务的对象即用户也是重要的参与主体。Meadows[10]对英国图书馆1999—2002年的战略规划出台过程进行的研究表明，在大多数战略规划显得苍白的情况下，英国图书馆的战略规划却是明确而具体的，非常令人满意。其原因在于这份战略规划是基于1998年开展的对用户的调查和咨询的结果下诞生的。通过对这些咨询表进行分析，提取用户认为将来制定规划当中最重要的事情与重要性不足的事情，图书馆据此制定了战略规划。该研究表明用户意见对公共图书馆战略规划至关重要，用户是制定战略规划的必然主体。

如2.1所述，伴随着对公共图书馆职能认识的深入，服务社区成为公共图书馆的基本职责，公共图书馆战略规划的制定日益重视社区。从规划的制定主体来看，主要表现在吸引更多社区居民参加规划制定，社区居民意见对规划制定举足轻重。Ferguson[11]对澳大利亚和新西兰图书馆的战略规划和管理分析表明，参与制定图书馆战略规划的主体除了图书馆员还应包括社区成员，可以通过成立"图书馆之友"这样的组织来代表社区，组织的意见代表社区对公共图书馆的声音，所以"图书馆之友"成为图书馆战略规划整体的必要组成部分，对图书馆的未来非常重要。较为类似的是，Wessman[12]提出设立一个公共图书馆"市民处"以帮助规划。

以上相关研究表明，当前参与公共图书馆战略规划制定的主体除了图书馆员、董事会成员、咨询专家以外，社区居民、广大图书馆用户等都被吸纳到制定规划的团队中。由于制定规划时对图书馆外部资源的积极利用，尤其是随着外部环境的改变，经济形势的日趋紧张，积极谋求相关利益人的支持无疑有利于图书馆获取更多的资助。因而，公共图书馆将制定规划的单一主体（图书馆行业人员）发展为多元主体（图书馆员、咨询专家、社区居民、董事会、赞助人等），能更为合理地结合各方利益，参考各方意见，客观而现实地制定战略规划，提高战略规划的接受程度和实用性。

2.3　战略规划制定程序

战略规划是有严格的程序和规定的，公共图书馆将战略规划引入到自身管理中，也基本采纳了其程序。对战略规划制定程序进行研究的文献几乎都肯定严格的战略规划程序对规划有益，但在程序的具体步骤、环节和顺序上持有不同观点。

Feinman[13]指出，当现有技术不能支撑未来发展时战略规划是必然的行动，并提出了战略规划流程的五步法：①环境分析；②确定组织的发展方向；③形成战略规划；④实施战略规划；⑤战略控制、反馈与评价。McClamroch

等[14]则从一些图书馆的战略之所以不成功的角度入手进行分析，认为原因在于图书馆沿用了盈利性组织或私人组织的规划模型才导致战略规划的失败，基于此，作者对非营利组织战略规划制定模型"战略转换环"（Strategy Change Cycle）改进并应用于公共图书馆，将战略规划程序细化为10步骤：①开始商议战略规划进程；②确认组织权力；③识别组织愿景、价值观；④评估组织内外环境，识别SWOT；⑤识别组织面临的战略焦点；⑥形成战略，管理这些战略焦点；⑦检查、采纳战略规划；⑧建立有效的组织愿景；⑨发展有效的实施过程；⑩动态评价战略规划实施过程。为积极地推广公共图书馆战略规划，美国图书馆协会在1980 – 2001年间先后四次颁布了规划指南，即《公共图书馆规划过程》（1980）、《公共图书馆规划与功能设计：选项与程序指南》（1987）、《面向结果的计划：公共图书馆的转型过程》（1998）及《新版面向结果的计划：条理化方法》（2001）。规划指南着重于战略规划的制定程序，并根据前一版本应用中出现的问题及时进行修订推出新版本，第四版根据第三版应用后的反馈着力对规划程序进行简化和合理化，将原来的规划时间由8—10个月缩短为4—5个月，所要完成的战略规划流程任务由23项减少到6大步骤12项任务。规划制定的6步法为：①准备：计划规划；②设想：识别可能性；③设计：创造未来；④构建：构建未来；⑤沟通：与利益相关者；⑥实施：朝着未来前进。Slocum[15]认为将杰克逊维尔公共图书馆转变为21世纪全国的领先图书馆，所依靠的手段就是战略规划，而且，这样的战略规划其流程应该是非常正规的。Wessman[12]认为应采用战略规划简化模型，由四项活动组成：①环境分析；②形成战略重点；③战略实施；④战略评价。

研究者所提出的这些程序虽各有特点，但都共同具有环境扫描、形成愿景、使命和价值观、实施规划、评价与重新审视规划等步骤。随着时间的推移，研究者普遍趋于简化战略规划程序，这种不约而同的变化趋势一方面反映出公共图书馆对战略规划程序的熟悉程度提高，完成战略规划的速度大大加快；另一方面也反映出图书馆战略规划程序更加合理与实用。

值得一提的是，在学术界普遍认同严格的战略规划程序情况下，仍有个别研究者持相反意见，Mott[16]就声称当决定图书馆的战略时，不必用很长很正式的战略规划程序。因为条件总是变化的，也总会出现机会，遵循严格而正式的程序是不明智的。图书馆应有效使用其时间和金钱来满足用户，而不是用于产生战略规划程序。这样的研究尽管有些偏激，但它提醒图书馆在严格遵照战略规划程序的情况下，应更为理智和明智，更合理地应用时间、金钱等资源，在"不用时间、金钱制定战略"与"浪费时间、金钱制定严格战略"之间努力寻求平衡，推动图书馆战略规划取得好的效果。

2.4 战略规划制定工具

自图书馆领域应用战略规划理论以来，战略规划相关工具也随之引入以帮助图书馆制定和实施规划。在 20 世纪 80 年代之后，学术界对战略规划工具的研究逐渐热烈起来，其中尤其以对 SWOT——组织环境内外分析工具的研究最为充分。研究人员认为 SWOT 方法简捷好用，能有力地帮助公共图书馆执行环境扫描，制定战略规划。美国公共图书馆协会 1998 年制定的公共图书馆战略规划指南第三版在第二版的基础上专门增加 SWOT 作为公共图书馆内外环境扫描的工具，后来的研究者们[17-18]则纷纷设计出专门适用于图书馆使用的 SWOT 分析表单。Johnson[19]提出利用 SWOT 分析识别图书馆战略问题的具体建议，通过分析外部的政治、经济、社会变化和用户需求来判断图书馆面临机遇或威胁；通过分析内部的馆舍、员工、资源等来判断图书馆自身的优势或劣势。Mott[16]认为图书馆员应将行动方案建立在对图书馆的优势、劣势、竞争环境的充分考虑基础之上。Pacios[20]认为公共图书馆面临变化，战略规划应通过预测可能的问题减少不确定性，SWOT 能帮助识别对公共图书馆的威胁和未来机会以允许图书馆不断改变以有效适应变化。Pacios 还对所收集的战略规划文本进行内容分析，在公共图书馆的战略规划中，有 11.4% 的战略规划文本专门为 SWOT 分析设有一章。Kostagiolas[3]在对希腊中央公共图书馆的实证研究中发现，在所调查的 29 个中央公共图书馆中，有 28 个（占97%）图书馆馆长在制定战略规划时使用了 SWOT 分析，并给出了其中的分析样例。Cervone[21]则认为 SWOT 为图书馆战略规划制定者提供了一个明确图书馆问题和机会的机制与方法，图书馆在使用 SWOT 分析工具时，更重要的是给自己提出问题，而对这些问题的回答就构成了 SWOT 分析的基础。通过对 SWOT 分析表单的利用及公共图书馆 SWOT 分析因素的不断研究和确认，今后为公共图书馆制定战略规划将变得更加缜密和标准。

除了对 SWOT 的研究，另外也有相关研究试图引入更多的管理工具以辅助战略规划制定。Pacios[20]就指出在图书馆界使用"焦点小组"（focus group）方法来确定图书馆资源和服务的满意程度，而且方法的使用已经完善。文章在此基础上展示焦点小组方法用于帮助塑造公共图书馆战略规划过程中的一部分，即图书馆未来发展方向。作者的研究表明，焦点小组是一个有效的图书馆的战略规划工具，而且作者特意强调在图书馆环境中使用焦点小组法必须广泛地共享信息，员工的积极参与对完善和实现图书馆战略规划是有益的。Slocum[15]指出杰克逊维尔公共图书馆在转型过程中注重通过"焦点小组"了解用户需求。Wessman[12]发现公共图书馆的观测数据显示了宏观环境以及结构分析的必要性，焦点小组讨论法和关键成功因素（CSF）分析方法在公共图书馆战略规划中被加以使用。文章认为CSF分析被认为是一个有用的工具，它能满足将公共组织需要达成共识的愿望，建议将CSF模型作为环境分析及制定战略重点的工具，作者还建议进一步研究CSF工具的功能和可能为公共图书馆战略规划带来的好处。这项研究表明，图书馆在制定战略规划时将CSF方法和市民组织（如作者建议的市民处）结合起来，可以充分表达公众需求，并与图书馆的需求达成共识。

上述对制定战略规划的工具、手段的研究表明，除了使用SWOT，图书馆在制定战略规划时还应充分利用其他工具，并需要结合公共图书馆的需求对所利用工具需要的具体条件加以研究。

3　关于公共图书馆战略规划中优先事项的研究

20世纪80年代以来公共图书馆在开展战略规划活动时，创造性地应用了"功能设计"[22]方法，美国图书馆协会采纳这一方法将公共图书馆规划指南第二版命名为《公共图书馆规划与功能设计：选项与程序指南》，以功能设计为主体向各公共图书馆推荐科学的战略规划。该方法一直沿用至今，但如今研究者们认为在原有基础上应更加强调功能的先后顺序，并将图书馆战略规划中设计的功能按其执行的先后顺序分别拟定优先级，命名为"优先事项"（priority issues），对此优先事项的研究成为当前国外公共图书馆战略规划研究中的重点之一。Kostagiolas[3]对希腊29个中央图书馆的战略规划进行了实证研究，研究结果说明战略规划的流程最初应寻求图书馆应关注的事情并对其进行必要的调整从而形成优先事项，且该研究表明希腊中央图书馆通过UNESCO、IFLA等来源寻求重要的事项（significant issues），这对其他公共图书馆具有独特的参考意义。当然，这些优先事项还必须与图书馆实际情况相吻合。在Suzuki[1]对神奈川的川崎市图书馆的研究中就充分体现出这一点，文章的分析表明，由于该图书馆保持了自身长期以来所具备的良好传统，并通过拟定合理的图书馆优先事项，制定合理的战略规划，实施创新的活动，不断改善服务，使该馆能够应对不断变化的社会需要，这样的战略规划取得了成功。Pacios[20]通过对战略规划文本的分析提炼出进入新世纪的公共图书馆的主要行动领域，文章认为公共图书馆面临变化，战略规划通过预测可能的问题减少了不确定性，帮助识别威胁和未来机会，允许图书馆不断改变来有效适应变化。图书馆管理人员在潜在危机面前采取的行动应是特别关注图书馆服务的社区及定义出优先事项，尤其要关注图书馆将为此努力的优先行动路线。

当然，对于公共图书馆而言，究竟是"优先事项"优先，还是"资金与筹款"优先，也是值得探讨的问题之一。Jennings[23]以此为目标，分析了规划优先事项与筹款的先后顺序，强调在制定规划时，图书馆必须牢记图书馆服务计划与优先事项先于筹款。公共图书馆应重视在图书馆拟定规划和筹款两者之间保持一定的平衡关系，不至于为急于筹款而忽略图书馆的发展目标，同时，也应理性地对出资人的利益进行充分考虑。

4 关于公共图书馆战略规划成效研究

从早期国外对图书馆战略规划行为的认识来看，重视过程甚于重视结果，但新世纪以来，公共图书馆界逐渐提高对战略规划结果的重视程度。如美国图书馆协会发布的规划指南第三版《面向结果的计划：公共图书馆的转型过程》和第四版《新版面向结果的计划：条理化方法》均在前两版的基础上，突出战略规划应以结果为导向。

针对此问题，国外同行专门对图书馆战略规划的成效进行了研究。其研究基本上从两方面开展：①设计指标对战略规划的过程和内容进行评估，以判断其合理性及其对图书馆的价值，评估在规划实施之前进行，目的在于从本源上控制战略规划成效[24]；②在开始实施规划之后进行评估，此评估往往以战略规划书设定的目标体系为根据，对照实施结果，从而对实施成效进行把握和调控[25]。随着对战略规划重要性认识的提高，国外研究者认为公共图书馆战略规划不但是图书馆管理的重要部分，而且战略规划日益成为统领图书馆发展的导向。因而，战略规划实施成效的评判从某种意义来讲就是对图书馆的评估。Dole 等[26]对图书馆评估和图书馆战略规划从过程与结果等方面进行了对照和比较，阐述了将战略规划和图书馆评估结合起来的观点。Milam[27]通过美国和加拿大公共图书馆领导协会 2007 年所作的大规模调查和案例研究发现，通过塑造公共图书馆战略规划，打造强有力的公共图书馆创造和参与活动，能为地方经济和社区发展作出贡献。

从以上研究可见，战略评估已成为战略规划的必经步骤之一，对评估的重视力度可提高战略规划的科学性和可行性。

5 研究趋势

综上所述，近 20 年来，国外公共图书馆战略规划研究主要集中在规划制定、规划的优先事项、规划成效评估三个方面。从整个研究现状来看，国外公共图书馆战略规划研究具有如下发展趋势：战略规划实用度的研究将不断推进；战略规划研究的理论基础将不断丰富；战略规划实施与评价研究将不断加强。

5.1 提高战略规划实用度的研究

公共图书馆战略规划所包含的相关因素日益复杂，为了进一步提高战略规划的普适性和实用度，研究者们[28-29]尽量扩大战略规划的内涵，不再严格界定战略规划，将战略规划与经营计划、长期规划等概念混合使用。这种试图模糊相关概念之间界限的研究意在推广战略规划的应用，但也可能遭遇不可忽视的挑战。首先，公共图书馆并非商业性机构，在经营决策制定和实施方面缺乏经验；其次，经调整后的战略规划能否采用常规架构进行评价和报告也是面临的困难之一。

5.2 应用更多理论进行战略规划的研究

来自于企业的战略规划理论是公共图书馆战略规划研究的起点，但与企业不同的组织性质和运行机制，使公共图书馆要提高战略规划对图书馆管理的效果，还必须从更多的理论视角[30]入手对战略规划进行研究。

5.3 加强战略规划实施与评价研究

从现有文献来看，国外研究者普遍较为关注公共图书馆战略规划的制定，重规划制定甚于规划实施与评价，他们从规划制定的各个方面进行挖掘，期望达到更为完美地制定符合公共图书馆性质与要求的战略规划目标。然而，战略规划理论表明，规划的制定只是重要的一环，需要规划的实施与评价[19]等的共同作用，才能提高战略规划对图书馆的管理成效。

参考文献：

[1] Suzuki Y. Strategic service development of the public library：A challenge of kanagawa prefectural kawasaki library. ［2009 - 11 - 22］. http：//www. jstage. jst. go. jp/article/johokanri/50/8/501/_ pdf.

[2] Kostagiolas P A, Korkidi M. Strategic planning for municipal libraries in Greece. New Library World，2008，109（11/12）：546 - 558.

[3] Kostagiolasp A，Banou C. Strategic planning and management for the public libraries：The case of greek central public libraries. Library Management，2009，30（4/5）：253 - 265.

[4] Hape R. Public libraries in denmark and the on- line and digital information service- what is it about？ ［2009 - 11 - 22］. http：//www. ifla. org/IV/ifta71/papers/109e - Hape. pdf.

[5] Hofmann U. Developing a strategic planning framework for information technologies for libraries. Library Management，1995，16（2）：4 - 14.

[6] Jones D J. Critical issues in public library planning: The new south wales experience. [2009 – 11 – 23]. http: //www. alia. org. au/publishing/alj/53. 4/full. text/jones. htm.

[7] McGinn M. Applying strategy to external funding: A case study of the queens borough public library. North Carolina: University of North Carolina at Chapel Hill, 2005.

[8] Frank P I. Rhode island public library trustees handbook. [2009 – 11 – 24]. http: // www. eric. ed. gov/PDFS/ED496655. pdf.

[9] Shields A M. Current priorities and future directions: A content analysis of active strategic planning goals of public libraries in the united states. North Carolina: University of North Carolina at Chapel Hill, 2007.

[10] Meadows R J. The British library strategic plan 1999 – 2002. Serials 1999, 12 (3): 307 – 308.

[11] Ferguson D. Developing social capital: Australian and new zealand friends of libraries. Aplis, 2006, 19 (1): 26 – 30.

[12] Wessman K. A model of strategic planning: To introduce a citizen bureau in a public library using strategic planning. Boras: University of Boras, 2006.

[13] Feinman V J. Five steps toward planning today for tomorrow' s needs. Computers in Libraries, 1999, 19 (1): 18 – 21.

[14] McClamroch J B, Lacqueline J, Sowell S L. Strategic planning: Politics, leadership, and learning. The Journal of Academic Librarianship, 2001, 27 (5): 372 – 378.

[15] Slocum M. Destination: Next, jacksonville public library' s journey toward transformation. Florida Libraries Fall, 2007: 18 – 20.

[16] Mott L. Planning sstrategically and strategic planning. The Bottom Line: Managing Library Finances, 2008, 21 (1): 20 – 23.

[17] Hale M. New pathways to planning. [2009 – 11 – 23]. http: //skyways. lib. ks. us/ pathway/sitemap. html.

[18] Hennen T J. Hennen' s public library planner: A manual and interactive CD - ROM. New York: Neal- Schuman Publishers, 2004.

[19] Johnson H. Strategic planning for modern libraries. Library Management, 1994, 15 (1): 7 – 18.

[20] Pacios A R. The priorities of public libraries at the onset of the third millennium. Library Management, 2007, 28 (6/7): 416 – 427.

[21] Cervone H F. Strategic analysis for digital library development. OCLC Systems & Services: International Digital Library Perspectives, 2009, 25 (1): 16 – 19.

[22] Martin L A. The public library: Middle- age crisis or old age? . LibraryJournal, 1983 (1): 17 – 22.

[23] Jennings K N. Which came first, the project or the fundraising? The Bottom Line: Managing Library Finances, 2004, 17 (3): 108 – 110.

[24] Stephens A K. Assessing the public library planning process. Norwood: Ablex Publishing corporation, 1995.

[25] Matthews J R. Strategic planning and management for library managers. Westport: Greenwood Publishing Group, 2005.

[26] Dole W, et al. Integrating assessment and planning: A path to improved library effectiveness//Proceedings of the 2008 Library Assessment Conference: Building Effective, Sustainable, Practical Assessment, 2009: 403 – 407.

[27] Milam D P. Public library strategies for building stronger economies and communities. National Civic Review Fall, 2008: 11 – 16.

[28] Mackenzie C. From forward plan to business plan: Strategic planning in public libraries. APLIS, 1997, 10 (4): 190 – 199.

[29] Bailey S, et al. Making a difference: From strategic plan to business plan//Proceeding of the 2008 Library Assessment Conference: Building Effective, Sustainable, Practical Assessment, 2009: 409 – 415.

[30] Carr S J. Strategic planning in libraries: An analysis of a management function and its application to library and information work. Library Management, 1992, 13 (5): 4 – 17.

作者简介

李　健，女，1975 年生，副教授，博士研究生，发表论文 20 余篇；

唐承秀，女，1965 年生，副研究馆员，博士，发表论文 30 余篇，出版专著 1 部；

王　凤，女，1987 年生，硕士研究生；

李亚琼，女，1987 年生，硕士研究生。

美国公共图书馆战略规划制定对我国的启示：一种基于文本分析的研究[*]

从20世纪60年代开始，美欧国家的图书馆就以战略规划为工具，审视图书馆的内外部环境变化，阐述社会使命和价值观，向政府与公众传达图书馆的服务理念与社会价值。目前，我国图书馆界战略规划制定工作尚不成熟，只有国家图书馆、中国科学院国家科学图书馆以及部分高校图书馆开展了规范化的战略规划实践。因此，全面系统地将战略规划作为一种专业化、现代化的管理工具引入我国图书馆管理领域，借鉴国外的先进经验成为一条捷径。本文以美国公共图书馆战略规划的文本分析为基础，探寻其对我国图书馆战略规划制定与研究的启示。

1   研究综述

关于美国公共图书馆战略规划研究，近年来已引起国内学者的重视，在一些文献中有所涉及。柯平等对国外国家图书馆和公共图书馆战略规划实例进行研究，归纳出图书馆战略规划的一般过程与具体内容[1]。于良芝列出1961—2005年的部分美国公共图书馆战略规划，指出，自20世纪90年代初开始，美国图书馆界率先对公共图书馆战略规划的效果进行了一系列考察，如 Stephens 的抽样调研、Sutton 的典型案例调研和一些图书馆的个案调研等[2]。姜晓曦等[3]、金瑛等[4]选择美国国会图书馆、英国国家图书馆、芬兰国家图书馆和多伦多公共图书馆四所公共图书馆进行分析指出，国家图书馆在外部环境定位时均意识到国家图书馆的运作环境是国际性的，在内部环境定位时都指出图书馆信息基础建设对国家图书馆的重要性。余情等[5]选择24个国外战略规划样本进行体例分析，将战略规划文本体例归纳为核心体例构成、特色体例构成和个性体例构成三类。杨溢等[6]通过对我国台北市立图书馆、英国国家图书馆等文本分析，总结出图书馆制定战略规划的6个步骤。

---

* 本文系国家社会科学基金"十一五"重点项目"公共文化服务体系中的图书馆战略规划模型与实证研究"（项目编号：08ATQ001）研究成果之一。

当前研究，较重视国家图书馆和少数公共图书馆的案例分析，缺乏除国家图书馆外的美国各级公共图书馆战略规划的专门研究。

2 研究设计

研究基于以下的认识：大量美国公共图书馆战略规划文本已证明，图书馆战略规划制定具有一定的程序性与规范性，体现一定的趋势特征。

2.1 概念界定

本研究涉及的主要概念是图书馆战略规划与战略规划文本，两者均与战略管理相关。

战略管理是指对特定组织战略的管理过程，是组织制定、实施和评价使组织达到其目标的、跨功能决策的艺术与方法[7]。图书馆战略规划以凸显图书馆核心价值为主旨，深受社会政治、经济环境影响，接受主管部门的指导，与企业相比缺少一定的独立性。

所谓文本，为语言或意思表达可见可感的表层结构，是一系列语句串联而成的连贯序列形式。本文将图书馆战略规划文本界定为明确表示图书馆战略发展思想与行动计划的文字文件。

2.2 研究目标与方法

采用内容分析法进行分析研究。综合考虑图书馆的类型、先进性、规模与影响力等因素，选取 20 份美国公共图书馆的战略规划文本进行内容分析，总结制定特点和探讨对我国图书馆战略规划制定的启示。

3 研究过程与分析

3.1 战略规划样本情况

本文选取 20 个不同地区级别的美国公共图书馆战略规划样本（见表1）。样本级别的多样性为比较不同规模、不同地域范围的图书馆战略规划文本特点提供了可能。

时限分布显示（见图1），80% 的样本以 2 - 5 年为期进行规划。2 - 5 年的规划期属中短期规划，相对于 5 年以上的长期规划而言，能够及时反应内外部环境变化；同时相对于 1 - 2 年的短期规划而言，有利于图书馆战略发展思路的平稳延续，同时节省战略规划制定成本，符合组织的管理效益。

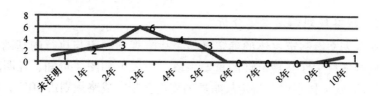

图 1 战略规划年限分布

表 1 美国公共图书馆战略规划样本一览

序号	机构名称	规划时间	制定主体
1	俄勒冈州公共图书馆	2008	董事会与社区规划小组
2	邦杜兰特社区图书馆	2009—2014	未注明
3	卡内基公共图书馆	2005—2008	董事会与社区规划委员会
4	锡特拉皮兹公共图书馆	2008—2011	董事会
5	查塔山谷地区图书馆	2007—2010	亚特兰大和丹佛的 Dubberly Garcia Associates 公司
6	福特－阿特金森图书馆	2007—2009	计划委员会和全部图书馆董事会委员
7	东 Baton Rouge 教区图书馆	2005—2015	未注明
8	东海岸地区图书馆	2009—2011	图书馆委员会，乡村图书馆工作人员，图书馆工作人员
9	爱荷华城市公共图书馆	2008	未注明
10	莱文沃思公共图书馆	2004—2008	规划委员会
11	洛克波特公共图书馆	2009—2013	委员会与主管
12	马特森图书馆	2007—2009	未注明
13	门罗城市公共图书馆	2003—2005	图书馆主任和图书馆董事会
14	蒙大拿州立图书馆	2006—2011	图书馆发展部
15	马特洛马赫县图书馆	2006—2011	战略委员会
16	新泽西州立图书馆	2007—2010	规划指导委员会
17	奥兰治湾公共图书馆	2008—2012	公众、图书馆委员会、职工代表
18	雷蒙德镇公共图书馆	2005—2008	规划小组
19	索诺玛县图书馆	未注明	图书馆委员会
20	北卡罗莱纳州立图书馆	2008—2012	外部的战略规划顾问

3.2 战略规划制定主体分析

战略规划文本制定主体的确定是整个战略规划制定与执行的基础，也是体现战略规划科学性与规范性的重要手段。由表1和图2可知，在明确注明制定主体的16个样本中，特定战略规划委员会制定战略规划占50%，图书馆董事会或委员会制定占37.5%，外聘机构或顾问占12.5%。战略规划制定已经从管理者个体意志逐步向集体意志转移。各馆根据自身的成本预算与成果预期选择合适的制定方式，战略规划注意吸纳主管部门、组织高级管理者、普通员工、用户以及其他相关部门等利益相关者的意见。

图2 战略规划制定主体统计

3.3 战略规划体例分析

体例是战略规划长期发展过程中形成的较为系统的战略规划文本的组织结构样式。本文综合样本的实际情况，参考已有的研究，将分析的战略规划体例分为愿景、使命、目标、环境扫描、措施、指标、评价体系等7个方面进行统计分析（结果见表2）。战略目标与措施是战略规划最基本的构成要素，形成了战略规划体例的核心区。愿景和使命是图书馆表述自身社会责任、组织存在意义的重要部分，超过55%的样本含有这两项，组成战略规划文本的重要体例区。价值陈述、环境扫描、评价体系、服务原则、组织自身发展介绍等内容在不同文本中具有涉及。战略规划文本的体例是必选与可选项的结合，所有体例构成因素已经相对成熟，形成固定内容。从个体图书馆层面考察，美国公共图书馆战略规划文本的体例项目较为平均，维持在3~5个左右，图书馆规模与战略规划体例存在一定的正相关。

表2 战略规划体例构成一览

机构 \ 指标	文本结构							
	愿景	使命	目标	环境扫描	措施	指标量化	评价体系	备注
俄勒冈州公共图书馆	√	√	√		√			监督措施
邦杜兰特社区图书馆	√	√	√		√			

18

指标 / 机构	文本结构							备注
	愿景	使命	目标	环境扫描	措施	指标量化	评价体系	
卡内基公共图书馆	√	√	√		√			
锡特拉皮兹公共图书馆	√				√			价值
查塔山谷地区图书馆	√				√			价值
福特–阿特金森图书馆	√	√	√	√	√			
东 Baton Rouge 教区图书馆	√	√	√		√			核心价值
东海岸地区图书馆	√	√	√		√			
爱荷华城市公共图书馆	√	√	√		√			
莱文沃思公共图书馆	√		√		√		√	
洛克波特公共图书馆	√		√		√			服务原则
马特森图书馆			√		√			价值
门罗城市公共图书馆	√		√		√		√	价值
蒙大拿州立图书馆	√	√	√		√			价值
马特洛马赫县图书馆	√		√		√			
新泽西州立图书馆	√	√	√		√			
奥兰治湾公共图书馆		√	√		√			
雷蒙德镇公共图书馆		√	√	√	√			
索诺玛县图书馆	√	√	√		√			价值
北卡罗莱纳州立图书馆		√	√		√			
合计	14	11	16	2	18	0	2	

注："√"代表有，空格表示没有

3.4　战略规划内容构成分析

　　战略规划内容可以反映公共图书馆在不同发展环境下的战略选择，也可以突出图书馆塑造自身核心竞争力，承担社会责任的发展轨迹。从表3可以看出，服务是图书馆共同关注的焦点，样本均用较大篇幅阐述自身服务理念、条件、对象、方式以及针对各种环境变化与组织发展目标而形成的服务革新。数字资源技术平台与居民日常生活类资源建设成为85％战略规划中的重要内容。经费、技术设施、管理也是战略规划的重要组成部分。信息技术的广泛应用给公共图书馆的日常服务带来便利的同时，也相应增加了管理成本，如何适度地筹划技术设备的发展成为各公共图书馆的重要课题。经费、管理等图书馆内容因素作为服务的保障被提及。除此之外，图书馆营销、图书馆对外宣传、图书馆战略规划的制定过程等也有所涉及。就个体图书馆而言，战略规划内容繁简与图书馆建设规模、服务用户的规模等因素有关。相对于社区图书馆，州立图书馆的战略内容更为丰富些。

表3 战略规划内容构成一览

机构＼指标	环境分析	经费	服务	资源	技术设施	管理	合作	备注
俄勒冈州公共图书馆			√				√	
邦杜兰特社区图书馆		√	√			√	√	战略规划形成过程
卡内基公共图书馆			√	√	√			
锡特拉皮兹公共图书馆		√	√	√	√	√		营销
查塔山谷地区图书馆		√	√	√				
福特－阿特金森图书馆	√		√		√	√		历史介绍
东 Baton Rouge 教区图书馆			√	√				参与社区经济发展
东海岸地区图书馆			√			√		重视培训
爱荷华城市公共图书馆			√	√	√	√		
莱文沃思公共图书馆			√	√		√		市场化管理
洛克波特公共图书馆			√	√				
马特森图书馆	√	√	√	√		√		营销
门罗城市公共图书馆		√	√	√	√			
蒙大拿州立图书馆		√	√	√	√	√	√	侧重内部共沟通管理
马特洛马赫县图书馆			√	√				注重战略规划的形成
新泽西州立图书馆		√	√	√	√	√		
奥兰治湾公共图书馆			√	√	√		√	
雷蒙德镇公共图书馆			√	√				
索诺玛县图书馆		√	√	√				
北卡罗莱纳州立图书馆		√	√	√		√	√	战略规划过程
合计	2	9	20	17	10	10	5	

注："√"代表有，空格表示没有

20

3.5 战略规划运行保障分析

运行保障是战略目标实现的基础与实现战略规划有用性的前提条件。根据文本内容的阐述以及相关战略规划理论的总结，可将战略规划的运行保障归纳为：良好的战略规划制定背景（经验保障）、合理的监督机制（监督保障）、流畅的意见沟通机制（信息反馈保障）、丰富的资源与技术基础（资源保障）、可约束的法律法规（法律保障）、相对完善的管理机制（管理保障）、具有合作服务精神的工作人员队伍（员工保障）、有保证的资金投入（经费保障）以及其他等9个方面。

55.6%战略规划提到最多的保障工具是资源保障，已有的建筑、文献资源、网络技术资源成为战略规划制定的依据和实施的重要基础。次之是反馈沟通保障、管理保障、经验保障、监督和经费保障等。反馈沟通建立在合作的基础上；有效的管理体制和管理方式是图书馆战略管理的实现基础；美国的多数公共图书馆都有制定战略规划的传统，因此累积起来的经验对于战略规划的实施有很好的借鉴意义；公共图书馆实施战略规划的财务来源主要来自基金会、政府投入、社区捐赠等，经费的投入使战略规划具有推行的物质基础。法律保障和员工保障也在一定范围内被利用。特别值得注意的是：①战略规划保障方式的运用并不是单一的，大部分公共图书馆是几种方式共同保障战略规划的实施；②不同规模图书馆战略规划的保障形式有所差异，州立图书馆强调资源保障和管理保障，而郡县图书馆则更青睐监督保障与沟通保障，强调与社区居民的沟通。

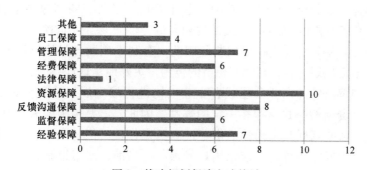

图3 战略规划保障方式统计

注：因有2个文本没有战略保障方式的相关内容，因此本统计样本总量为18个。

4 对我国的启示

4.1 重视战略规划的编制

美国制定图书馆战略规划的历史传统表明，战略规划作为一种简单而适用的管理工具，为管理者快速准确决策提供帮助，也成为图书馆向公众及地方政府管理部门宣传自身价值，获取经费投入、社会捐赠的重要手段。在追求成效的发展环境下，图书馆只有积极自我营销，才能彰显自身的社会价值，获得更多支持，在公共资源竞争中获取最优发展资源；同时，大量战略文本内容的重复性表明，战略规划具有较大共性，制定战略规划能够帮助决策者简化复杂问题的处理程序。因此，应从科学借鉴的角度，研究国外战略规划的成功经验，在实践中培养战略思维，重视国内图书馆战略规划的编制工作，建立图书馆科学战略决策体系。

4.2 组建团队制定战略规划

数据表明，群体代替个体制定战略规划已成为大势所趋。相对于馆长等领导层的个体或者单一成份的战略工作团队制定战略决策而言，多成份的制定主体对环境的把握更加系统而客观。组建特定的战略规划团队已成为美国图书馆制定战略规划的重要方式，可根据具体需要确定不同的参与人员，如东海岸地区图书馆组建了图书馆委员会，乡村图书馆工作人员、图书馆工作人员、公众等组成的战略规划组[8]；奥兰治湾公共图书馆组成公众、图书馆委员会、职工代表为主的团队[9]；卡内基公共图书馆成立包括政府工作人员、商人、律师、公务员、学生、教师、退休人员、义工、图书馆董事会成员、图书馆馆长等在内的15个人组成的规划委员会[10]。吸纳不同阶层、不同立场的利益相关人参与组建战略规划制定团队，有利于兼顾各类战略规划受益者的利益，丰富规划内容，拓宽其辐射的范围，更好地实现自身价值。

在我国聘请外部商业公司或者专业机构进行战略规划的时机尚不成熟，单一领导负责制的模式又存在一定的弊端，因此，借鉴美国经验，设置专门的团队制定战略规划具有很强的借鉴性和可操作性。但是应注意：①战略规划团队人员构成宜多样化，鼓励用户的参与。当前，图书馆制定战略规划类文件过程中，常采取"部门计划＋领导意志"的方式，还未直接关注用户的意见，而美国的经验是更重视服务受众的参与，战略规划团队人员中要有一定比例的用户，即使不建立专门团队，也会以各种方式实现用户参与。②团队以项目形式存在为宜。经费一直是各馆的难题，设置专门的战略管理部门需要一定的资金支持和人员编制配给，当前条件下时机并未成熟。因此，可从各部门抽取一定人员与外部人员形成临时项目组，既能满足战略规划制定的科学性、全面性需要，也能在一定程度上克服图书馆实际困难。

4.3 完善战略规划体例

体例是战略规划的基本框架，经过长期发展，在各相关行业委员会的管理下，美国公共图书馆战略规划已形成较固定的格式。在吸收企业战略管理经验与自身探索中，战略目标、具体措施等为核心，使命、愿景成为重要内容的图书馆战略规划体例已被多数图书馆所接受。核心价值观、组织历史与文化、成绩总结、服务承诺、评估指标等内容，作为可选项目，在不同战略规划文本中也有体现。结合实际，我国的战略规划也应逐步明确体例构成，以固定的格式促进战略规划文本的标准化。可建立以必选体例（也可称核心体例）和可选体例（也可称特色体例）相结合的模式。必选体例可包括：愿景、已有成绩、环境分析、目标、行动措施、已有成绩、实施保障等，可选体例可包括：成功关键因素、财务状况、战略评估方式等。各图书馆在此基础上自由选择搭配，既保持标准化也具有个性化。

4.4 丰富战略规划内容

战略规划内容与体例常被混淆，国内的相关研究中，对战略规划内容框架的描述也从体例角度说明，如盛小平认为，大学图书馆战略规划内容至少包含愿景、使命、价值观、目标体系、战略5部分[11]。战略规划内容应主要从图书馆业务的角度，将涉及的明确未来发展问题进行全面阐述。上文统计中，服务、资源、财务状况、事务管理、人力资源管理、发展环境分析等均为规划不可或缺的部分。战略管理内容随着环境变化及发展需求转移而变化，是一个动态的体系结构。制定战略规划的过程中，需要不断丰富战略规划的内容，注意宏观与微观结合，兼顾主体的情况下，可细节化处理部分内容，增添战略规划文本的可操作性。

4.5 明确战略规划保障方式

成功的图书馆战略规划体系一定是战略方向、战术执行与战略规划保障三者集合的产物。战略规划保障是将战略决策转化为战略目标成果的基础。战略规划如无明确的执行保障方式极可能导致其缺乏执行力，无法达到预期目标，甚至最终被束之高阁。越来越多的图书馆在制定战略规划文本中开始注意明确战略规划保障方式，以资源、管理、监督、信息反馈等方式为主的战略规划保障方式已经得到美国图书馆界的认可和推广。马特洛马赫县图书馆战略文本指出，战略规划目标体系是图书馆在2006—2010年间的每年经费预算和计划下产生的，图书馆领导对战略规划的实现负有主要责任，县议员作为图书馆战略规划目标的评定者和图书馆相关法规政策的制定者，在政策支持和图书馆发展指导上发挥重要作用。图书馆顾问委员会与公众的参与和监督对战略规划实施具有规范作用，其他图书馆合作组织对战略规划的实现也有重要意义[12]。有力的保障是战略目标实现的基础。

4.6   强化战略规划评估监督体系

制定战略规划的最终目标是实现图书馆社会价值，提升图书馆的服务质量，实现公共利益的最大化。其执行需要监督，价值的体现需要合理的评估体现。部分样本图书馆已同时制定战略目标与评价标准，但还需要独立于文本外的评价体系。以客观、务实的评价标准，灵活多样的评价方式，易用简便的评价方法，促进战略规划的完善。具体而言，首先，应结合国内外经验，建立评估指标体系建设，文本评价和执行阶段性评价为主进行规范化评估；其次，形成多评价主体的层次化评价体系，自身评价与外部机构的定期评价相结合，消除战略规划制定与实施的盲点。

5   结   论

美国公共图书馆制定战略规划是其适应竞争环境而形成的传统，也是获取社会支持的重要方式。在行业竞争加剧的今天，我国公共图书馆已经看到了利用战略规划工具的优势，开始了欧美式战略规划的实践探索，但是仍有许多经验需要学习。体例、内容、制定主体、保障方式、评估体系等战略规划核心体系的构建经验，可以为我国战略规划形式上的规范提供有利参考。

参考文献：

[1]   柯平，白庆珉. 图书馆知识管理研究. 北京：北京图书馆出版社，2006：316 – 364.

[2]   于良芝. 战略规划作为公共图书馆管理的工具：应用、价值及其与我国公共图书馆的相关性. 图书馆建设，2008（4）：54 – 58.

[3]   姜晓曦，孙坦，黄国彬. 国外不同类型图书馆的资源建设战略规划分析研究. 图书馆建设，2009（10）：83 – 88.

[4]   金瑛，姜晓曦. 国外图书馆关于环境定位和发展目标定位的战略规划分析. 图书馆建设，2009（10）：97 – 102.

[5]   余倩，陶俊. 国外最新图书馆战略规划体例评析. 图书馆建设，2009（10）：103 – 108.

[6]   杨溢，王凤. 图书馆战略规划的制定程序与内容框架研究. 图书馆建设，2009（10）：109 – 114.

[7]   李福海，李卓．战略管理学．成都：四川大学出版社，2004：10.

[8]   Eastern shore regional library strategic plan：FY 2009 to FY 2011．［2010 – 02 – 23］．ht-
      tp：//www. esrl. lib. md. us/about/ESRLStrategicPlantoFY11. pdf.

[9]   Orange beach public library strategic plan 2008 – 2012．［2010 – 02 – 23］．http：//or-
      angebeachlibrary. org/orange/index. php？ option ＝ com ＿ content&task ＝ view&id ＝
      180&Itemid ＝ 53.

[10] Carnegie public library strategic plan 2005 – 2008．［2009 – 12 – 23］．http：//
      www. bigtimberlibrary. org/strategic＿ plan. htm.

[11] 盛小平．大学图书馆战略规划的几个基本问题．大学图书馆学报，2009（2）：14
      – 18.

[12] Multnomah county public library strategic planning 2006 – 2010．［2009 – 12 – 23］．ht-
      tp：//www. multcolib. org/plan/strategic＿ plan. pdf.

作者简介

陈昊琳，女，1982 年生，博士研究生，发表论文 6 篇。

柯　平，男，1962 年生，教授，系主任，博士，博士生导师，发表论文
200 余篇，出版著作 20 余部。

胡　念，男，1987 年生，硕士研究生，发表论文 1 篇。

范凤霞，女，1984 年生，硕士研究生。

关于公共图书馆战略规划模型的思考[*]

面对日益复杂的环境和公众多元化的需求，公共部门的战略管理在 20 世纪 80 年代得到广泛重视。20 世纪 90 年代末期，美国四分之三的人口超过 5 万的城市在其政府机构中都运用过这种技术[1]。作为一种新实践模式和新理论范式，战略规划是一种用来确认一个组织的主要目标和具体行动的技术[2]，在整个战略管理过程中居于十分重要的地位，是战略执行、战略评估的首要前提，是将战略思想、战略意愿转化为战略行动的必经之路。战略规划的确立，有助于公共文化部门正确处理长远需要和目前需要、长远发展和眼前生存的关系，减少和避免短期行为的干扰，保证组织长期稳定地发展。

在当今图书馆所面临的繁杂而资源稀缺的环境中，战略规划变得必不可少。然而，大多数图书馆管理者却根本没有进行战略思考[3]，这种思考要求观念上的转变，而这种转变则意味着过去从行动到结果的"前向式思维"模式必须朝着从理想未来向现实需求的"后向式分析"模式进行变革[4]。事实证明，图书馆随着战略规划的开展而获得一系列的竞争优势，通过快速适应各类变革，能够从共同的目标与导向中获得最大的效益[5]。我国图书馆界在战略管理理论领域的基础薄弱，学习国外先进运作模式的同时，更应该强调相关理论的指导意义，尤其是将客观现实进行科学抽象形成的战略规划模型的构建，更是当前亟需完成的迫切任务。然而，尽管大量文献对图书馆的战略规划进行了描述和评价，但大多数均未讨论其中蕴含的理论模型[6]。学界需要回答的问题包括：构建模型的重大意义何在？具体如何构建？模型具有哪些类别和特征？怎样高效地应用模型？针对这些我国公共图书馆事业发展不容回避的难题，本文将结合相关理论的分析和实证研究的结论，进行尝试性的探讨。

1　模型的价值意义

模型（model）是对真实想法、系统、概念的抽象概括或陈述[7]。现有的

*　本文系国家社会科学基金"十一五"重点项目"公共文化服务体系中的图书馆战略规划模型与实证研究"（项目编号：08ATQ001）研究成果之一。

事业发展表明，模型的主要价值是为管理者创建一种描绘图书馆未来的基础，通过模型使现实的抽象成为颇具价值的规划工具。具体而言，模型的使用能够降低战略规划的复杂程度，模型的构建可以提供一种通用框架来评定规划过程。模型能够模拟图书馆实践并被用以描绘通过规划实施的战略行动的结果，对于行动方案的选择而言，模型在管理者的决策和分析过程中显得更为有用。

在战略管理领域得到广泛应用的 SWOT 方法是由哈佛商学院的安德鲁斯于 1971 年在《公司战略概念》一书中首次提出的一种矩阵模型，目的是识别组织当前的优势和劣势与运营环境中的应对挑战或机遇利用的相关程度及组织解决这些问题的能力大小，旨在描绘一个有关组织内外环境、问题的集中图画，并激励组织调动其优势，以便最大限度地利用机会、规避风险。自 20世纪 80 年代开展战略规划活动以来，SWOT 分析模型对图书馆的战略规划具有特别的价值，在图书馆战略规划中得到较广泛应用[8]。除了战略分析，我国学者还构建了包括清晰的战略规划、合理的组织再造、架设公共服务平台、合理规划馆员的职责和角色定位、加强员工培训、形成强有力的领导风格、以用户为中心的价值观在内的 7S 战略，以此推动图书馆信息资源的开发与营销[9]。在实际工作中，为考察战略目标的实现绩效，美国弗吉尼亚大学图书馆开发了由 20 至 30 项业务性能指标组成的平衡记分卡[10]。

我国的公共图书馆自上世纪 80 年代以来便广泛重视事业发展的规划设计，公共文化服务体系的建设更加促进了战略思维的形成。相对于其他类型图书馆，公共馆对于公民信息平等的制度性保障有着更充分的体现，环境的复杂性又对其科学规划提出了更高的要求。尽管模型并非能够应用于所有的图书馆规划事务和问题，许多基于隐性知识的直觉性决策和组织文化层面的管理环节，目前仍难以用模型的形式进行准确提示，但战略规划模型对于公共图书馆在愈加繁杂的公共文化环境中的指导意义却日益凸显，公共图书馆的发展变革需要借助来自于管理实践的规律性的行为抽象，模型处理特定挑战和重大进程的特性也将更加体现出战略管理理论与实践的作用和价值。

2 模型的构建基础

2.1 战略管理理论引入

成书于公元前 400 年左右的《孙子兵法》被视为最古老的战略管理著作，20 世纪初，法约尔对企业内部的管理活动进行整合，提出了管理的五

技术应用、薪酬管理、危机管理以及可行性分析等 10 个指标。

3.2 规划管理流程

目前国外通行的观点认为战略管理过程（strategic management process）包括战略制定、战略实施和战略评价三个阶段。其中的战略制定（strategy formulation）包括拟定远景和使命，确定组织所面临的外部机会与威胁，决定内部优势与劣势，建立长期目标，提出供选择的战略以及选择具体的战略方案[18]。在研究公共部门的战略管理过程及阶段时，我国学者将其划分为三个阶段：战略规划、战略实施和战略评价。公共部门战略规划包括了战略分析和战略选择等功能活动环节；战略分析的内容包括分析组织的历史背景、确定组织的最终目的、PEST 分析、SWOT 分析等；战略选择的内容包括信息输入、匹配、决策等[19]。

鉴于公共图书馆的运作特征和发展态势，本研究按其战略管理过程的逻辑顺序，由总到分，将各流程层层细化，提出管理流程概念框架，如图 1 所示：

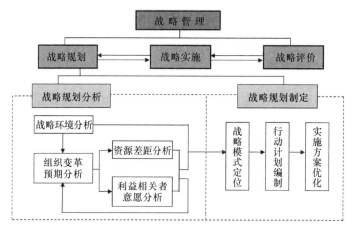

图 1 公共图书馆战略规划管理流程模型

战略管理是图书馆从日常业务管理到未来发展管理的一个思维转变过程，整个战略管理过程划分为战略规划、战略实施与战略评价三个阶段，通过运作机制、反馈机制相互关联。战略规划阶段又细分为战略规划分析和战略规划制定两个环节，前者包括对图书馆内外环境、利益相关者、战略资源和变革发展预期的分析，后者包括战略定位、计划编制和方案优化等步骤，彼此之间拥有基于战略思维的内在一致性。

3.3 规划技术方法

公共图书馆在战略规划的分析和制定过程中，应该掌握一系列的实用方法和操作技巧。企业界的战略管理理论与实践已经摸索出若干可资借鉴的技术，如用于环境分析的 PEST 方法、用于战略定位的 SPACE 矩阵、用于方案选择的 QSPM 模型等。作为公共文化服务部门，公共图书馆因其有别于企业的特殊性，各项规划技术方法应呈现出公益、平等、文化等特色。

在战略规划分析环节中，战略环境分析是将公共图书馆内外部的主要影响因素加以辨析，明确若干最有可能面临的未来预期情景，以此预测不同演进态势中的背景选项。组织变革预期矩阵在事业投入、运作职能和社会效益等一级战略功能下设资源、馆员、设施、管理、服务、用户、形象等二级模块，分别拟定各模块中的不同发展态势，以图书馆的战略使命为宗旨，按主要社会功能确定分析框架，明确图书馆的现实定位，制定未来发展的预期目标。

在战略规划制定环节中，全息化的 SWOT 矩阵将对传统方法进行优化和改进，旨在通过图书馆内外部发展要素的全面匹配制定战略行动计划，划分战略实施领域。同时，设置针对每一战略行动开始执行的临界触发点，如流动人口数、购书经费、图书流通量等量化指标，力求在战略规划实施过程中通过环境监测来修正行动计划，及时应对战略环境变迁，进行规划方案的调整、替换。

3.4 统计回归方程

基于回归分析的预测模型旨在使用数学方程来描述因变量与自变量之间的变化关系，再通过控制或给定变量的数值来估计因变量可能的数值。公共图书馆的发展取决于诸多因素的影响，各种社会因素之间又存在着相互促进与制约的现象，研究一个行业的演进规律，应该同样考虑多方面的作用和关系。

作为一种复杂的社会组织，公共图书馆与其他机构和行业之间存在着密切的联系，很多社会因素在对图书馆进行物质、能量交换的过程中不同程度地影响着从宏观到微观的事业发展。GDP、总人口、高校在校生和出版图书（种数）等统计指标代表着经济、人口、教育、文化等层面的影响因素，利用历年的统计数据能够在一定程度上检测、剖析它们与代表公共图书馆事业投入产出的经费支出和流通人次之间的相关程度，进行面向关系强弱的判别。例如在相关分析中，与图书馆经费支出关系最为密切的依次是 GDP、出版图书、高校在校生和总人口，流通人次则与出版图书、GDP、总人口和高校在校生具有高度相关，二者的双尾（2－tail）显著性检测均达到 0.000 的高水平。在回归分析中，图书馆的投入（经费支出，Y）与产出（流通人次，X）可创建复合曲线模型：$Y = 1\,807.033 * 1.000\,2X$，（Ad. $R2 = 0.875$，Sig. $= 0.000$，$F = 146.799$），在极其显著的水平上保证了较高的拟合度[20]。

4 模型的应用策略

4.1 组织运行层面：模型应用的保障体系

- 组织文化方面，公共图书馆所推崇的意识形态、职业精神、行为规范、符号象征、核心价值等一套复杂的概念，构成了在生产和管理活动中所创造的具有本组织特色的精神财富及其物质形态。既保持核心理念的相对稳定性，又能在具体操作层面上体现出不断创新的思想，成为公共图书馆组织文化建设的关键。具体措施包括：奖励创新思维与质疑见解，设计畅通的建言、评议和采纳渠道，聘请外部专家监督测评服务绩效，规定中层管理者的岗位轮换，退休人员的隐性知识留存与整理，基本信念的明确文字化等。

- 组织结构方面，为了适应日益复杂的战略环境，公共图书馆可能需要在结构体系中构建简单的规则以应对多元而易变的需求。契约、松散、弹性、柔性等理念伴随着业务外包和项目管理的实践，推动和丰富了组织结构科学化，增强了应对变革的灵活性和反应速度——这样的组织能够将渐进的发展变化和偶尔的革命性跳跃结合起来[21]。尽管传统的管理方法强调控制、秩序和可预测性，但支持混沌理论的学者却认为管理者所极力控制的混乱包含着重要的富有创造性的机遇，它有助于推动能突破既定战略思考模式的学习[22-23]。为了核心竞争优势的不易被模仿，公共图书馆应该被视为一个持续处于非平衡状态的系统，组织体系的波动甚至可以成为创新知识、自我颠覆或超越的有效途径。当然，设立足够的资源缓冲区，培养勇于把握机遇的人才，优化管理信息系统等举措都是必须的保障。

4.2 策略思维层面：战略考察的多视角

- 个人观点视角，由于客观环境和资源分析总会在不同程度上受到主观因素的影响，静态、局部、割裂的眼光以及决策者的偏好都会导致考察结论的差异，战略规划必将成为一个意见纷呈、思想碰撞的过程。德尔菲调查法能够整合不同的观点，格式塔思维能够从总体上把握繁杂事务的实质。不同的观点应该得到集体的充分讨论，使每位规划参与者都能理解不同视角的观察结果及其理由，确保模型应用过程的民主性与科学性。

- 团体思维视角，应避免在图书馆战略管理步调一致、协调行动、形成强大合力的同时，出现固守陈规、难以创新的"团体思维"。模型意味着行为的规范，但不排斥独立和变革，尤其对于战略考察，应该鼓励批判性的思考能力，弘扬富有价值的创新精神，以此提高模型应用的灵活性与适应性。

- 利益相关者视角，公共图书馆在战略发展过程中因涉及众多的利益机构和群体，必然面临着类似、交叉或冲突的诉求。厘清法律责任是响应政治环境的首要前提，协同共建联盟网络是处理相关机构的最佳选择，平等对待用户需求是持续发展的必须路径。有效的内外沟通、透明的公示机制和科学的监督评估等手段都将确保模型应用的稳定性与价值性。

4.3 规划研制层面：模型方案的次优解

规划模型的应用在很大程度上依靠概念和直觉，规划的分析与制定实质上是战略者的认识过程。身处复杂的社会环境的公共图书馆管理者要面对大量的含混信息和有限的判断时间，决策预期的准确性受到认知能力和环境变迁的限制，现实行为的"有限理性"将导致满意的准则必将代替最优化准则。"正确的过程不会是唯一的，不存在万能方案"[24]。

除了客观条件的制约，图书馆战略管理者还会受到各类主观偏见的误导，很难保证规划方案得到最优的设计。"决策制定陷阱"的实验已经辨识出很多偏见来源[25]，如虽然事实上可得到新的信息，但仍然倾向于采取过去合理的决策来作为现在和将来的选择，以追求一致；当特定的统计值非典型时，可能不习惯统计上期望的值，而倾向那些似乎代表假设的数据范围。

尽管不存在"完全理性"的决策状态，但规划方案还是应该提倡优化设计。保持对环境的密切监测，借鉴行为科学的研究成果，关注规划流程的信息反馈，避免片面、静止地使用模型，这些举措都能促成一系列动态的决策，使规划方案在战略发展中得到持续的优化。

4.4 战略开发层面：规划模型的创新化

一方面，模型应用绩效的提升应该建立在创新化的基础之上，应用过程的创新使公共图书馆需要具备战略素养：①组织运行机制中的信息系统要能够确保创新信息的激发、分享、反馈和传播，图书馆员之间基于充分沟通的合作与交流是战略创新得以实施的关键；②从业人员，尤其是战略管理者的丰富阅历能够促成对常规数据分析的突破，通过创造新的视角为图书馆带来战略性的发展机会；③组织与个人的学习促进对现状的理解、批判和对未来发展前提的反思，有助于对战略假设的重新研究和组织文化的扬弃；④战略过程需要洞察力，创造力。综合能力和与战略规划的程序化正好相反的基于直觉的洞察力能够形成一种"迅速领会新信息整体结构的能力"[26]。潜意识里的很多重要知识促成了诸如视觉感知和数据平行处理之间的心智活动，规划创新往往由此产生。

另一方面，模型自身也存在创新完善的问题，经典的战略模型在管理实践中被不断修正和重建。波特关于竞争战略的"五力"模型经过 20 多年的演进，被"价值网"模型补充了第六个力，即互补者[27]，展示了更完备的行业组织间的关系；源自教育学研究领域的 Meta 分析也在此基础上建立起竞争战略的充分模型[28]。战略规划模型中无论概念、流程，还是参数、变量，都有很大的改进空间，尤其是通用型模型在不同地区公共图书馆的应用过程中，更应注意根据个体差异进行能够得到绩效检验的创新。

参考文献：

［1］ Berman E，West J. Productivity enhancement efforts in public and nonprofit organizations. Public Productivity & Management Review，1998，22（2）：207 – 219.

［2］ Bryson J. Strategic planning for public and nonprofit organizations：A guide to strengthening and sustaining organizational achievement. San Francisco：Jossey – Bass，1995：24.

［3］ Riggs D E. Strategic flanning for library managers. Phoenix：Oryx Press，1984：8.

［4］ Davis P. Libraries at the turning point：Issues in proactive planning. Journal of Library Administration，1981（2）：11 – 24.

［5］ Matthews J R. Strategic planning and management for library managers. Westport：Libraries Unlimited，2005：61 – 64.

［6］ White H S. Planning and evaluation：The endless carousel. Library Journal，1997，22（19）：38 – 39.

［7］ 埃文斯，奥尔森 . 数据、模型与决策 . 杜本峰，译 . 北京：中国人民大学出版社，2006：12.

［8］ 于良芝，陆秀萍，付德金 . SWOT 与图书馆的科学规划：应用反思 . 国家图书馆学刊，2009（2）：17 – 22.

［9］ 陆浩东，刘昆雄 . 图书馆信息资源开发与营销的 TS 战略 . 中国图书馆学报，2007，33（5）：99 – 103.

［10］ 符绍宏 . 数字图书馆建设中的战略管理 . 图书情报工作，2005，49（6）：33 – 36.

［11］ Parker L J. Assess the state of your strategic plan. Library Administration Management，2005，19（2）：90 – 93.

［12］ 刘敏榕 . 基于"五力模型"分析数字图书馆工作新战略——Google、欧洲数字图书馆计划对图书馆服务工作的影响与对策 . 情报资料工作，2007（4）：72 – 75.

［13］ Butler M，Davis H. Strategic planning as a catalyst for change in the 1990s. College & Research Libraries，1992，53（5）：393 – 403.

［14］ Bryson J M. Strategic planning for public and nonprofit organizations：A guide to strengthening and sustaining organizational achievement. 3rd ed. San Francisco: Jossey – Bass, 2004: 11.

[15] Jo McClamroch, Jacqueline J Byrd, Steven L Sowell. Strategic planning: Politics, leadership and learning. The Journal of Academic Librarianship, 2001, 27 (5): 372 – 378.

[16] Pacios A R. Strategic plans and long – range plans: Is there a difference. Library Management, 2004, 25 (6/7): 259 – 269.

[17] 柯平. 图书馆战略规划研究的时代背景与理论视角. 图书馆工作与研究, 2010 (2): 4 – 10.

[18] 大卫. 战略管理: 概念部分 (第 11 版). 李青, 译. 北京: 清华大学出版社, 2008.

[19] 陈振明. 公共部门战略管理. 北京: 中国人民大学出版社, 2004: 10.

[20] 柯平, 赵益民. 基于实证的新中国图书馆事业发展研究. 图书馆论坛, 2009 (6): 47 – 53.

[21] Tushman M L, O' Reilly III C A. The ambidextrous organization: Managing evolutionary and revolutionary change. California Management Review, 1996, 38 (4): 8 – 30.

[22] Nonaka I. Toward middle - up - down management. Sloan Management Review, 1988, 29 (3): 9 – 18.

[23] Stacey R. Managing chaos: Dynamic business strategies in an unpredictable world. London: Kogan Page, 1992: 99 – 100.

[24] Kipp M F. The challenges of strategy: Seven lessons. Strategy & Leadership, 1999, 27 (1): 32 – 33.

[25] Hammond J S, Keeney R L, Raiffa H. Smart Choices: A practical guide to making better decisions. Boston: Harvard Business School, 1998: 14 – 24.

[26] Shimizu R. The Growth of Firms in Japan. Tokyo: Keio Tsushin, 1980.

[27] Brandenburger A M, Nalebuff B J. The right game: Use game theory to shape strategy. Havard Business Review, 1995, 73 (4): 57 – 71.

[28] Campbell – Hunt C. What have we learned about generic competitive strategy? A meta – analysis. Strategic Management Journal, 2000, 21 (2): 127 – 154.

作者简介

赵益民, 男, 1971 年生, 副研究馆员, 博士研究生, 发表论文 50 余篇, 参编著作 2 部;

王孝, 女, 1959 年生, 副研究馆员, 发表论文 20 余篇;

王铮, 男, 1986 年生, 硕士研究生;

魏艳霞, 女, 1986 年生, 硕士研究生。

我国公共图书馆战略规划缺失问题探究[*]

1 引 言

战略规划，简单来说，是指对一个机构的未来方向制定决策，并实施这些决策。它规定机构的使命，制定指导机构设定目标和实施战略的方针，建立实现机构使命的长期目标和短期目标，然后根据确定的目标决定行动的方向[1]。"战略规划"如今已不是一个新鲜的词汇，更不是一个停留在口头的书面术语，虽然它从 20 世纪 60 年代开始运用于企业界，却又不再仅仅是战略理论界和商业实践界关注的重点，而是逐渐渗入到其他各行业、各部门，并得到广泛应用。可以说，战略规划已不是某一个组织为应对某一次巨变或危机而临时采用的决策手段，而是一个组织保持健康、可持续发展所必须具备的常态的科学管理工作。

随着对战略规划作用认识的不断深入，越来越多的图书馆仿效企业发展的成功经验，在管理中引入了战略规划，以适应外部环境的不断变化。根据对国外部分图书馆网站内容的统计来看，多数图书馆都有战略规划文本，在收集到的 260 份文本中，美国的达到了 125 份，英国 34 份，加拿大 31 份，澳大利亚 10 份，其他发展中国家也有一定量的文本分布。而在这 260 份文本中，公共图书馆（包括国家图书馆）在内制定的战略规划有 150 份以上，可见战略规划在国外图书馆有相当高的普及率，而公共图书馆则是战略规划坚定的拥护者和引领者。

2 我国公共图书馆战略规划现状

我国公共图书馆界，虽然 20 世纪 90 年代产生了不少图书馆事业发展战略，但把战略规划作为管理工具加以应用的案例，却少见报道[2]。进入 21 世纪后，在动态发展环境和挑战面前，我国公共图书馆有必要重新审视战略管理思想，全面系统的借鉴相关的理论，以战略规划为工具，促进发展。总的

　　* 本文系国家社会科学基金"十一五"重点项目"公共文化服务体系中的图书馆战略规划模型与实证研究"（项目编号：08ATQ001）研究成果之一。

来说，我国公共图书馆战略规划现状存在以下问题：①意识淡薄。南开大学信息资源管理系柯平教授主持的国家社科基金重点项目《公共文化服务体系中的图书馆战略规划模型与实证研究》课题组在问卷调研过程中发现，很多普通馆员甚至没有听说过何为战略规划，一些管理者对战略规划的重要性认识不够，缺乏热情，满足于图书馆现有状况，认为战略规划对图书馆是可有可无的。②实践不足。通过对国内市级以上公共图书馆网站的调查统计，几乎没有图书馆明确制定战略规划的，只有"南京图书馆"、"国家图书馆"等少数图书馆根据国家"十一五"规划制定了相应的图书馆发展"十一五"规划，而这些文本从框架结构到内容层次都欠缺应有的紧密性和全面性，还不能称之为真正意义上的战略规划。③研究滞后。在学术界，对图书馆战略规划的理论研究也一直很少，在 CNKI 数据库中对 1985—2010 年的数据进行检索，题名包含"图书馆"与"战略规划"的文献仅有 26 篇，关键词中包含"图书馆"与"战略规划"的文献仅有 32 篇，如果限制到对公共图书馆战略规划的研究论文则不足 10 篇。虽然国外图书馆界在 20 世纪 70 年代就已经引进战略规划，而我国对战略规划的研究从 2007 年才开始引起学术界的一些关注，最有代表性的是《图书馆建设》在 2009 年第 10 期发表了一组 5 篇关于图书馆战略规划的专题论文，分别是关于国外各类型图书馆资源建设、高校图书馆服务、战略规划制定内容和程序等方面的文章，没有专门关于我国公共图书馆制定战略规划的研究出现。

3 现状分析

3.1 管理体制不合理

目前，我国公共图书馆归属于文化系统领导，当地政府及主管部门对图书馆的重视程度对图书馆事业的发展影响很大。公共图书馆在人事任免、办馆模式、管理制度等方面都受制于上级主管部门，缺少自主性，不能依据本馆的情况而灵活解决具体问题。这种管理体制不合理问题已经引起了学术界及图书馆界的共同关注。席涛认为[3]，现阶段我国公共图书馆管理与社会主义市场经济体制还不相适应，从成本——效益分析，公共图书馆运行成本不经济；从委托——代理分析，公共图书馆责任机制不健全；从产权结构分析，公共图书馆产权关系不清晰。王冰认为[4]，我国现有公共图书馆管理体制与机制在运行与管理过程中存在着政府主管部门直接干预或决定公共图书馆管理事务、公共图书馆内部机构权责不清、传统管理模式与观念制约图书馆事业发展等缺陷。国家图书馆副馆长陈力认为全国图书馆存在着"多头绪的逐级管理，客观上造成认识不统一，投入没规矩，服务无明确要求，发展无长远目标"等问题[5]。

同时，由于图书馆工作的特殊性，管理成本与服务效益很难准确计量，政府对图书馆的绩效考核也没有完善的体系，使得图书馆人浮于事、效率低下问题得不到解决。美国的一位系统科学专家曾说："在我的一生中，我甚至不能模模糊糊地知觉到什么是图书馆的功能测度。我的许多学生曾经做过艰苦的尝试，但我们不得不做出这样的结论：我们不知道大学图书馆要使什么最大化。"[6]甚至有很多人对图书馆已经形成"不重管理，不讲效益，缺乏经营机制和竞争意识"的印象。

战略规划产生的初衷是为了降低急速变化的外界环境所带来的不确定性，认清组织自身的优势和劣势，机遇和威胁，对未来发展中所遇到的问题未雨绸缪，提前制定解决方案。而我国公共图书馆在现有的管理体制下，没有生存的压力，没有绩效的压力，也就没有主动去变革、主动去做长远规划的动力，因而战略规划的意识很淡薄。

3.2 缺乏积极示范

美国图书馆协会在《美国图书馆协会战略规划（2006—2010）》中明确定义其任务为："领导图情服务和图书馆行业走向发展和进步……"[7]，事实上，自美国图书馆协会成立的那天起，它就一直在践行着这个使命。不仅相继出台一系列制定战略规划的指南和参考资料，该协会还以身作则，持续制订了本组织的战略规划，如"ALA Goal 2000"、"ALA Action 2005"以及"ALA Ahead to 2010"，并且2011—2015年战略规划也正在制订之中[8]，为美国其他各图书馆提供了很好的示范。同时，美国国会图书馆、加拿大国家图书馆以及澳大利亚国家图书馆等也都非常重视战略规划的研究，特别是当图书馆发生重大变革、重组或合并的时候，更需要开展战略发展的研究，如大英图书馆在内部结构大调整、加拿大国家图书馆与国家档案馆合并的前后，都对图书馆的战略规划开展了深入的研讨。一些引领图书馆发展潮流的新思路、新观念和新技术往往会通过他们所制定的战略规划反映出来。因此这些战略规划的出台，不仅会引起图书馆界的广泛关注，同时也为其他图书馆提供了积极的示范作用，在整个图书馆行业形成一种重视战略规划、制订战略规划的良好氛围。

反观我国各重要组织及图书馆，在战略规划工作方面的带头示范作用是极其微弱的。在中国图书馆学会网站上可以看到"近期规划"一栏，其中只有三条记录："中国图书馆学会2006年工作计划"、"中国图书馆学会'十一五'期间工作规划"、"中国图书馆学会 2009 年工作计划",很显然,中国图书馆学会制订战略规划的时间比较晚,而且在执行战略规划过程中也没有每年都制订阶段性的具体工作计划,这无疑会影响其"十一五"规划的效果。国家图书馆作为我国的最高级别的图书馆,无论在资源上还是服务上以及理念上,都应该走在其他图书馆的前列。而在国家图书馆网站上,同样只看到一份 2006 年 4 月 3 日通过的"国家图书馆'十一五'规划纲要"文件,这也显然是在国家制定"十一五"规划纲要的大背景下所做的战略规划工作,并未将战略规划作为其管理的常规工具加以应用。

3.3 缺乏理论指导

为了促进本国各公共图书馆规范地制定战略规划,推动图书馆的科学管理,提高图书馆工作绩效,美国公共图书馆协会先后出版了多种规划工作的参考资料,如《公共图书馆之规划程序(1980)》(*A Planning Process for Public Libraries*,1980)、《公共图书馆服务成效评估(1982)》(*Output Measures for Public Libraries: A Manual of Standardized Procedure*,1982)、《公共图书馆服务成效评估(1987)》(*Output Measures for Public Libraries*,2nd *ed.*,1987)、《公共图书馆规划与角色确定》(*Planning and Role Setting for Public Libraries: A Manual of Options and Preocedures*,1987)[9]。1998 年,美国图书馆协会分支协会美国公共图书馆协会编辑出版了《订规划,促成效:公共图书馆改进过程》(*Planning for Results: A Public Library Transformation Process*),详细列出了公共图书馆在制定战略规划过程中可能经历的 23 个步骤,供图书馆依靠自身的情况选择采用。2001 年,该协会又编辑出版了新版指南《订规划,促成效:改进的步骤》(*The New Planning for Results: A Streamlined Process*),为公共图书馆制定战略规划提供了良好的参考工具和理论指导。正是有了这些模本,许多公共图书馆都开始制定各自的战略规划,减少了盲目性,提高了效率,例如美国旧金山公共图书馆、马里兰州蒙哥马利郡和巴尔的摩郡公共图书馆、圣荷西公共图书馆、纽约皇后区公共图书分别制定了其战略规划[1]。

中国图书馆学会在性质上与美国图书馆协会是类似的,它是我国图书馆领域的唯一一个国家一级学会,承担着指导与协调全国各级各类图书馆业务、管理、交流、合作等重任,因此理应在公共图书馆战略规划方面发挥促进、组织、指导的作用。但是,在中国图书馆学会网站上,除了该学会仅有的几条工作计划和"十一五"规划,在其"行业协调指导"一栏中并未见到根据我国国情编制的图书馆制定战略规划的参考资料和指南。可见,在开展国内外学术交流,活跃学术思想,组织学术交流过程中,战略规划尚未能引起中国图书馆学会的重视。因此，缺乏充分的理论指导，制定战略规划的难度无疑加大了，不仅费时费力，还可能起不到应有的效果，因此各公共图书馆也就选择了回避。

4 建议及对策

4.1 体制改革

根据前文分析，由于体制不合理，我国图书馆对于战略规划的制订表现出严重的漠视态度。而这样做的后果，远的来看就是因为没有明确使命，在经费不足的一段时期内一度实行收费服务，以文养文，破坏了公共图书馆作为民主制度保障的底线，成为社会公众诟病的对象；近的来看就是 2008 年金融风暴来袭之后，一方面政府经费缩减，减少了对公共图书馆的投入，由于没有事先的规划而导致资源续订困难，出现断点，有的馆甚至需要靠裁员手段勉强维持运营；另一方面用户需求发生变化，读者到图书馆不仅仅是休闲、借还书，更需要图书馆提供面向求职、岗位培训等方面的信息和服务，图书馆比以往都更需要人文关怀服务，需要更多的人手来解决更细致、多样的需求问题，而图书馆人力资源的培养及更新又非一朝一夕之事，需要长远的规划才能完成，所以在面对新的用户需求时顾此失彼，影响了服务质量和读者满意度。因此，公共图书馆要想得以健康发展，就必须制定战略规划，而要制定战略规划，就要先改革现有的管理制度，更新公共图书馆事业单位"铁饭碗，只管用钱不管效益"的落后观念。

《中共中央、国务院关于深化文化体制改革的若干意见》提出："发展公益性文化事业要以政府为主导，增加投入、转换机制、增强活力、改善服务，实现和保障广大人民群众的基本文化权益"。因此，作为事业单位的公共图书馆，也必须进行体制改革，提高服务效率：首先，要扩大公共图书馆的自主权，使公共图书馆能从本馆的实际出发，制定本馆的发展目标。其次，公共图书馆现有的运行机制中缺乏严格的绩效考核，现有的考核体系缺乏激励作用和约束力，这是造成其绩效低下的一个重要原因。为了使政府对公共图书馆的财政投入发挥更好的效益，必须对其实行绩效管理，建立严密的绩效考评机制，积极采用成本效益分析、全面质量管理、标杆管理、目标管理等新的管理手段，提高公共图书馆的责任意识，强化其危机感，关注外在环境和形势的变化，积极启用战略规划工具。

4.2 国家图书馆、省级馆要先行

国家图书馆和省级馆的财力、人力、物力都比其他公共图书馆具有更多

的优势，在业务上与其他各级公共图书馆不仅存在指导关系，甚至还有隶属关系，因此应该积极尝试引进先进理念、使用科学的管理工具，为其他公共图书馆提供学习的榜样。国家图书馆和省级馆应加快制定战略规划的进程，并严格执行，及时将动态信息及经验以各种形式公布，带动全国其他各馆走上战略规划的科学管理之路。

当然，作为国内图书馆界运用战略规划工具的先行者，国家图书馆和省级馆在制订战略规划时需要结合自身实际，不能照搬国外的经验和模式，要探索出一条适合我国国情的战略规划之路，否则很可能会归于失败，达不到预期的目标。例如，联想公司在制订 2000 年的战略规划时，由于其咨询公司麦肯锡选择的"三层面发展模型"与联想当时面临的战略情境不匹配而导致规划绩效不佳，甚至成为一个经典的失败案例[10]，这表明同一个模型不一定适用于所有组织，也不一定适用于一个组织发展的所有阶段和情境，选择适合的战略规划工具和模式非常重要。另外，在制定战略规划时，不能仅凭图书馆领导或有关主管部门的主观思想和个人经验，要积极调动全馆的力量参与。对于图书馆规划纲要、指导思想、主要目标、组织分工等纲领性文件，可由图书馆战略规划委员会为主要力量制定；对于目标对策、年度计划等部门及规划，要下放到各部门，由部门负责人在充分听取馆员意见的基础上制定，再提交到战略规划委员会审核。同时，加强调研并积极听取读者、主管部门、相关部门的意见与建议，不能闭门造车，根据各种变化的内外部环境以及自身的优劣势来确定未来一段时期的发展方向。

4.3　中国图书馆学会发挥行业组织作用

中国图书馆学会自成立以来，一直是发展我国图书馆事业的重要社会力量，在开展国内外学术交流，加强同国际图书馆界的联系与合作等方面发挥了举足轻重的作用。特别是近年来，中国图书馆学会通过开展公共图书馆评估，促进图书馆整改和发展；通过制定图书馆法规和规章，规范公共图书馆各项管理；通过组织继续教育和"志愿者行动"活动提高图书馆的业务水平和专业素养，可以说，中国图书馆学会是我国图书馆界的标杆，是行业发展的领路者。同样，在全国公共图书馆乃至所有各类型图书馆中成功推行战略规划工具，中国图书馆学会是能胜任的，也是责无旁贷的。

首先，中国图书馆学会要加大力度推动公共图书馆战略规划的理论研究。目前，该学会下分设有"目录学"、"资源建设与共享"、"用户研究与服务"等 15 个专业委员会，建议再增加"图书馆战略规划研究"专业委员会，以便集中人力、长期、定期地研究战略规划相关问题。每年学会都会组织多场不同类型和规模的学术会议，如"新年峰会"、"青年学术论坛"、"年会"等，在这些会议上加入图书馆战略规划的议题，以战略规划为新的研究热点，尽快形成我国公共图书馆制定战略规划的理论体系。

其次，加强战略规划的培训和宣传。Miatzberg（1990；1994）提出了战略规划无效的"三重谬误"问题。他认为，正式战略规划的实效源于预测性谬误、分离性谬误和正式性谬误。预测性谬误是指战略规划假定未来外部环境趋势可以预测，而环境趋势并非总能预测；分离性谬误是指战略制定者（即公司的战略规划职能人员）与战略实施者（业务管理者）的分离；正式性谬误是指战略规划把重点放在战略分解、细化或程序化，而妨碍实质性的战略思考或战略的形成[11]。Miatzberg 的观点也许正是很多图书馆管理者以及馆员所担忧的，其实，通过学者 Grant（2003）对世界最大的 8 家石油企业的案例研究以及 Kaplan 和 Beinhocker（2003）对 30 多家大公司的研究表明，经过审慎的设计与实践，Miatzberg 所说的"三重谬误"并非是必然的，合理的目标和设计能够使战略规划成为竞争优势的来源[12]。因此，对于战略规划作为图书馆管理工具的积极作用不应再持怀疑态度，中国图书馆学会在组织培训时，应将"战略规划"相关知识纳入到课程体系中去，邀请企业管理理论界和实践界的专家讲学，让大家了解战略规划制定过程中的基本问题、工具、流程、评估等知识，为下一步制定以及执行图书馆战略规划打下基础。

再次，组织专家学者制定适合我国国情的公共图书馆战略规划指南及相应的工具。虽然前文所述，战略规划只是一个工具，不是放之四海皆准的公理，因此在应用过程中要根据具体情境具体分析。但是，同一国家内部的各公共图书馆又有着很多方面的共同点和相似点，例如相同的文化、经济、科技、政策等大环境，类似的组织结构、运行机制、服务对象等小环境，因此在制定战略规划时又具有一定的共性。为了提高各馆制定战略规划的效率，降低盲目性，中国图书馆学会可以像美国图书馆协会那样，通过组织有关专家学者集中编制战略规划指南手册，开发设计相关的软件和模板，并通过小范围试用、修正、再试用、再修正等环节后形成正式版本向全国图书馆推广，供各图书馆参考使用。

5 结 语

上海图书馆馆长吴建中研究馆员 2002 年在《中国图书馆学报》上发表了题为《中国图书馆发展中的十个热点问题》的文章，他指出："在某种程度上可以说，公共图书馆事业发展还存在着很大的随意性和盲目性"，如今已经过去了 8 年，但是这种状况仍然没有得到太大的改善，特别是在基层公共图书馆问题更是严重。在强调用户满意度的当代环境，公共图书馆与其他信息机构、出版商、书店、搜索引擎等之间的竞争进一步加剧，如何提供高质量的服务以在竞争中立于不败之地，恐怕引入战略规划是答案之一吧。毕竟，管理是公共图书馆的核心工作和永恒话题，而战略规划又是一个帮助组织具有高度预见性、警惕性、适应性、灵活性的重要管理工具，公共图书馆又怎能弃之不用呢？

参考文献：

[1]   吴建中．战略思考——图书馆管理的 10 个热门话题．上海：上海科学技术文献出版社，2005：21.

[2]   于良芝．战略规划作为公共图书馆管理的工具：应用、价值及其与我国公共图书馆的相关性．图书馆建设，2008（4）：54 – 58.

[3]   席涛．政府视野下的公共图书馆管理体制创新．图书情报工作，2007，51（7）：75 – 76.

[4]   王冰．公共图书馆管理体制改革与嬗变．中国图书馆学报，2002，28（4）：49.

[5]   倪晓建．关于变革公共图书馆管理体制的思考．公共图书馆，2009（4）：62.

[6]   杨伟真．图书馆经济学．成都：成都出版社，1991：93.

[7]   吴悦．论美国图书馆协会之功能——以美国图书馆协会 2010 战略规划为视点．图书馆建设，2008（4）：93.

[8]   ［2010 – 03 – 05］．http：//www. ala. org/ala/aboutala/governance/alagoverning. cfm.

[9]   卢秀菊．图书馆规划．教育资料与图书馆学，1995（2）：85 – 87.

[10]   武亚军．战略规划如何成为竞争优势：联想的实践及启示．管理世界，2007（4）：124.

作者简介

陆晓红，女，1977 年生，馆员，发表论文 8 篇，参编著作 2 部；

武晓丽，女，1964 年生，副教授，发表论文 10 余篇；

张　伟，男，1983 年生，研究生；

金洪燕，女，1983 年生，研究生。

国　外　篇

在变化的知识环境中寻求新平衡

——2014 年英美等国图书馆发展策略评述*

1 引言

回顾 2014 年全球范围内的图书馆发展态势，一个突出的趋势性特征就是图书馆开始在持续变化的知识环境中寻求一种"新的平衡"。在过去的许多年中，图书馆面对变革的浪潮，时常呈现出"受冲击"、"被波及"乃至"遭颠覆"的形象，在这种情况下，图书馆也一直在努力适应环境，并不断改造自我，体现"转变、重塑、再造"[1]。但是从总体上看，图书馆在过去仍处于被动改变的局面，其很多转变都来自对潮流趋势的迎合或追赶，虽然其中涌现出不少热点和风潮，却也呈现出盲目和滞后的特点。如果图书馆在未来的发展道路上完全靠这种"应激反应"来前行，那么图书馆仍然只能是时代发展和环境变革的"追随者"而非"引领者"，而且很容易在变化中迷失方向和失去自我。这种态势在近年来有所改变，因为图书馆开始意识到——变化其实是一种常态，而未来发展的关键是在变化中实现一种平衡。

笔者所在团队对 2014 年英国、美国、加拿大等英语世界发达国家相关组织机构发布的关于图书馆发展战略与环境的政策文件、研究报告、战略规划及重要报道等动态信息进行了为期 1 年的持续跟踪与扫描。具体跟踪调研方法是在中国科学院文献情报中心的科技信息政策中心指导下，编制、维护跟踪内容主题列表以及扫描对象清单，遵循相关性、权威性、信息量、信息新颖性标准并兼顾地区或领域等标准，选取扫描对象涵盖图书馆发展政策和发展战略信息的重要图书馆、重要学协会、重要媒介、重要检索系统等，每月定期通过信息定制、信息推送、邮件订阅、工具监控和人工浏览等方式，收集和整理最新发布的图书馆发展政策、战略文本，2014 年全年共收集并编译报导相关文本 189 份。在以上全年工作的基础上，于 2015 年初将相关文本汇总综合并进行二次分析报道工作，以归纳和提炼共性与趋势性内容。本轮分

* 本文系"中国科学院文献情报和期刊出版领域引进优秀人才择优支持"项目（项目编号：院 1434）研究成果之一。

析工作的重点是大学与研究型图书馆、专业研究机构的发展环境与发展态势，同时兼顾国家图书馆、重要地方公共图书馆的发展动向，并在报道撰写过程中经过了由中国科学院文献情报中心科技信息政策中心组织的多次讨论和专家意见征询，最终形成本次趋势研究成果。

在进行文本内容分析的过程中，笔者发现"平衡"一词或者类似的表述较往年更加频繁地出现：如图书馆在资源采购上"平衡"数字资源和印本资源[2]，在资源布局上"平衡"本地资源和共享资源[3]，在空间设置上"平衡"传统阅览空间和新型活动空间[4]，在基础设施建设上"平衡"实体设施和虚拟世界[5]，在岗位设置上"平衡"技术因素和人文因素[6]；有报告从整体上强调了图书馆在发展路径上需要在"与时俱进"和"保持稳定"之间寻求"平衡"[7]，在发展手段上需要在各种技术的选择之间保持"平衡"[8]，在发展定位上需要在印本世界和数字世界之间维持"平衡"[9]；还有报告强调图书馆是知识环境中权利的"平衡者"[10]，需要实现用户信息获取和创作者保护之间的"平衡"[11-12]。

在本文中，笔者将2014年内图书馆发展所表现出的"平衡"态势归纳为以下5个平衡点：①图书馆在开放知识环境中寻求新定位；②图书馆在数字时代形成馆藏管理的新机制；③图书馆在创新环境中开发馆舍空间的新功能；④图书馆在数据环境中发掘内容资源的新价值；⑤图书馆在传统角色和新角色之间寻求新平衡。本文将对这五大平衡点逐一进行评述，在每一项平衡点的介绍中，既呈现具体的平衡策略和实践案例，同时也力求揭示其背后所反映的指导思想和趋势动向。

2 平衡点之一：图书馆在开放知识环境中寻求新定位

当前图书馆所处知识环境的开放程度前所未有，但是图书馆所承担的推动知识传播、获取和利用的核心使命不曾改变。在知识环境走向开放的发展过程中，各种利益相关者的权利空间都在经历扩张、挤压、交错、冲突和重塑的过程。在这种复杂变革的环境下，图书馆一方面力求保持自身的稳定发展，另一方面坚定捍卫和保障用户在开放知识环境中获取和利用知识的权利。图书馆积极主导协调各类权利关系，成为开放知识环境中不可或缺的"平衡者"和"稳定器"。

2.1 图书馆积极关注和参与开放科学与开放学术

科学研究和学术交流正在持续走向开放。2012年英国皇家学会发布的《科学：开放的事业》报告指出需要有效应对现代技术产生的数据洪流，维护科学的开放性原则，有效挖掘数据中的价值，推动新的开放科学革命[13]。2014年欧盟委员会发布《科学2.0：转型中的科学》文件，对于当前和未来科学研究模式变革进行了描述和预测，报告对"科学2.0"虽然没有给出具体的定义，但是提炼出了其核心特征，即"科研流程的开放化"[14]。

科研流程的开放不仅包括"科研内容的开放"（如开放获取、开放代码），还包括"科研方式的开放"（如开放实验室、开放工作流、开放协作）、"科研评价的开放"（如开放评议、补充计量）、"科研用户的开放"（如公民科学）等——这些要素同样也是研究型图书馆核心的构成要素或支持要素。开放浪潮必然深刻影响图书馆在资源、服务、用户、评价等各方面的工作。近年来研究型图书馆和大学图书馆已经充分投入到开放获取运动中，而从开放科学的整体趋势来看，这仅仅是图书馆参与开放科学的一个起点。2014年，图书馆及专业组织继续探索支持开放要素的方式，参与谋划构建开放科研环境，主要表现为：图书馆一方面继续扩大开放获取的成果和影响力，如积极参与或主导跨机构的开放获取联盟组织、继续完善面向研究者的开放获取出版费用支付或补偿机制等[15]；另一方面，图书馆在知识创新和学术交流的各个层面孵化、培养和支持新的开放要素，如支持开放协作、开放评议等[2]。

2.2 图书馆主动融入和积极主导开放知识环境的形成

知识的内容、产生方式、传播渠道、利用手段、评价过程以及使用群体等都在"开放"的进程中被重塑。当构成图书馆"有机体"的各种细胞都从封闭走向开放时，图书馆整体的结构功能和运行机制必然走向开放。图书馆越是能够积极从自身做起迎接开放，越能够在今后的开放知识环境中占据主导地位。

图书馆继续在2014年提升开放性，主要表现在以下方面：①在内容层面，图书馆充当开放内容的集成者和提供者。图书馆作为推进开放知识资源建设的主要角色，在持续多年支持学术论文的开放获取之后，2014年的工作亮点表现在开放教育领域：图书馆一方面按照开放获取的要求促进和支持教育资源的开放[15]，另一方面充当开放教育内容和用户之间的桥梁，将开放内容有效地引入到教育和学习的现场[9]。此外，图书馆还与校园伙伴合作，积极维护用户对开放教育资源的合理使用权利[10]。②图书馆从内容层面的开放走向管理和运营层面的开放。当知识资源本身走向开放时，所配套的知识基础设施和服务机制也应该突破固有边界。今后的知识管理及知识服务机制需要适应知识的开放属性，集中表现为打破原有学科、领域、院系、机构之间的界限，在不同组织、不同机构间建立更为紧密的互动与合作[15]。在开放服务环境形成的过程中，大学图书馆表现活跃，它们不只满足于作为内容的供应者，而且积极拓展活动范围，在学术知识开放环境中主动识别和联系各类合作伙伴[16]。具有前瞻性的图书馆不满足于作为既定规则的"接受者"，而是主动成为新规则的"制定者"和新型合作机制的"召集人"[17]。

2.3 图书馆坚持捍卫用户信息获取和合理使用权利

知识环境的开放可以提升用户获取、利用知识的效率与效果。但是新环境的形成也必然伴随着新旧矛盾和利益冲突——阻碍信息有效利用的因素有时候并不是技术的限制而是规则的制约。比如数字时代研究人员期望开放地、即时地和可重复地使用数字资源，而内容创造者也愈加看重知识产权保护，这二者之间存在冲突[18]。2014 年《加拿大图书馆馆藏和政策挑战调查》指出图书馆资源面临的首要挑战是某些个人或机构试图通过提出反对议案来对资源施加更严苛的限制条款，以阻止或限定对资源的访问。这一挑战已经威胁到图书馆服务的质量[19]。美国文理学院图书馆组成的 Oberlin 联盟于 2014 年发表的《关于电子书和图书馆的声明》中直言新的电子书协议将影响馆际互借机制，进而威胁到信息共享的生态环境，并给图书馆带来灾难性的后果[20]。严苛的版权保护也威胁到学校教学过程中对于新型数字内容的利用，2014 年多起出版商对教育机构的诉讼就由此而引发[21]。此外，版权限制还影响了数据挖掘和搜索引擎技术在研究中的施展[10]。研究者本可以基于海量数据和大规模文本进行知识发现[15]，但是一些数据库商却对数据挖掘技术的使用做出限制[22]。

图书馆在这种情况下义不容辞地成为用户信息获取和合理使用的捍卫者、用户权利的看护者以及信息利用和版权保护的平衡者[10]。美国图书馆协会（ALA）将支持知识自由和确保电子书内容的可用性作为年度首要工作之一[23]，有图书馆也将促进平等获取写入战略规划的核心价值观部分[24]。图书馆及其科研教育合作伙伴经过共同努力，在 2014 年取得了丰硕成果，主要表现在以下方面：①一些国家版权法的变更（或计划修订）[25-26]朝着有利于维护图书馆及其用户权利的方向发展。②图书馆专业组织就信息获取和利用积极发出声音和施加影响，如 3 月份 Oberlin 联盟发表了关于图书馆和电子书的声明[20]，7 月份欧洲多个研究机构发出呼吁 Elsevier 撤销其限制数据挖掘政策的声明[27]，11 月份 IFLA 发布了《互联网宣言》[28]。③一系列典型的诉讼判决向支持合理使用倾斜，如 10 月份美国巡回法庭就教学参考资料中无偿使用受版权保护的作品是否属于合理使用做出判决，驳回了出版社的指控[21]。④信息获取议题在 IFLA 的直接推动下被写入联合国《2015 年后发展议程》

成果文件，8 月份 IFLA 跟进发表了《信息获取与发展里昂宣言》[29]，并推出了一系列配套行动工具[30]。

3 平衡点之二：图书馆在数字时代形成馆藏管理的新机制

印本资源是图书馆的传统资源，如何在数字时代妥善管理印本资源，更好地开发印本内容的价值以及有效地整合印本与数字资源，已经成为很多图书馆在完成数字化之后面临的新问题。针对上述问题，2014 年图书馆和相关研究机构不断改革和健全馆藏资源建设机制，提出了新的解决方案，以在处理传统印本资源和新兴数字资源的关系上实现平衡。

3.1 图书馆完善和创新共享印本管理机制

图书馆之间合作建设馆藏以确保文献的妥善保存是一项悠久的传统。对于一些重要的图书馆来说，文献保存一直是其使命中的核心内容，例如大英图书馆将"确保后代在未来对文献的获取"列为其五大愿景之一，美国国会图书馆保护理事会将其使命定义为"确保对图书馆馆藏获取的长期性和可持续性"[31]。即使是那些不把保存作为其核心职能的图书馆，在对传统类型的馆藏资源进行处理时（如进行剔旧工作），也会将文献保存作为重要的考虑因素。在数字时代，共享印本管理模式成为许多图书馆在印本馆藏建设时的首要选项。

2014 年 Ithaka S + R 发布的《美国图书馆调研报告》显示，大多数接受调研的美国大学图书馆馆长认为建设本地印本馆藏的重要性已经下降，与此同时，绝大多数的馆长认为"馆藏资源共享"是图书馆的重要功能，以跨机构合作方式来满足用户的信息需求十分重要[32]。OCLC 的报告《了解集体馆藏：图书馆印本建设全局观》认为，由于单个图书馆开始缩减本地馆藏规模、研究与学习向数字化转变、文献的可获取性提升以及图书馆开始重新考虑其空间功能定位等因素，共享印本管理将是图书馆印本馆藏建设的发展方向[3]。OCLC 随后发布的《图书馆馆藏和资源收集指南》指出，互联网推动的共享基础设施的出现使得馆藏管理可以从"单一机构管理模式"转换为"集团分布式管理模式"[33]。2014 年有很多组织机构和图书馆将健全共享印本管理机制作为未来发展的重点，如美国研究图书馆协会（ARL）就将印本知识库的协同管理纳入其未来行动框架[34]，英国研究图书馆联盟（RLUK）在其2014—2017 战略规划中提出通过共享的方式对 RLUK 成员馆的印本、手稿、档案等进行管理[2]。

3.2 图书馆升级本地资源及特藏的建设机制

与图书馆馆藏的共享管理相呼应的，是图书馆对于本地资源及特藏资源

51

的日益重视和有效开发。特藏资源在数字时代对于个体图书馆的价值日益凸显。ARL 发布的报告《作为核心的特藏》强调了特藏在未来的价值——在 21 世纪的馆藏模式中，特藏具有不可或缺的主导作用，并能够有效帮助图书馆实现其目标。在一些图书馆中，特藏越来越能代表图书馆的核心价值，也能成为变革的驱动力[35]。

2014 年，各类图书馆对于特藏资源的重视转化为具体的行动和策略，主要表现在以下方面：①从重视特藏保存到加强特藏的呈现和利用。大学图书馆将特藏资源融入到课堂教学、研究过程和兴趣社区当中，并将融入的程度和效果作为衡量特藏利用成功的标准。如伊利诺伊大学香槟分校将特藏资源作为课程教学的支撑材料，乔治城大学在教学项目中开展基于特藏的研究实践，以养成学生使用原始材料的终身学术习惯[35]。②根据数字学术环境的需要进行特藏的数字化。科研人员未来需要在数字化科研环境中对全文本及大数据进行整合分析，特藏资源不应被排除在他们分析的对象之外[36]，特藏资源需要同时在物理和虚拟空间支持学者进行知识创造[9]。图书馆开始将特藏资源的数字化工作纳入到建设数字学术环境的整体进程中，从而将有价值的内容通过数字化方式从珍贵文献的页面中释放出来[37]。如宾夕法尼亚州立大学图书馆在其 2014—2019 年战略规划中指出，为使特藏资源能够在任何学习和研究环境中被使用，需要对其进行描述和数字化[24]。哈佛大学图书馆在 2015 年战略规划中将特藏资源数字化作为馆藏数字化进程的首要任务[38]。对于如何发挥特藏的价值，俄克拉荷马大学图书馆所总结的 4 条策略值得借鉴：①通过数字化提升特藏的可获取性和可访问性；②通过合作建设提高特藏的知名度；③通过有效利用提升特藏的价值；④将原始材料融入课堂和虚拟空间[9]。

3.3　图书馆平衡不同资源类型之间的关系

很多图书馆的战略规划仍以"基于馆藏内容开展服务"作为其首要使命。但是对于处在 2014 年这个时间点的图书馆来说，"馆藏"的内涵与结构已经不同于以往。在过去的很多年间，图书馆专注于从印本资源到数字资源的转换[32]，时至今日，从很多图书馆资源采购预算的角度来看，数字化转变实际已经完成，现在已经很少有图书馆仅仅是作为印本的资源集合存在，而是成为兼具物理实体和数字虚拟的复合结构[24]。很多图书馆已经走完了"数字化的第一步"，此时"第二步"的走向成为了它们所面临的问题[31]。当资源类型变得多样时，图书馆开始困惑于今后如何协调不同类型的馆藏资源。

不同格式的资源在经过多年此消彼长的动态变化后，自 2014 年开始趋向一种新的平衡，这种平衡主要表现为：①从图书馆的角度着眼，不再单纯追求资源类型间的"替代"或"转化"，而是进行不同资源间的"整合"与"协调"，并且强调不同类型资源作为整体所发挥的效用。图书馆处在印本和数字世界的十字路口，并非要寻求用一个世界替代另一个世界，而是需要找到两个世界之间的平衡点，以确保图书馆提供的产品和服务仍然是重要的社会资源[9]。②从用户的角度着眼，如今用户并不关注或刻意区分他们使用资源的类型与格式，而是看重资源使用的效果。例如有调查显示用户期待本地实体馆藏能够具有和数字馆藏一样的功能和效用[2]。用户在使用图书馆参考资源时，认为实体书和数字参考资源一样重要，他们并不会对资源类型区分主次[39]。

4 平衡点之三：图书馆在创新环境中开发馆舍空间的新功能

传统的图书馆馆舍建设维护与空间服务在数字化大潮中曾经被冷落。但是在 2014 年，许多图书馆的物理馆舍空间又开始焕发新的活力并且大放异彩。以人为本、面向创新、面向协作已成为图书馆空间重新焕发生机的动力源泉。海外各类图书馆在过去一年纷纷对原有馆舍进行改造与翻新，全新的图书馆空间形态和利用方式层出不穷。在这种情况下，新的图书馆空间建设指导和评估标准也陆续出台。空间场所是图书馆功能最为直接和最为感官化的体现，固定的馆舍实体建筑内正在不断实现着灵动的功能，并实现硬件与软件、实体与虚拟、场所与氛围、结构与功能间的和谐与平衡。

4.1 图书馆旧有馆舍空间改造项目纷纷被提上日程

欧美国家的很多图书馆建筑都具有悠久的历史，特别是大学图书馆建筑往往标志着图书馆乃至大学的形象、文化和传统。在新的时代，旧有建筑实体空间面对非传统的资源类型和用户需求表现出种种局限，而受制于资金、政策及文化因素的限制，一些大学在短期内又不可能建设新的馆舍，因此如何让图书馆的原有建筑实体空间实现可持续发展成为了图书馆面临的重要课题。一项针对 ARL 成员馆的调查显示，多达 84% 的受访者计划在不久的将来对其馆舍空间进行大幅度改善，包括缩减物理馆藏空间和更新空间功能[40]。关于馆舍改造的诱因，很多人将其归结为馆藏物理形态的改变，以至于很多改造后的图书馆空间形态被概括为"没有书的空间"[41]。馆舍改造的其他驱动因素还包括了用户反馈、组织调整、资助机会和成本削减等[40]。

近年来越来越多具有悠久历史的图书馆将翻新和改造旧有馆舍空间提上工作日程，这些项目内容普遍具有以下特征：①替代性：剔除积压的物理馆藏，用新的功能空间替代原有的馆藏空间[42]，这使得图书馆非馆藏区域的面积越来越大[40]。当然这种替代并非要完全取消传统的馆藏和服务区域。PEW研究中心的调查显示，即使是年轻的网络一代也不认同把图书馆绝大多数服务移至网上，或者将纸本图书完全转移出公众区域[43]。②人性化：图书馆空间设计的标准从考虑"馆藏的属性"转移到"人的感受"。"舒适"一词成为人们描述图书馆空间时最常用的词汇[43-44]。③经济性：强调有效开发和利用图书馆的所有空间。例如很多图书馆都在装修和开放以往被忽视或闲置的建筑顶层（穹顶）空间[42,45]。

4.2 图书馆实体空间的各类全新形态层出不穷

除了对原有馆舍空间的改造，经过多年的探索和孕育，2014年一批全新的图书馆实体空间形态纷纷涌现，例如交互式教学实验室、协作工作环境、信息和数据中心、社群项目展示中心、创客空间等。尽管这些新形态从名称到内容五花八门，各具特色，但是都反映了共同的规律——这些新空间的设计都从"以馆藏为核心"向"以用户为核心"转变，功能从面向馆藏的保存发展到面向用户的协作和创新活动。最明显的例证就是图书馆空间不再以馆藏类型或资源属性来命名（如"特藏室"、"期刊阅览室"、"电子阅览室"等），而是以用户活动来命名（如"制作空间"、"展示空间"、"学习空间"、"写作空间"、"数据可视化实验室"等）。新的图书馆空间不再是一个存贮书籍的容器，而是成为创新学术的平台和跨学科研究的枢纽[41]。

在2014年所有新出现的空间形态中，最能体现上述特点的类型是"数字学术中心"，它包括了完备的物理空间及服务，能够为不同的项目提供场地。《数字学术中心的新趋势》报告指出：科研人员越来越多地依靠数字化设施和工具支持研究，而且需要图书馆员和其他技术专家提供咨询，甚至需要其直接参与到研究团队当中，图书馆主导的数字学术中心由此应运而生[46]。有越来越多的大学和科研机构开始建立数字学术中心以支持机构日益增加的高级数字科研项目，图书馆或者IT部门在数字学术中心通常具有核心的职能角色。数字学术中心的主要理念可以概括为：①提供一套适应E-Research环境的基础设施。②将技术手段（以及应用这些技术的服务）集成起来服务于用户。③通过技术推送和咨询服务手段，让用户在研究实践中有效接触和使用到这些数字技术[46]。除了硬件和技术因素，图书馆在建设数字学术中心时，还需要考虑所在机构的环境与文化氛围[15]。

4.3 图书馆新的空间建设指导和评估标准陆续出台

在空间改造和建设的热潮中，图书馆一方面需要对已建成空间的有效性进行评估，另一方面也希望在新建过程中有可以参照的指导性文件，这催生了一大批新的图书馆空间评估标准和建设指导方案的出台。

2014 年新出现的指导性文件和标准主要注重以下 5 个方面的内容：①用户体验：将图书馆空间满足用户体验和用户需求的程度作为衡量馆舍空间成功与否的标准。例如昆士兰大学图书馆就将空间是否能满足用户需求作为图书馆评估的重要指标[47]。②灵活性和适应性：图书馆意识到馆舍空间的功能布局不再是一成不变的，而是需要伴随时代的发展一同进化。例如麻省理工学院图书馆为其空间设计确定了"灵活性最大化"原则，这意味着图书馆空间需要有充足的潜力孕育未来的系统，能够确保图书馆平稳地适应技术变革[48]。③参与性和开放性：为确保图书馆的新功能能够满足特定的需要，图书馆必须要有方便用户参与活动的空间[17]，例如为会议、展示和写作活动提供空间上的支持和保障。由于不同用户对空间有不同的需求设定，图书馆在空间设计和管理过程中需要促进不同机构的对话和参与。④支持协作：ARL的调查显示，图书馆将"协作"作为未来学习研究活动的主要特征[40]。图书馆中的协作包括多种形式，既有大规模的项目活动，也有小规模的讨论和信息分享与反思活动。在这些协作样式中，图书馆都将是重要的组织者和参与者。⑤面向创新：图书馆正从内容的仓储转化为创新的催化剂[17]。图书馆作为一个场所，不仅需要保存知识，而且需要激活知识。

5　平衡点之四：图书馆在数据环境中发掘内容资源的新价值

当数据成为科研环境乃至社会公共生活中重要的资源时，数据资源也已成为图书馆馆藏内容的重要组成部分，而数据资源真正发挥价值则在于服务与利用过程。在 2014 年，图书馆面向数据资源的工作逐步从侧重数据的"采集"和"保存"过渡和延伸到关注数据资源的"利用形式"和"效能发挥"，从早期的"重建设、轻利用"和"重保存、轻服务"发展到现在逐步建立起数据资源采集与发布、入藏与开放、保存与利用的新平衡。

5.1　图书馆继续重视对数据资源的识别和采集

数据资源的发现、识别和采集是数据管理的首要环节。对于在 E-Science 环境下探索数据管理服务的图书馆来说，形成对数据资源的识别和发现能力是首要的工作。2014 年图书馆对数据资源识别和整理的重视主要表现在以下方面：①将数据挖掘作为图书馆资源数字化工作的目标。科研人员需要对全文本及大规模数据进行整合分析，这些分析对象不仅包括原生数字资源，也应包括传统的物理印本馆藏。典型的例子如 Jisc 和 Wellcome 基金会合作对英国大学和研究机构的医学类特藏进行数字化，以显著增强文本在教学和研究中的可用性，并使读者利用这些资源的方式发生"历史性的变化"[37]。②图书馆争取和维护大规模数据资源挖掘的合理权利。支持文本和数据挖掘是知识集合的必要功能[49]。但是在技术实现手段之外，不同机构之间存在着利益冲突和争议。在这种情况下，图书馆从支持创新的角度出发，力求打破商业机构对内容挖掘权利的严格限制。③重视对网页数据资源的收集。面向网页内容的数据管理是数据发现和利用工作的重要组成部分[15]。典型的例子如美国国家医学图书馆（NLM）于2014年底启动的网页收集项目，目的是捕获并保存有关2014年爆发的埃博拉病毒的原生数据内容[50]。

图书馆对数据资源的发现和整理不仅是为了协助教学科研用户，也服务于图书馆自身的研究和发展。图书馆处理的数据不仅包括内容数据，也包括使用数据，图书馆已经开始利用数据收集和分析来做出更好的决策[51]。耶鲁大学图书馆的数据采集工作是数据驱动图书馆决策的典型案例，其数据采集的对象包括网络统计工具、图书馆系统报表和读者调查数据等内容[52]。

5.2 图书馆增强数据资源的可见性和可获取性

数据资源的可见性和可获取性关系到数据资源使用的效果。图书馆意识到，数量庞大的数据资源积累并不能直接带来价值。缺少描述和揭示的珍贵数据资源反而容易被隐没在庞大的数字洪流当中；缺乏数据资源展示和呈现的平台反而可能会使数据资源集合成为知识孤岛；此外，还有很多的人为限制因素使数据知识难于被发现。因此，图书馆正在致力于通过各种手段增强数据资源的可见性和可获取性。

2014年，图书馆在增强资源的可见性和可获取性方面主要有以下特点：①加强不同数据技术设施管理者之间的兼容，增强数据资源的开放关联。例如澳大利亚国家科学数据服务网络和Thomson Reuters合作进行科学数据开发[53]。OCLC与领先的网络移动应用公司Yelp合作，以提升公众对图书馆的信息获取度[54]。②重视通过技术手段保障内容的发现和传递。如哈佛大学图书馆在其2015年战略规划中，将"建设加强版的内容发现和传递系统"作为仅次于馆藏建设的战略重点，以此实现基于直观发现、专家网络和全球合作获取知识和数据的目标[38]。宾夕法尼亚州立大学在其战略规划中将"强化馆藏和其他信息资源的可发现性，简化获取途径，以使信息资源能够在任何学习和研究环境中被使用"作为首要目标[24]。③通过法律、宣传等综合手段打破阻碍数据资源可获取性的人为因素，抵制对于知识获取的不合理限制，支持新的资源发现工具，与全社会一起在法庭上捍卫这些工具的使用[10]。④提升对"隐匿"和"容易遗失"之数据资源的可见性和可获取性。例如 RLUK 指出，并不是所有的资源都容易标识和识别，图书馆仍存在着一些缺陷，阻碍了用户最大限度地利用馆藏，为此，RLUK 专门提出了揭示隐匿馆藏的策略[2]。哥伦比亚大学图书馆也指出，对尚未被研究人员发现的资源（这些资源尚未被加工或者其记录还没有被包含在网络搜索系统中）的描述、加工和组织工作与馆藏建设是同等重要的[55]。

5.3 图书馆设计和建立面向数据资源开发利用的知识基础设施

在当前的学术研究机构中，数据资源日益引起各方面的重视，各个院系、各种实验室都在开展自己的数据科研项目。在这种环境中，一套整合的数据资源服务平台受到了各方的重视。面向数据资源的知识基础设施包括多个层面，如机构级、区域级、国家级和国际级等；也包括多个要素，如技术平台、人员配置和管理运行机制等。传统上，校园或大型研究机构中从事数字化研究、数字化教学、数字出版、数字数据采集或可视化工作的学生及科研人员只是单打独斗或者各自为战，他们的工作在现实中被部门、团队、学科、工种、岗位等界限所分割，这使他们之间的沟通十分不便。而面向数字学术的图书馆可以提供一站式的服务[56]，通过图书馆提供的数字学术空间，每个人都朝着同一目标工作，这将有利于各部门彼此之间进行无缝式合作。ARL 认为数字学术中心将是 21 世纪的教育基础设施[34]。此外，面向数据资源的专业人员队伍也是知识基础设施的重要组成部分，一些研究型图书馆已经在其内部设立了新的职位来支持数字学术，也有图书馆通过与外部伙伴进行合作来形成对数字人文研究的支持能力。另外，已经有大学图书馆开设了关于数据分析和大数据管理的专门学位课程，并提供资格认证服务[15]。

6 平衡点之五：图书馆在传统角色和新角色间保持新平衡

在变革的年代，知识传播交流环境中各类角色的界限日益模糊。2014 年图书馆一方面积极承担起时代赋予的新角色，另一方面继续丰富和拓展其传统角色的内涵和功能，同时力求保持传统角色和新角色之间的平衡。

6.1 图书馆承担新的功能与角色

近年来，以大学图书馆和研究型图书馆为代表的各类图书馆不断以新的形象出现在世人面前。很多人长期以来质疑图书馆在数字时代存在的价值和成本，他们对于图书馆的认识还停留在传统的角色定位上[16]，比如他们仍旧认为图书馆的工作无非是处理图书和手稿一类的文献[2]。然而图书馆可以向人们证明，其功能值得人们"期待更多"[16]。2014 年在科研和教育环境中，图书馆的新角色的亮点突出体现在以下方面：①作为校园数字学术中心的图书馆。E-Science环境为大学图书馆带来了重大的机遇，使其可以从校园教学科研活动中的辅助角色一跃升级为核心角色之一[15]。图书馆在校园中拥有无与伦比的内容资源、技术资源、人力资源、工具资源及空间资源[46]，这些资源在经过升级整合之后可以成为支持全校范围内E-Science项目的天然基础设施[42]。此外，图书馆在校园中跨院系、跨机构、跨学科的定位，使图书馆在E-Science环境中具有发挥整合、联络和协调作用的天然优势[34]。为有效承担E-Science环境中的核心角色，图书馆一方面抓紧在其内部设立支持数字学术的新职位，另一方面积极充当合作者、连接者，通过识别和建立合作来形成支持E-Science的有效机制[24]。②作为出版者的图书馆。图书馆作为学术出版机构已经具有一定的历史，而随着开放获取运动的深入和用户需求的变化，图书馆更加直接、深入地承担起出版者的角色。ARL发布的《图书馆支持教师/研究人员出版》报告显示，不管图书馆在名义上是否自称或被称为出版机构，它已经深深地嵌入到了当前的学术出版过程中[57]。在大学中，图书馆支持校园出版的方式主要包括整合图书馆服务、内部协作以及图书馆直接作为内容出版机构等。图书馆日益强化的出版角色也引起了传统的出版机构的关注。美国大学出版学会（AAUP）发布的一项调查报告从大学出版社的角度指出图书馆的出版服务日益重要，并承认图书馆比出版机构更了解科研领域的变化和用户需求，同时指出大学出版社和图书馆需要在出版领域进行技能、资源和使命的成功互补[58]。③作为联盟和集团的图书馆。2014年图书馆在各种场合不再是各自行事或形单影只，而是积极识别利益相关者和盟友，积极寻求共识，建立利益共同体和行动共同体。如前文所述，图书馆在资源采购方面形成采购集团，在馆藏保存方面完善和创新共享馆藏管理机制；在维护用户权益方面也积极与校园合作者、学术研究机构、学术出版机构等形成联盟，积极参与支持用户权益的声明、联署及调查研究。这一系列行动可以归纳为确认新的支持者、寻找新的同盟和构建新的网络[34]。

6.2　图书馆发掘传统角色的新内涵

在新的环境中，图书馆不仅在探索塑造新的角色与形象，同时也在新的背景下用新的眼光审视图书馆的传统角色，并赋予其新时代的意义和内涵。2014年OCLC发布的报告《重新排序阮冈纳赞定律：变化的用户行为，变化的优先级》就是这方面典型的例证。阮冈纳赞的图书馆学五定律一直是图书馆学和图书馆事业奉为经典的理论基础，OCLC的报告并不是对经典理论和指导思想的推翻或颠覆，而是寻求对图书馆服务的传统、根基进行重新挖掘和重新解读，使其能够更好地适应图书馆资源、服务和用户环境的变化。今天的用户需求要求图书馆员不仅仅停留于"节省读者时间"，还必须将图书馆系统和服务整合到用户的工作流程当中；"每位读者有其书"要求图书馆在今天更加了解用户群体及其需求；"书是为了用的"核心思想仍是关于获取，但是图书馆关注的重点在于如何更好地通过技术工具来促进资源的传递；图书馆现在讨论"每本书有其读者"的时候，更加关注资源的可发现性、关注用户在自身的工作流程中如何发现、获取和利用资源；"图书馆是一个生长的有机体"，而用户在这一有机体中的地位将越来越重要[59]。

在传统的学科馆员服务方面，ARL 发布的《新时代新角色：转变研究图书馆联络员角色》指出传统的学科馆员角色仍然重要，但不足以适应变革。学科馆员角色变化的核心是学科馆员的工作框架正从侧重于馆员在做什么（馆藏、参考、图书馆教学）到侧重于用户在做什么（科研、教学和学习）[60]。Ithaka S + R 的研究报告《发挥学科馆员服务模式效能》呼应了上述观点，认为在学科馆员服务模式发展过程中新出现的转变是从关注图书馆员的工作到关注学者的工作，并基于学者的需求和成果指标制定参与的策略[16]。在传统的参考咨询服务方面，《图书馆参考咨询服务现状白皮书》指出参考咨询的未来并不可怕，尽管有 Google、维基百科和其他资源的竞争以及图书馆预算的限制，但是图书馆参考咨询服务仍能够整合不同类型的资源，从而为用户带来更有价值的效用[39]。

6.3 图书馆寻求传统角色与新角色间的平衡

图书馆的角色被划分为传统角色和新兴角色，是为了方便观察和陈述图书馆形态和功能的转变，而图书馆在发展实践中，所谓"传统"与"新兴"之间的区别和界限已经逐渐淡化。从上文的趋势分析中可以看到，无论是内容资源管理、空间功能设置还是服务手段实施，图书馆都已经从立足于图书馆固有结构和自身视角转向立足于用户的场景与背景，在参考咨询服务中，不再刻意区分所谓"传统的"工具书资源和"新兴的"网络参考资源，而是侧重所有资源对于解决用户问题的效果；在图书馆数字学术空间，不再划分"传统的"馆藏空间和"新兴的"功能空间，而是侧重空间给用户带来的体验和学习工作效果。

在变化的环境中，图书馆意识到保持平衡最好的办法并非静止不动，而是寻求充足动力前行。2014 年，图书馆角色的动态平衡主要表现在以下方面：①图书馆不仅是跟随者，而且是引领者。对于当今的学术和研究机构来说，图书馆不仅是提供知识的机构，也是凝聚创新精神和协作精神的核心，图书馆可以真正成为实现探索和创造的中心[17]。②图书馆不仅是响应者，而且是倡导者。越来越多的教育科研机构意识到，图书馆可以实现远比知识仓储更为强大的功能，它可以成为发现、学习、协作和学术突破的催化剂和智慧的召集者。这需要图书馆从过去被动等待用户上门到主动将不同的用户"召集"在一起交流思想、促进创新。总之，如今我们看到"图书馆"这个词时，它所指代的具体对象形态和以前已经大不一样[61]。

7 结语

图书馆在变化的知识环境中寻求新的平衡，体现在图书馆的环境、资源、内容、空间、服务以及角色等多个维度。尽管表现形态多样，但是图书馆这种新的平衡态势在产生背景和核心内涵上却具有一些规律性、趋势性的新特征。

从图书馆的发展历史来看，这种"新平衡状态"区别于图书馆事业在过往发展历程中长期形成的"超稳定结构"，新的平衡不再来源于"静止"或"固化"，而是产生于"动态"和"变化"。本文认为，图书馆发展的新平衡态势从根源上看主要产生于如下背景：①首先，近几十年来图书馆所处的信息传播交流环境的旧秩序已经被打破：以"网络化、数字化、移动化"为代表的新技术，以"网络一代、Google 一代"为代表的新用户，以"大数据、科研数据、数字化内容、开放内容"为代表的新内容，这些新的"砝码"源源不断地被置于图书馆发展环境的"旧平衡"中，使得图书馆的"旧平衡"受到冲击和颠覆。图书馆多年以来持续从"反思、适应"到"迎合、接纳"再到"跟随、赶超"的系列举措即来源于此。②其次，图书馆生存发展的新范式尚未建立，新规律尚在探寻，例如世界各国仍在探索对开放获取、开放教育资源的有效管理模式，仍在探索对开放数据的有效开发、利用和保存模式，仍在探索图书馆支持和介入出版的模式，仍在探索图书馆未来的实体空间形态，这些工作大都处在起步或初期的阶段，尚未形成普遍、通行和稳定的模式。在这双重背景的综合作用下，图书馆既无法继续维持旧的知识环境的稳定状态，又和未来的新稳定状态存在距离，在新旧因素交织、互动的背景下，在从旧环境向新环境过渡的进程中，在从"失序"向"有序"的回归中，图书馆逐渐形成了新的平衡——发展中的动态平衡。

综合全文，2014 年图书馆发展所表现出的新平衡状态，在核心内涵上可以归纳为两个方面：①图书馆自身整合、平衡、转化新旧各类要素的稳健前进状态；②图书馆为其所处知识环境带来的一种稳定均衡功能。在变化的知识环境中，如果将图书馆事业比作一艘航船，那么在风浪与波涛中失去动力是危险的，只有保持适当的动力和恰当的方向，才能平稳地驶向前方。

感谢中国科学院文献情报中心科技信息政策中心给予本研究的大力支持。

致谢：感谢中国科学院文献情报中心科技信息政策中心给予本研究的大力支持。

参考文献：

[1]	王铮，胡芳，孙杰. 转变·重塑·再造——2013 年英美等国图书馆发展战略评述[J].图书情报工作，2014，58（6）：104 – 114.

[2]	Powering scholarship［EB/OL］.［2015 – 03 – 05］.http：//www. rluk. ac. uk/wp-content/uploads/2014/02/RLUK-Strategy-2014-online. pdf.

[3]	New OCLC research report provides evidence base for shift to shared print management approach［EB/OL］.［2015 – 03 – 05］.http：//www. oclc. org/en-asiapacific/news/re-leases/2014/201404dublin. html.

[4]	Strategic plan released!［EB/OL］.［2015 – 03 – 05］.http：//www. library. uq. edu. au/about-us/library-strategic-planning-2013. https：//www. library. uq. edu. au/_ /sites/default/files/storage/webfile_ write/files/about/StrategicPlan_ 13. pdf.

[5]	Hellman E. Start-ups take library jobs：Reinventing libraries［EB/OL］.［2015 – 03 – 05］. http：//lj. libraryjournal. com/2013/09/future-of-libraries/start-ups-take-library-jobs-reinventing-libraries/.

[6]	Janes J. The librarian in 2020：Reinventing libraries［EB/OL］.［2015 – 03 – 05］. ht-tp：//lj. libraryjournal. com/2013/10/future-of-libraries/the-librarian-in-2020-reinventing-libraries/.

[7]	ARL statistics 2012 – 2013 published［EB/OL］.［2015 – 03 – 05］.http：//www. arl. org/news/arl-news/3420-arl-statistics-2012-2013-published. http：//publica-tions. arl. org/ARL-Statistics-2012% E2% 80% 932013/.

[8]	Competition and strategic cooperation——library systems report 2014［EB/OL］.［2015 – 03 – 05］.http：//www. americanlibrariesmagazine. org/article/library-systems-report-2014.

[9]	The new horizon for OU libraries［EB/OL］.［2015 – 03 – 05］.http：//plan4future. libraries. ou. edu/documents/OU-Libraries-Digital-PDF. pdf.

[10]	Libraries are champions for academic freedom and balanced copyright［EB/OL］.［2015 – 03 – 05］.http：//www. arl. org/storage/documents/infographic-academic-freedom-bal-anced-copyright-full-size-2014. pdf.

[11]	IFLA submission to EU Copyright Consultation now available online［EB/OL］.［2015 – 03 – 05］.http：//www. ifla. org/node/8437.

[12]	Policy for use and reuse of collection items［EB/OL］.［2015 – 03 – 05］.http：//natlib. govt. nz/files/strategy/Use-and-reuse-policy. pdf.

［13］　Science as an open enterprise ［EB/OL］. ［2015 – 03 – 05］. https：//royalsoci-ety. org/policy/projects/science-public-enterprise/report/.

［14］　Science 2. 0：Science in transition ［EB/OL］. ［2015 – 03 – 05］. http：// ec. europa. eu/research/consultations/science-2. 0/background. pdf.

［15］　Top trends in academic libraries ［EB/OL］. ［2015 – 03 – 05］. http：//crln. acrl. org/content/75/6/294. full#xref-ref-68-1.

［16］　Leveraging the liaison model explored in Ithaka S + R issue brief ［EB/OL］. ［2015 – 03 – 05］. http：//www. sr. ithaka. org/sites/default/files/files/SR ＿ BriefingPaper ＿ Kenney＿ 20140322. pdf.

［17］　4 ways academic libraries are adapting for the future ［EB/OL］. ［2015 – 03 – 05］. ht-tp：//www. fastcoexist. com/3036939/4-ways-academic-libraries-are-adapting-for-the-fu-ture.

［18］　Policy for use and reuse of collection items ［EB/OL］. ［2015 – 03 – 05］. http：// natlib. govt. nz/files/strategy/Use-and-reuse-policy. pdf.

［19］　Whose values? Results of the 2013 survey of challenges to library resources and policies in Canada ［EB/OL］. ［2015 – 03 – 05］. http：//www. cla. ca/Content/Navigation-Menu/Resources/Resources/cla＿ 2013＿ challenges＿ survey＿ report. pdf.

［20］　The Oberlin group statement on ebooks & libraries ［EB/OL］. ［2015 – 03 – 05］. ht-tp：//www. oberlingroup. org/node/14801.

［21］　ALA and ACRL respond to Eleventh Circuit Court's encouraging "fair use" decision in Georgia State University case ［EB/OL］. ［2015 – 03 – 05］. http：//www. ala. org/ news/press-releases/2014/10/ala-and-acrl-respond-eleventh-circuit-court-s-encouraging-fair-use-decision.

［22］　Realising the innovative potential of digital research methods：A call from the research community ［EB/OL］. ［2015 – 03 – 05］. http：//libereurope. eu/wp-content/up-loads/2014/07/Open-Letter-To-Elsevier1. pdf.

［23］　American Library Association (ALA) 2012 – 13 annual report highlights initiatives, mile-stones ［EB/OL］. ［2015 – 03 – 05］. http：//www. ala. org/news/press-releases/ 2014/02/american-library-association-ala-2012-13-annual-report-highlights-initiatives.

［24］　Penn State University Libraries strategic plan for 2014 – 2018 ［EB/OL］. ［2015 – 03 – 05］. http：//www. libraries. psu. edu/content/dam/psul/up/admin/documents/2014.

［25］　British Library welcomes new exceptions to copyright ［EB/OL］. ［2015 – 03 – 05］. ht-tp：//pressandpolicy. bl. uk/Press-Releases/British-Library-welcomes-new-exceptions-to-copyright-696. aspx.

［26］　Fair use proposed by Australian Law Reform Commission ［EB/OL］. ［2015 – 03 – 05］. http：//www. arl. org/news/arl-news/3157-fair-use-proposed-by-australian-law-re-form-commission#. UykA9＿ npTuc.

[27]   European research organisations call on Elsevier to withdraw TDM policy [EB/OL] .
       [2015 – 03 – 05] . http: //libereurope. eu/news/european-research-organisations-call-
       on-elsevier-to-withdraw-tdm-policy/.

[28]   Internet Manifesto 2014 [EB/OL] . [2015 – 03 – 05] . http: //www. ifla. org/publi-
       cations/node/224.

[29]   UN Open Working Group' s final report recognises access to information [EB/OL] .
       [2015 – 03 – 05] . http: //www. ifla. org/node/8873.

[30]   IFLA launches toolkit to support library institutions and associations to advocate for access
       to information in the UN post – 2015 development agenda [EB/OL] . [2015 – 03 –
       05]. http: //www. ifla. org/node/9078.

[31]   Last copy service: What are the opportunities and benefits of collaboration? [EB/OL] .
       [2015 – 03 – 05] . http: //www. iii. com/sites/default/files/ServicesWhitePaper2014. pdf.

[32]   Academic libraries: Ithaka S&R releases US library survey 2013 [EB/OL] . [2015 –
       03 – 05] . http: //www. sr. ithaka. org/sites/default/files/reports/SR_ LibraryReport_
       20140310_ 0. pdf.

[33]   OCLC Research publishes preprint of "collection directions: The evolution of library col-
       lections and collecting" [EB/OL] . [2015 – 03 – 05] . http: //www. oclc. org/con-
       tent/dam/research/publications/library/2014/oclcresearch-collection-directions-
       preprint-2014. pdf.

[34]   ARL membership refines strategic thinking and design at spring 2014 meeting [EB/OL].
       [2015 – 03 – 05] . http: //www. arl. org/about/arl-strategic-thinking-and-design/arl-
       membership-refines-strategic-thinking-and-design-at-spring-2014-meeting.

[35]   Special at the core: Aligning, integrating, and mainstreaming special collections in the
       research library [EB/OL] . [2015 – 03 – 05] . http: //publications. arl. org/
       rli283/1.

[36]   Guidelines for planning the digitization of rare book and manuscript collections [EB/
       OL]. [2015 – 03 – 05] . http: //www. ifla. org/publications/node/8968? og = 59.

[37]   Historical medical books database gets a boost from Jisc and wellcome library partnership
       [EB/OL] . [2015 – 03 – 05] . http: //www. jisc. ac. uk/news/historical-medical-
       books-database-gets-a-boost-from-jisc-and-wellcome-library-partnership.

[38]   Strategic library priorities and projects for FY15 [EB/OL] . [2015 – 03 – 05]. ht-
       tp: //library. harvard. edu/06302014-1126/strategic-library-priorities-and-projects-fy15.

[39]   What is the current state of reference resources in libraries? (free whitepaper) [EB/
       OL]. [2015 – 03 – 05] . http: //www. sla. org/current-state-reference-resources-librar-
       ies-free-whitepaper/#sthash. mR44Gsgr. dpuf.

[40]   SPEC Kit 342: Next-gen learning spaces (September 2014) [EB/OL] . [2015 – 03 –
       05] . http: //publications. arl. org/Next-Gen-Learning-Spaces-SPEC-Kit-342/.

[41] White Paper: Reimagining the Georgia tech library [EB/OL]. [2015 – 03 – 05]. http://renewal. library. gatech. edu/white-papers/reimagining-the-georgia-tech-library.

[42] NYMC health sciences library strategic plan, 2015 – 2017 [EB/OL]. [2015 – 03 – 05]. http://library. nymc. edu/Information/goals1415. cfm.

[43] Younger Americans' library habits and expectations [EB/OL]. [2015 – 03 – 05]. http://libraries. pewinternet. org/2013/06/25/younger-americans-library-services/.

[44] Library update 2014 [EB/OL]. [2015 – 03 – 05]. https://uwaterloo. ca/library/news/sites/ca. library. news/files/uploads/files/c004646_ library_ update_ 2014_ final-s. pdf.

[45] library@ orchard returns with new design concept & experience-making design accessible for everyone [EB/OL]. [2015 – 03 – 05]. http://www. nlb. gov. sg/News/tabid/102/articleid/268/category/Media% 20Releases/parentId/121/year/2014/Default. aspx.

[46] Trends in digital scholarship centers [EB/OL]. [2015 – 03 – 05]. http://www. educause. edu/ero/article/trends-digital-scholarship-centers.

[47] Queensland University of Technology Library 2014 strategic plan [EB/OL]. [2015 – 03 – 05]. http://www. library. qut. edu. au/about/planning/documents/PLN_ 2014_ StrategicPlan_ FIN_ 20140327. pdf.

[48] Redesigning hayden library and the future of library spaces at MIT. [EB/OL]. [2015 – 03 – 05]. http://web. mit. edu/fnl/volume/271/gass_ ravel. html.

[49] CrossRef text and data mining services simplify researcher access [EB/OL]. [2015 – 03 – 05]. http://www. crossref. org/01company/pr/news052914. html.

[50] NLM launches Web collecting initiative to capture and preserve selected Ebola-related content [EB/OL]. [2015 – 03 – 05]. http://www. nlm. nih. gov/news/nlm_ web_ collecting_ ebola_ resources. html.

[51] Driving with data: A roadmap for evidence-base decision making in academic libraries [EB/OL]. [2015 – 03 – 05]. http://www. sr. ithaka. org/sites/default/files/files/SR_ BriefingPaper_ DrivingData. pdf.

[52] Doing the math: Managing academic libraries with data in mind [EB/OL]. [2015 – 03 – 05]. http://lj. libraryjournal. com/2014/02/managing-libraries/doing-the-math-managing-academic-libraries-with-data-in-mind/.

[53] Australian National Data Service works with Thomson Reuters to improve research data discovery [EB/OL]. [2015 – 03 – 05]. http://www. researchinformation. info/news/news_ story. php? news_ id = 1411.

[54] OCLC and Yelp increase visibility of libraries on the Web [EB/OL]. [2015 – 03 – 05]. http://www. oclc. org/en-asiapacific/news/releases/2013/201350dublin. html.

[55] CULIS transitional strategic plan 2014 – 15 [EB/OL]. [2015 – 03 – 05]. http://library. columbia. edu/content/dam/libraryweb/about/CULIS% 20Transitional% 20Strategic

%20Plan%202014-15. pdf.

[56] Held S. Emory creates unified center for digital scholarship [EB/OL]. [2015 – 03 – 05]. http：//lj. libraryjournal. com/2013/08/academic-libraries/emory-creates-unified-center-for-digital-scholarship/.

[57] Library support for faculty/researcher publishing [EB/OL]. [2015 – 03 – 05]. http：//publications. arl. org/Library-Support-Faculty-Publishing-SPEC-Kit-343/.

[58] Successful press-library collaborations rely on complementary skills, resources, and mission [EB/OL]. [2015 – 03 – 05]. http：//www. aaupnet. org/news-a-publications/news/1094-library-press-collaboration-report.

[59] OCLC researchers reorder and reinterpret Ranganathan's Five Laws of Library Science for today's world [EB/OL]. [2015 – 03 – 05]. http：//www. infodocket. com/2014/06/30/oclc-researchers-reorder-and-reinterpret-ranganathans-five-laws-of-library-science-for-todays-world/.

[60] New roles for new times：ARL publishes report on transforming liaison roles in research libraries [EB/OL]. [2015 – 03 – 05]. http：//www. arl. org/news/arl-news/2896-new-roles-for-new-times-arl-publishes-report-on-transforming-liaison-roles-in-research-libraries.

[61] ALA releases 2014 state of America's libraries report [EB/OL]. [2015 – 03 – 05]. http：//www. ala. org/news/sites/ala. org. news/files/content/2014-State-of-Americas-Libraries-Report. pdf.

作者简介：

王铮（ORCID：0000 – 0001 – 5727 – 5935），博士研究生，E-mail：wangzheng@ mail. las. ac. cn；

王燕鹏（ORCID：0000 – 0002 – 2583 – 9895），硕士研究生；

邹美辰（ORCID：0000 – 0001 – 6447 – 8052），硕士研究生；

江娴（ORCID：0000 – 0001 – 7332 – 2383），硕士研究生；

贾晓涛（ORCID：0000 – 0002 – 5858 – 3662），硕士研究生；

刘红煦（ORCID：0000 – 0002 – 4809 – 1437），硕士研究生。

转变·重塑·再造

——2013 年英美等国图书馆发展战略评述

回顾 2013 年全球范围内的图书馆发展环境，各类型图书馆仍处在 2008 年以来经济危机和持续技术变革所带来的影响当中。尽管图书馆的性质不同，但是隶属学术科研机构、高等教育部门、公共事业部门以及中小学的图书馆所面临的挑战因素是类似的，如经济低迷以及随之而来的资金消减和财政压力、新技术应用对传统图书馆的颠覆等。在这种情况下，图书馆如果仍然只是对固有馆藏资源结构和业务模式进行"优化、调整和升级"，已经无法适应急剧变化的时代和接踵而至的挑战。这促使图书馆对自身的价值定位和结构功能做出重新定义和设计，并催生了对应的战略和行动。

笔者重点对过去一年以美国、英国、加拿大、澳大利亚为代表的英语世界发达国家相关机构和各类图书馆所发布的研究报告及图书馆发展战略进行了持续跟踪，通过上述各国重要图书馆、研究机构、重要行业组织、重要行业期刊及政府相关部门的网站及信息发布平台，获取其 2012—2013 年间发布的关于图书馆发展战略与发展环境的战略规划、研究报告、政策文件和重要报道等相关文本。在此基础上，笔者综合考虑机构类型、机构影响力、实践价值、推广价值和参考意义等因素，集中反映英美发达国家的图书馆事业在过去一年的生长环境、发展方向、发展趋势和热点，重点关注大学图书馆、研究型图书馆和相关研究机构在 2013 年的新动向、新举措，同时兼顾国家图书馆、地方公共图书馆的新趋势、新变化。本文所涉及的图书馆包括大英图书馆、威尔士国家图书馆、澳大利亚国立图书馆、剑桥大学图书馆、哈佛大学图书馆、哥伦比亚大学图书馆、明尼苏达大学图书馆、加利福尼亚大学图书馆等；涉及的行业组织包括美国图书馆协会（ALA）、美国研究图书馆协会（ARL）、欧洲研究图书馆协会（LIBER）、PEW 研究中心（PEW）、英国联合信息系统委员会（JISC）等知名机构。此外，为了反映全球背景和国际环境，本文还考察了国际图联（IFLA）和联机计算机图书馆中心（OCLC）等国际组织发布的相关报告。

对 2013 年上述各类机构发布研究报告及战略规划文本进行梳理分析，可以明显看到"转变、重塑和再造"已经成为包括英美等国大学图书馆、研究型图书馆乃至国家图书馆和地方公共图书馆在内的各类型图书馆共同提到的主题。笔者将图书馆的这种"转变、重塑和再造"归纳为以下几个方面：①图书馆价值使命的审视与重新定位；②图书馆馆藏资源的拓展与整合；③图书馆服务模式的重塑与再设计；④图书馆技术革新与应用；⑤图书馆馆员的转型与蜕变。本文将对这5个方面逐一进行介绍和评述，以展现2013年英美等国图书馆发展的背景轮廓、战略方向、指导思想以及具体实践和实施策略，为我国的图书馆发展提供参考。

1　图书馆价值使命的审视与重新定位

2013年度图书馆界在各类调研报告和战略举措中表达出了强烈的共识——图书馆所处的环境业已发生了深刻的变化，图书馆作为传统上公认的信息基础设施必须通过自我革新来应对这些变化。这种认识催生了图书馆对于其价值和首要任务的重新审视和识别；激发了图书馆争取、捍卫自身在信息交流传播体系中的主导地位的决心与意志；促使图书馆通过更加有效的评估和监控手段来确保其实现向外界做出的承诺。

1.1　重新审视变革环境下图书馆的价值和任务

识别和确认图书馆自身的愿景、使命和价值观是图书馆制定战略和执行战略的基础。在全球性经济危机的影响仍未消弭以及技术变革作用不断加深的背景下，图书馆所处的环境和服务对象发生了深刻的变化，为图书馆执行原有战略带来了难度和挑战。欧洲研究图书馆协会2013－2015年战略规划指出，在许多欧洲国家经历了经济危机之后，欧洲的高等教育部门面临着前所未有的挑战，在这种环境下制定新战略变得极具挑战性[1]。R. Anderson于2013年伊始在《质询美国图书馆协会核心价值的声明》中指出：在过去的几十年里，图书馆界一直在反思这样的问题：在已经发生根本性改变（或者正在改变）的信息环境下，如何最大程度地实现图书馆的职能？这种自我检视引出了许多有趣的结论，一些图书馆业务发生了非常明显的变化[2]。

图书馆认识到，发生在科研环境、教育领域和公共领域中的一系列变革对于自身来说不仅仅是威胁，同时也是重新定位自身价值从而实现转型和再生长的契机。欧洲研究图书馆协会2013—2015年战略规划中指出技术促进了研究、学术以及教学方法的深远变革，图书馆需要抓住机遇，"加快过渡到主流的数字环境"[1]。过去10年里，信息传播的本质已经发生了巨大的变化，图书馆必须重新审视其使命与服务方法。图书馆处在范式转移的最前沿，首先需要实现自身的"更新换代"，才能够支持新的综合服务项目[3]。无论是研究型图书馆、大学图书馆还是公共图书馆，都不约而同地将"瞄准变革、应对变革和利用变革"作为自身的首要任务。剑桥大学提出要依托图书馆建立学术社区，与学者合作推动变革性的研究与学习[4]。多伦多大学图书馆将其使命定位为保存过往学术知识，并为变革性的未来探索提供开放机遇[5]。在争取和捍卫图书馆地位和话语权方面，2013 年美国 ALA 发布的图书馆权利声明强调了图书馆在促进社区变革中的作用，并希望图书馆及其用户能够藉此彰显图书馆的价值，影响管理者和立法者[6]。图书馆发起或参与的一系列社区权利运动向外界宣传了图书馆的作用、获得并凝聚了用户、赢得了管理部门和其他利益相关者的支持。

1.2 确认图书馆在信息传播交流体系中的主导地位

当传统的信息传播交流体系日益受到新技术、新方法和"新进入角色"的挑战甚至颠覆时，作为传统信息基础设施的图书馆的地位也受到了威胁甚至质疑。ARL 发布的《学术交流中的组织》调查报告显示，来自 ARL 成员馆所属机构的受访者在被问及"是否将图书馆视为所在机构的学术交流领导者"时，76% 的受访者回答"是"，然而他们在一些评论中仍体现了对图书馆学术交流领导地位的怀疑[7]，例如有受访者认为图书馆的领导地位"可能不够明确"或很难说图书馆是"主要领导"。另有 24% 的受访者认为图书馆不属于学术交流方面的主要领导机构。与此同时，在教育和学术研究领域，有越来越多的"新进入角色"正在承担甚至取代图书馆的作用和地位，这些新角色包括大学的出版社、研究管理部门、科学政策部门、技术管理部门、教学与学习中心等——大学出版社提供出版服务，各个院系也提供出版和发布服务（主要出版由教职工主办的电子期刊及数字内容）；研究中心、研究所、实验室及各个机构的 IT 办公室则承担了数字内容的保存与管理的义务。此外，图书馆工作的价值在数字环境下具有极大的吸引力，图情领域的每一项新技术的应用，都会吸引来自企业界的雄心勃勃的竞争者，其中有很多是渴望占领数字资源市场的新兴公司[8]。

在这种充满压力和竞争者的环境中，大学图书馆和研究型图书馆着眼于维持与捍卫自身长久以来的卓越声誉，并争取成为用户在选择合作伙伴时的首选。剑桥大学图书馆提出：让图书馆成为帮助用户成功的基本战略要素，要让用户认识、理解和重视图书馆所拥有的专业知识、馆藏、设施和服务[4]。大学图书馆的另一项重要任务是与出版商、内容供应商交涉，以平衡和维持学术出版物的价格，确保用户的使用，并积极支持用户探索和应用新的出版方式来代替传统的出版方式。由此引申出了大学图书馆在数字时代的一项引领性的工作，即探索和培养学术研究领域全新的学术交流模式。在开放获取领域，研究型图书馆在 2013 年持续积极施加影响，支持和推动开放获取出版。ARL 在《学术交流与信息素养的交汇点：建立战略协作以应对不断变化的学术环境》报告中指出，为了使大学图书馆实现预期目标，图书馆员必须通过创新协作促使图书馆转型为更为开放的学术系统。在变革教学、科研的实践过程中，图书馆员能够起到特有的引领作用[9]。

在公共图书馆领域，近年来欧美国家的公共图书馆一直与关闭的新闻相伴随[10]。与此一同出现的，是公共图书馆持续的抗争与发声。在这一系列争取和捍卫地位的运动中，图书馆一方面向内反思和重构自身价值和功能，另一方面向外施展自身的影响力。例如美国图书馆协会在 2013 年 8 月史无前例地联合苹果、微软公司，要求政府增加信息监管的透明性[11]。同样在 2013 年 8 月份，美国图书馆版权联盟向国会议院委员会提交了关于版权与创新的声明，声明中阐述了现有的版权政策对创新经济带来的不利影响[12]；除此之外，图书馆也在不遗余力地维护用户在数字环境下的各种权利。2013 年 IFLA 发布了《图书馆电子书借阅的基本原则》，用以指导图书馆与出版商和经销商就电子书许可问题进行谈判磋商[13]。图书馆对于各类新的版权政策和规定应保持高度的关注和警觉，时刻关注这些政策对于图书馆用户社群的影响[14]。

1.3 更加重视图书馆战略实施的评估与质量控制

为了提升大学图书馆的工作效果，提升图书馆满足各类用户需求的能力，向外界更好地展现图书馆的价值，2013 年，各类图书馆更加重视对其战略实施效果的评估。同时，财政等资源压力也迫使图书馆比以前更加严苛地对工作的质量、效果、投入产出进行审视和评价。欧洲研究图书馆协会 2013—2015 年战略计划中，就将其愿景转化为数个可衡量的关键指标领域（KPA），通过 KPA 来监督战略目标实施的进展情况。为实现战略计划，每个 KPA 也会对应一个工作小组。例如，财务部门会对项目工作进行监控，确保将资金用于支持战略目标的实现[1]。评估和质量控制工作不仅是对于过往工作的回顾，也是未来创新的起点。剑桥大学图书馆在工作计划中提出通过评估本馆已有工作和在评估结果基础上塑造新的工作方式，来确保图书馆高效运作并提供优质服务[4]。此外，2013 年在大学图书馆的战略规划中，不仅强调对于评估过程的管理，而且注重评估文化的塑造。例如印第安纳州立大学在 2013 年修订的图书馆评估指南中指出，要塑造注重评估的氛围与文化，图书馆评估工作要在馆内从上到下取得共识：领导者需要确保指标设计过程的科学合理，员工需要自觉遵循评估标准的指导，并确保出色完成指标[15]。圣克拉拉大学图书馆在其 2013—2018 年战略规划中，也将塑造注重评估的文化作为其首要任务之一。该战略规划指出图书馆员工要将注重评估的理念和文化融入到日常的业务活动中去，图书馆需要让所有的员工掌握评估的意义与方法论。为此，图书馆会组织关于评估的研讨班和专题学习，在此基础上让图书馆的评估日常化、常态化[16]。

2 图书馆馆藏资源的拓展与整合

在数字环境中，图书馆馆藏资源的概念被大大拓展，由此带来的是在图书馆发展战略中馆藏建设和服务指导思路的转变。对于新环境下馆藏内容的涵义范畴，大英图书馆在其《2013—2015 年内容战略》中指出图书馆不仅将继续入藏国内外的作品，而且还要进一步拓展资源链接活动（如获取使用许可等），以此为用户带来更为长期的利益以及更好的服务体验[17]。在大学和研究型图书馆领域，新涌现的资源类型（诸如科研数据）也在不断拓展未来馆藏资源的内涵和馆藏建设的工作范围。

2.1 重视科研数据管理

随着科学研究的数据日益密集化，科学数据管理正成为图书情报界的关注热点。图书馆抓住机遇，纷纷开始探索和实施对科学研究数据管理的支撑服务。很多大学图书馆从资源和服务的角度将数据管理列入战略规划。加利福尼亚大学图书馆在 2013—2016 年计划中，指出要基于数据需求驱动馆藏建设，力求覆盖学术信息生命周期各阶段产生的新内容类型与格式[18]。美国威斯康辛大学密尔沃基分校通过图书馆服务满足教职工的数据管理需求，以此塑造大学的数字未来[19]。加利福尼亚大学图书馆倡导良好的数据管理实践，鼓励作者使用 DataUP、Merritt 和 DMPTool 等网络存储工具来保存和共享科研数据[20]。也有大学图书馆专门针对数据管理提出具体的规划和解决方案。如美国堪萨斯州立大学图书馆提出数字数据服务战略，基于自主开发的 KU Scholar Works 知识库和 Research File Storage 存储系统，提出一种在馆内支持数据服务的层级模型和具体的服务场景与范例[21]。哥伦比亚大学图书馆针对研究数据的存储，从完整的研究数据生命周期层面，提出研究数据存储实施战略，包括设立"研究数据经理"岗位、开发数据存储空间、与研究中心合作等[22]。俄勒冈州立大学图书馆提出科研数据服务战略议程，拟在"数据管理培训、数据获取与保存基础设施、数据规划与咨询服务、开放数据联盟与协作"4 个领域提供研究数据服务，为数据整个生命周期提供集成化的支持，其中具体的阶段活动及目标包括：需求调研、数据管理校园文化建设、数据管理课程开设、科研数据整合、网站建设、员工培训等[23]。

2.2 优化和妥善处理印本资源

在数字化时代，印本资源作为图书馆的传统资源仍然具有价值。尽管近年来已有一些无纸图书馆出现，但无纸图书馆仍是处在争议中的事物，许多人反对无纸化图书馆，特别是将公共图书馆无纸化，反对者声称数字鸿沟将影响许多人使用图书馆资源，而许多出版社也声称不会将出版物以电子书形式销售给图书馆[24]。在当前环境下，印本资源仍然是大多数图书馆组织和整合馆藏资源不可或缺的要素。从用户使用习惯上看，印本在一定时期内也是用户容易接受的媒介。"印本和数字媒介的学生阅读实践"调查显示大学生群体当前仍倾向于使用印本进行专业阅读[25]。

在上述背景下，2013 年图书馆对于印本资源的管理策略主要基于对于存量的妥善处理和对于增量的整合优化。加利福尼亚大学图书馆将印本资源和数字资源、科研数据以及档案资源一起作为支持本馆教学科研和公共服务项目的基本建设模块，并进一步指出构建和管理印本资源模块仍然是图书馆优先级最高的工作之一[18]。另一方面，图书馆对于印本资源的主要管理方式也越来越多地从效益成本的角度出发，并不可避免地和数字资源统筹进行考虑。大英图书馆在《2013—2015 年内容战略》中坦陈：图书馆已经意识到收藏一切内容是不可能的，也是不现实的，图书馆的资源收藏目标现在会非常实际[17]。与其表述相类似，德克萨斯大学圣安东尼奥分校图书馆指出满足教师与职工所有关于印本内容的需求是不可能的，甚至是不可取的。图书馆应该为教师和学生提供"最适合"的内容访问格式[3]。

在选择和评价印本资源时，图书馆将更加注重对于用户行为的研究以及对于出版物的整体评价（如排名情况、出版商声誉、用户反馈）而不是基于出版地、地域或语言等传统选择方法。随着世界范围内数字化信息资源逐渐成为主流，今后图书馆对印本资源的处理策略将越来越多地转变为优选、去重、剔旧和归档操作。大英图书馆就计划将原先的印本阅览室改造为获取电子期刊、电子书和数字报纸的场所。随着英国的出版物资源从印本向数字资源转型，大英图书馆将逐步停止收藏印本材料，转而收集类似的数字化内容[17]。

图书馆对于印本资源优化管理的另一趋势是加强区域内的协作，启动集中共管的项目。美国东北部地区图书馆（其中包括哈佛大学图书馆与马萨诸塞大学图书馆）联合启动了印本管理项目，共同探索如何管理美国东北部地区高校图书馆使用率较低的学术印本馆藏。截至 2013 年，已有 90 家图书馆加入。该项目的目标是探索图书馆在地区印本馆藏方面的共同需求和利益[26]。2013 年 OCLC 的《大规模印本管理》报告指出，北美区域的联合印本馆藏管理将为该区域带来经济与文化一体化、强大的知识流动以及文献交换网络。该报告还指出大规模印本馆藏将有利于信息获取、大规模数字化、资源共享及图书馆资源的保存，使服务和馆藏的组织日趋"超越机构层面"[27]。

2.3 打造特色馆藏和本地资源

在数字资源生态竞争日益激烈的情况下，图书馆为了建立自身资源的"区别性优势"，越来越重视对于自身特色馆藏和本地资源的建设。根据 ARL 发布的定义，特色馆藏通常是指安置在一个专门的、安全的空间内的资料，其流通是受限制的。由于其特殊性质，特色馆藏往往被单独处理。尽管如此，由于其卓越的特征，特色馆藏为研究图书馆提供了丰富的机会帮助实现其教学和研究任务。在重新平衡馆藏投资的过程中，特色馆藏可能成为图书馆的一个日益重要的组成部分，是图书馆的一个核心要素，有必要对其价值进行审视，并将特色馆藏及其专门人员配备视为图书馆不可或缺的资源[28]。

大学图书馆在 2013 年持续推进特色资源建设，呈现出如下特点：①将特色馆藏建设普遍列为图书馆的优先发展战略之一；②注重特色资源的共建共享；③强化特色馆藏的利用、对区域乃至全世界的开放。剑桥大学图书馆 2013 – 2015 年战略计划将"保护并进一步发展本馆面向世界的特色馆藏"列入战略目标之一[4]。德克萨斯大学圣安东尼奥分校图书馆计划发展成国家最好的特色馆藏和档案机构库，并将其特色馆藏服务于更广泛的社群，开设特色馆藏阅览室，发展特色馆藏的长期保存策略[3]。明尼苏达大学图书馆计划与其他研究院所合作为全球的科研团队管理、保存特色资源，并提供特色馆藏的共享和高效检索[29]。

2.4 重视馆藏的可发现性、可访问性和可获取性

当图书馆馆藏资源的数量和类型都得到极大拓展时，馆藏内容的可发现性、可访问性和可获取性成为了影响用户使用体验和利用效果的关键因素。在用户信息搜索与信息获取行为越来越多元的背景下，图书馆不再局限于通过本地系统提供本地资源的获取，而是重视资源的使用许可和链接。未来图书馆资源服务的新形态将将集中在为用户提供无缝的、全面的信息资源获取上。

图书馆支持最大限度地发现和访问信息资源，主要有以下几个方面的举措：①建设和优化数字资源技术设施；②审视和检查影响各类型信息资源共享的政策并采取相应对策；③将数字资源和参考咨询等服务和工具绑定；④开发关于内容的移动应用；⑤将资源内容和教育服务项目相结合，等等。美

国威斯康星大学密尔沃基分校图书馆在对数字未来的展望中提出要采用相关政策、规程与基础设施，确保图书馆数字资产的正常访问[19]。加利福尼亚大学图书馆将确保在网络层支持学术信息的无缝发现和访问作为其首要使命[18]。大英图书馆在丰富本地馆藏的同时，强调"链接内容更为重要"以及继续大力改进整个内容生命周期（从采购到保存直至提供获取）的数字基础设施[17]。

2.5 加强对馆藏资源的评估和规划

馆藏是图书馆开展服务的基础，对于馆藏资源的质量控制也关系到服务的效果。2013 年，馆藏资源的评估工作在数字环境下有了更多的内涵。财政等资源的压力迫使图书馆需要比以前更加严格地对馆藏采购的效果质量、投入产出比进行审查。另外，图书馆可以通过对馆藏策略的评估适时调整自身的资源建设战略。评估的结果也能向外界更好地呈现图书馆资源及服务的价值。

美国威斯康星大学密尔沃基分校图书馆 2012—2017 年战略计划中探索并实施了新的馆藏评估方法，以使馆藏与大学的学术计划和战略规划相一致，满足学校研究与教学的需求[19]。多伦多大学在其 2013—2018 年战略计划中将评估馆藏建设政策列为该馆首要任务，通过评估为馆藏的优化完善提供指导，以确保馆藏资源能够最大程度地顺应当前和未来的用户需求，实现多伦多大学图书馆世界公认卓越馆藏的目标[5]；剑桥大学图书馆 2013 – 2015 年战略计划将资源评估视为塑造全新业务和服务模式的基础以及确保优质服务和高效运作的保障[4]；哈佛大学图书馆委员会于 2013 年 8 月份通过了最新的图书馆馆藏与资源建设战略计划，提出要开发定性方法和计量指标相结合的馆藏与资源建设评估方法[30]。大英图书馆在 2013—2015 年内容战略规划中，提出将根据学科战略评估采购预算分配，以更好地反映建设重点，优化成本[17]。

3 图书馆服务模式的重塑与再设计

服务是桥接图书馆资源和用户的关键。在图书馆的资源内容发生了结构性变化、图书馆用户的需求行为也发生变迁的情况下，图书馆服务模式也必须随之改变。纵观 2013 年的图书馆发展战略，图书馆一方面重视对于固有的、传统的服务阵地的改造升级（如改造和优化图书馆物理实体空间），另一方面从用户角度，重视对用户环境的营造和对用户素质的培养。在图书馆服务模式的重塑与再设计过程中，图书馆内部、各个图书馆之间和图书馆与其他类型机构间的协作联系更加紧密。

3.1　改造图书馆物理实体空间

在数字时代，图书馆物理实体建筑仍然具有重要的价值。SAGE 在 2013 年发布的报告《发展中国家的图书馆价值》指出，对发展中国家的大学用户来说，实体图书馆的建设仍很重要[31]。PEW 研究中心的"互联网与美国人的生活"项目调查显示，当被问及图书馆应该为公众提供哪些服务时，大多数美国人非常认同图书馆为阅读、工作和休闲提供更舒适的空间[32]；同时也应看到，图书馆资源结构和业务模式的转变不可避免地带来了馆舍物理空间利用方式的改变。ALA 发布的《大学图书馆的未来：2012 年冬季报告》中指出由于图书馆服务逐渐向虚拟服务转变，实体图书馆的未来仍旧迷雾重重[33]。PEW 的调研同样显示，对于"图书馆是否应该减少某些印本图书，为科技中心、会议室或文化中心腾出公共空间"，人们所持观点各异，没有共识[32]。图书馆的物理空间面临的共同挑战是需要不断维持物理空间和数字资源之间的平衡[3]。

2013 年，在图书馆资源与服务向主流数字环境过渡的过程中，图书馆传统上的馆舍及物理空间、硬件设施的功用都在被重新设计，以支持协作和创新学习。《2020 年的图书馆》报告中指出，未来图书馆大楼与空间将会有不同的用途，因为图书馆提供的服务将超越实体空间范畴[34]。欧洲研究图书馆协会 2013—2015 年战略计划也强调图书馆空间的作用需要重新设计[1]。多伦多大学 2013—2018 年战略规划提出将提供创新服务与空间，激发新思想，并培养社区意识[5]。威尔士图书馆 2012—2016 年战略规划框架指出图书馆建筑空间现在更多地是一个激发创意的场所，人们在这里不仅能接触到高品质的信息资源，而且能够在其中参与和享受各种活动[35]。

不可否认，当前对于图书馆实体的改造与经费投入并不显得过时，对图书馆馆舍和设施的现代化改造可以吸引读者、增加图书馆的使用率、提升图书馆形象、为图书馆创新活动提供条件以及改善馆员工作环境等，能够为图书馆带来诸多益处。当前图书馆在改造物理空间时，主要指导思想包括最大限度地节省和减少无用空间，将节省出来的空间重新规划，以支持用户个人学习、团队交流协作和创新活动。

3.2　重视用户参与及用户协作

在以用户为中心的时代，图书馆服务更加重视用户的参与和众筹效应，并重视对用户社群和虚拟空间的营造和维护。这方面的工作主要包括：加深对用户群体的理解，为用户提供实体/虚拟的协作交流空间，鼓励用户互动、参与、创新以及创造知识，通过图书馆在线社区将人们联系起来，并培养人们对于图书馆的认同和联系。对于英美大学图书馆而言，用户对象不再局限于校内，而也扩展到校外的普通公众群体。重视公众用户参与已经成为大学图书馆融入社会、强化社会关系的重要举措。来自用户的群体智慧和集体劳动反过来也会促进图书馆资源水平的提升。大英图书馆内容战略鼓励用户通过参与提高资源价值，具体的实施办法包括利用众包来完成对于资源的标引等。该战略指出内容资源管理与用户社群的结合将成为丰富馆藏的重要催化因素[17]。利用社交网络和社交媒体也是图书馆加强和社区联系的重要手段。澳大利亚国家图书馆专门发布了社交媒体战略，介绍了图书馆使用社交媒体的场景、方式和考评机制[36]。社交媒体的应用能够帮助图书馆抓住数字环境中的机遇，融入到公民社区之中，帮助图书馆最大化地发挥馆藏和服务的效用，以支持全体公民进行终身学习。

3.3 加强用户信息素养教育

图书馆一直是推进用户信息素养和数字素养教育的重要力量。2013 年ALA 发布了《数字素养：图书馆和公共政策》报告，指出 21 世纪的数字素养在教育、素质培养以及公民生活方面都是不可或缺的。报告分析了数字素养的内涵以及各个类型图书馆如何通过推进政策和实践活动来提高用户信息素养，并在结论中指出图书馆不仅可利用数字素养教育获得收益，同时还能为用户提供更为广泛的终身教育机会，帮助各个年龄段的人们掌握当今必备技术技能，培养既能适应当前发展也能应对未来挑战的公民[37]。随着网络世界变得越来越复杂，为确保数字信息被公平获取，数字素养将持续成为图书馆员及其他利益相关者所关注的重大问题。

在具体实践方面，威尔士图书馆在其 2012—2016 年战略规划框架中对于信息素养给出了自己的定义（识别、获取和使用信息的能力），并分析了图书馆在提升信息素养方面可以做出最大化贡献的关键领域[35]。该馆所采取的提升用户信息素养的举措包括和当地政府部门合作，扩大用户接入各类学习机会的途径，和媒体等机构合作推进提升公民信息素养的项目等。大学图书馆要通过信息素养教学帮助学生了解信息的组织、获取和评估，并通过信息素养教育培养学生独立思考的方式，为学生的学习及成功奠定基础。评价信息的能力与批判性思维技能是关联的，信息技能帮助学生成为知识丰富和人格独立的公民。大学图书馆的具体做法包括增加学生接受信息素养和研究方法指导的数量，强化与校园合作伙伴的关系，为用户提供全方位的学习支持，开展专业服务和建立学习环境，为学生学术生涯的成功及未来具备工作竞争力奠定基础[3,19]。

3.4 扩大图书馆交流与合作

图书馆的交流、合作和联系包括多个层面。全球范围内数字资源的共建共享要求图书馆扩大协作。哈佛大学图书馆委员会在其2013年的图书馆馆藏与资源建设战略计划中提出要推动并构建稳定的外部合作关系，提供最广泛的可访问资源[30]。不同类型和属性的图书馆为了更好地服务于用户，也在加强彼此的联系（这方面最明显的例子是学校图书馆和公共图书馆的合作，这里的学校图书馆主要指中小学图书馆）。面对教育领域用户的需求，公共图书馆员与学校图书馆员的协作比以往任何时候都更为重要。尽管公共图书馆与学校图书馆性质不同，但是它们拥有的一些交叉用户群使得两种图书馆能够建立比以往更为坚固的协作关系。学校图书馆对公共图书馆终身用户的产生功不可没，而公共图书馆能够促进并支持学校图书馆的工作、促进少年儿童的学习，这远超过学校的有限时间所能带来的效果[38]。图书馆的交流和联系也不局限于图书馆之间，而是广泛地和信息传播交流体系中的各类利益相关者进行互动。为了打造可持续发展的服务模式，研究型图书馆重视与OCLC这样的国际组织以及与Ex Libris这样的外部供应商建立长期合作。为了保证更为开放和无障碍的知识获取，美国的图书馆广泛参加了国家和区域层面的合作网络，例如Digital Public Library of America、Digital Preservation、Network Research Data Alliance等。ARL的高级管理人员的角色转型报告反映出，在过去5年中图书馆内负责交流的职位增加了一倍多，这种岗位结构的变化反映了交流合作业务在图书馆内的地位[39]。

4 图书馆技术革新与应用

2013年，层出不穷的新技术及其衍生产品在数字环境中发挥了重要的作用，并且进一步改变着图书馆用户的行为习惯。PEW研究中心"互联网与美国人的生活"项目发布报告显示，很多用户期待图书馆提供更多的数字服务，他们乐于接受图书馆应用的新技术[32]。随着在数字环境下成长的新一代用户逐步成为未来图书馆用户的主流，图书馆必须及时跟上技术进步的步伐。2013年的图书馆发展战略中，主要重视社交网络和社交工具、移动设备和移动技术、开放课程3个方面的技术应用。

4.1 探索利用社交网络和社交工具

社交媒体同时影响和改变着图书馆的服务对象、服务方式和服务提供者。《2013年图书馆社交网络应用趋势》报告指出图书馆将在未来提供更多的社交媒体类产品。很多图书馆已经开始提供更先进的社交媒体平台或社交媒体聚合服务，并且越来越受欢迎。各种类型的图书馆——包括公共图书馆、中小学图书馆、大学图书馆和专门图书馆——在使用社交网络时都有各自的优势。大多数的图书馆都有 Facebook 或者 Twitter，几乎所有图书馆都设有网站。使用社交网络的好处包括节约图书馆与用户的沟通成本、为公众提供更多、更有意义的参与机会、提高图书馆的透明度及用户认知度等[40]。

图书馆利用社交媒体开展的主要服务包括：①创建和充分利用图书馆的社交媒体公共账号；②利用社交媒体增加粉丝的数量并与他们进行充分互动；③帮助用户通过社交媒体求职；④帮助用户通过社交媒体获取更多的教育资源；⑤在图书馆的主页页面上集成更多的社交媒体链接与插件；⑥利用社交媒体进行图书馆参考咨询服务；⑦开发图书馆社交媒体移动应用，等等[41]。

与以往的图书馆革新技术不同，社交媒体的影响同时作用于图书馆馆员和用户两个方面。威尔士图书馆在调查中发现，图书馆员乐于使用社交工具与用户互动，告诉他们在图书馆发生的一切，在此基础上更好地向用户传递资源和服务[35]。社交媒体的应用加强了用户与图书馆的联系，特别是向用户宣传了图书馆的服务。因此，很多图书馆的战略规划都提出了利用社交媒体来向用户推广和传递图书馆的服务与内容。社交媒体已经成为图书馆宣传推广营销的重要手段。图书馆还通过和外部伙伴合作，利用社交媒体建立了一系列分享知识的非正式社群网络，以吸引用户，并向用户特别是年轻一代的用户推广图书馆的形象。

4.2 重视对移动设备和移动技术的应用

移动设备和移动技术改变了人们传统上获取和使用信息资源的方式。PEW 在 2013 年的调查显示，年龄在 18 周岁以上的 34% 的美国人都有一台诸如 iPad、三星或 Kindle 等品牌的平板电脑，是 2012 年平板电脑拥有量的 2 倍[42]。91% 的成年美国人现在都拥有某种类型的智能手机[43]。对于某些特定群体（如青少年）来说，移动智能设备已经成为非常重要的网络接入点。在美国的青少年中，超过 3/4 都通过手机、平板电脑或其他移动设备访问互联网[44]。JISC 指出，移动互联技术能够为学习资源、实时交互带来更加灵活的手段[45]。2013 年《高等教育版 NMC 地平线报告》指出，移动智能设备作为一种便携、实时在线、可以用于任何场合的设备，在教育领域已经崭露头角。平板电脑正在成为课堂内外强大的学习工具。许多大学已经设计了可于平板电脑上运行的软件，并搭载最佳实践指导，以供教育工作者和学生使用[46]。随着移动设备的广泛应用，很多图书馆利用移动技术开展服务。ACTI 移动网站框架小组制定了校园移动开发战略，包括列举校园移动案例、分析移动战略、制定组织移动目标、制定校园移动计划等[47]。

近年来，各类图书馆纷纷发布了自己的移动战略。英国格拉斯哥大学图书馆的移动战略指出移动设备将是未来传递图书馆资源内容和服务的关键媒介，该馆识别出了图书馆和移动设备结合的 8 个关键领域（利用移动设备呈现图书馆资源、二维码、短信服务、电子书、蓝牙传输、用户教育、移动服务推广、建立移动实验室）[48]。美国北卡罗来纳州立大学图书馆的移动战略自 2010 年发布实施，也被很多图书馆作为最佳实践来学习和推广，其亮点是图书馆设计了一套能够与移动设备兼容的网页，用来呈现图书馆的资源和服务[49]。澳大利亚国家图书馆发布的移动战略则更加全面系统地介绍了移动应用在图书馆的应用前景、图书馆移动战略的目标、具体操作措施等，可以作为公共图书馆移动战略的重要参考[50]。

4.3 平衡开放性技术和开放应用带来的影响

在 2013 年，开放应用最典型的实例就是大规模网络课程（MOOC）的兴起，它也引起了图书馆界的极大关注。《2013 年高等教育版 NMC 地平线报告》中揭示了 MOOC 在教学、学习和创新研究领域投入主流应用的可能性。该报告预测短期内 MOOC 将在高等教育中得到广泛应用。联合国教科文组织指出，未来 10 年，每年的高等教育需求人数将超过 2 亿，其中大部分来自发展中国家。如果以传统方式来满足这些需求，将需要建立上千所新大学。利用互联网技术构建未来的教育，这正是 MOOC 想要实现的[51]。未来 MOOC 可能成为高等教育的固定组成部分。目前许多对 MOOC 的公开讨论集中在新型教育和评估方法、潜在商业模式、提供课程学分的可行性等方面。在全球都表现出对 MOOC 的极大热情时，大学图书馆员有必要了解这些发展对大学图书馆自身职责和角色的影响。

在 MOOC 和图书馆的对接实践方面，弗吉尼亚理工大学信息素养协调员 R. Miller 认为，由于图书馆始终提供信息和教育资源，MOOC 和图书馆会是天然的合作伙伴。图书馆在 MOOC 实践中能够扮演的角色包括：①持续对 MOOC 学生提供诸如信息资源访问、所需场所的支持；②作为 MOOC 教员的版权顾问，为 MOOC 学习者提供技术与研究协助；③在 MOOC 建构过程中充当教学设计顾问[52]。杜克大学图书馆版权和学术交流办公室在开展 MOOC 初期，就与教工一起致力于解决课程开发过程中面临的与版权相关的挑战，从教学资料、图片、音乐、视频获取等方面进行了实质性服务。杜克大学图书馆为 MOOC 教师提供版权和许可服务的主要目的是为参与者和教师带来最佳体验，减少版权带来的困扰。同时，图书馆也用这样一种实际的方式说明了开放获取的学术价值[53]。当然，图书馆也认识到了 MOOC 对于传统的冲击与挑战。OCLC 高级项目主管 M. Proffitt 认为，明确 MOOC 学生群体的规模、多样性和从属状况，对于图书馆来说是个大挑战[54]。MOOC 的出现代表了取消传统课堂学习过程的新兴趋势，但是方式较为极端。这未必是一种消极的趋势，然而它确实对大学图书馆造成了巨大影响。图书馆员至少能够意识到这些挑战，并做好服务准备，否则将有可能被遗忘于在线高等教育新发展之外[55]。

5 图书馆员的转型和蜕变

无论是现在还是未来，具有经验和技能的馆员团队都是图书馆的重要战略资产。新环境对于图书馆员的素质和资质提出了更高的要求，而图书馆的所有战略举措都需要靠图书馆员来实现。《2020 年的图书馆》报告的作者 J. Janes 列出了未来影响图书馆员工作属性的几大重要因素：信息的泛在化、移动技术的广泛应用、社区知识的持续增加、人们寿命的延长（老龄化）和由此带来的社会生活方式的转变等[56]。重塑和再造图书馆，首先要实现图书馆员的转型与再造。2013 年的发展战略主要从以下 3 个方面强调图书馆员的角色：首先是强化图书馆已有岗位的专业技能；其次是设计图书馆员的新岗位、新角色；最后是培养未来的图书馆领导者。

5.1 强化图书馆员的专业技能

变化的环境对图书馆员的知识与专业技能提出了新的挑战。员工素质的提升对于实现图书馆组织的战略至关重要。2013 年的图书馆发展战略普遍指出：只有加紧强化图书馆员的技能，才能使图书馆满足今天的需要和实现明天的承诺。威尔士图书馆指出，图书馆员工是提升图书馆服务用户体验的关键因素，图书馆应基于员工现有需求和对未来员工素质的预期，在员工培训方面持续投入[35]。加利福尼亚大学图书馆拟在未来 4 年重新定义、评估、培训并增强员工专业技能，并将成立分享专业知识的卓越中心和开发相关培训项目[18]。

图书馆当前已经意识到，强化员工技能，不仅仅是为了更好地实现图书馆的职能，也是为了促进员工的成长和职业生涯发展，为员工带来福利。美国威斯康星大学密尔沃基分校图书馆指出，需要帮助图书馆职工在一个灵活的、友好的环境中取得成功，具体措施包括培养员工的领导技能和认同感、建设员工友好型工作场所等[19]。多伦多大学图书馆将在 2013—2018

年期间，进一步培养员工的领导、管理、战略思考与沟通能力[5]。以上图书馆在培养员工专业技能方面体现出如下特点：强调培养能提供卓越服务的员工，同时注重员工的多元化发展，注意塑造员工的未来领导能力和职业胜任力。

5.2 塑造新型的图书馆员

2013 年图书馆馆员的转型再造不仅包括馆内岗位调整、原有岗位的职责要求变化等，也包括新型岗位和新型角色的增加。《2020 年的图书馆》在谈到图书馆员职责的变化时指出：未来 10 年的图书馆员将花费更少的时间来处理实体内容（例如标签、排架或主题检索），而更多的是作为公众顾问提供服务。作为信息专家的图书馆员还将成为心理学家、社会学家。他们不再是有限信息源的看门人，而要能够通过梳理大量数据来寻求正确的信息、理解顾客需求，并将顾客需求与相关内容链接起来——这将成为图书馆事业的核心。而以上所有这些工作将会拓展到图书馆建筑以外以及网络空间[34]。在研究型图书馆和大学图书馆领域，ACRL 发布的白皮书《学术交流与信息素养的交汇点：建立战略协作以应对不断变化的学术环境》指出，在未来学术环境下，每位图书馆员都是教师，致力于重新构建学术基础设施以及深度介入教学方法创新[10]。

新型图书馆员有很多的角色是前所未闻的。澳大利亚国家图书馆在其社交媒体战略中设计了很多新岗位以专门应对社交媒体战略的需要，如社交媒体管理员、内容创建员、渠道管理员、咨询顾问等，这些岗位主要负责图书馆社交媒体的运营公关等[50]。J. Janes 在《图书馆员 2020》中通过分析图书馆员岗位描述的变化，整理出以下新出现的图书馆员职位：社区嵌入式馆员（负责收集和管理传播社区知识）、内容加工馆员（负责连接图书馆和社群主题信息）、生活方式设计馆员（负责为公众社群提供个性化、定制化的服务，包括学习导航、就业和职业指导、健康医疗指导等）[56]。

5.3 培养未来的图书馆领导者

在变革中，以馆长为代表的图书馆领导者对于引领图书馆应对变化至关重要。ARL 的调查报告《高级管理人员的角色转型》考察了图书馆管理岗位在过去 10 年发生的变化，重点关注管理人员是否承担新兴组织的责任以及他们如何获取新技能来履行职责。该报告发现在 2007—2012 年，被调查的 95%的图书馆都改变了管理人员的岗位设置。报告在结论中指出，图书馆为履行21 世纪的新使命不断地变革与调试，在这一过程中，完善的高级管理团队对于确定战略优先项、塑造图书馆文化引导变革十分重要[39]。在对于图书馆馆长未来领导力要素的讨论中，图书馆界知名的已故馆长 J. Branin 指出，馆长所要具备的技能包括：建立图书馆共享愿景；管理和规划；在政治环境中正常运行；发挥校园的知名度；在实现战略方向上达成共识。《未来杰出图书馆领导所需要的技能》则介绍了以下 5 项要素，包括合作的心态、整合团队的能力、精通技术、全球视野以及未来眼光[57]。ARL 的《高级管理人员的角色转型》列出的 21 世纪的研究型图书馆领导必须具备的技能包括理解学术交流、数字出版、数据管理和保存，并能够领导这些工作[39]。为了更好地培养图书馆未来领袖的技能，英美图书馆提供了很多职业发展和领导力培训项目。这些项目通常由专业协会提供，采取网络在线课程的形式，提供诸如领导决策等方面的培训。

6 结 语

综上所述，2013 年英美等国图书馆发展所面临的环境更加复杂多变，其中既有技术因素带来的冲击，也有经济因素带来的压力，亦有诸如用户群体结构发生改变等社会人文因素带来的变迁。英美等发达国家图书馆的发展是全球图书馆事业发展图景的一个切面，也在一定程度上反映了图书馆未来变化的指向。在变革的时代，图书馆不可能再局限在传统思维框架下考虑未来，图书馆的进步也不能再像以前那样，仅仅靠捕捉吸收新技术、新方法使其为我所用、靠"拿来主义"就能跟上时代的步伐。在变革的时代，图书馆如果不能从根本上实现自我转变、重塑和再造，在未来面临的将是生死存亡和性命攸关的考验。可以看到，在英美等国 2013 年的图书馆发展战略中，对使命和价值观等核心层面的反思和审视被放在了首要位置。图书馆为了确保在未来信息交流体系中的价值和地位，在资源上不仅要重视对印本资源和本地资源的优化和增值，更要重视对新型资源的识别、收集和连接；在服务上不仅要重视对图书馆实体空间的利用和阵地服务的创新，更要重视走进用户的环境，拓展服务的范围；在技术上不仅要重视对于社交网络、移动技术和开放技术的吸纳利用，更要重视平衡和消化这些技术对于图书馆带来的影响和冲击；在人员上不仅要重视对已有人员岗位技能的提升和强化，更要重视对于未来新型图书馆员和未来图书馆领导者的塑造和培养。总之，图书馆站在时代变化的风口，必须顺应时代的风向，着眼于未来审视当下，而不是驻足于现在去思索未来。

参考文献：

［1］ LIBER strategic plan 2013 – 2015：Re-inventing the library for the future ［OL］. ［2014 – 01 – 10］. http：//www. libereurope. eu/strategy.

［2］ Anderson R. Interrogating the American Library Association's "core values" statement ［OL］. ［2014 – 01 – 11］. http：//lj. libraryjournal. com/2013/01/opinion/peer-to-peer-review/interrogating-the-american-library-associations-core-values-statement-peer-to-peer-review/.

［3］ UTSA libraries strategic plan 2016 ［OL］. ［2014 – 01 – 11］. http：//lib. utsa. edu/about/strategic-vision/2016/.

［4］ Cambridge University Library strategic plan 2013 – 2015：Mission, vision, stragic objectives ［OL］. ［2014 – 01 – 11］. http：//www. lib. cam. ac. uk/StrategicPlan_ 2013 – 15. pdf.

［5］ Charting the future：University of Toronto Libraries' strategic plan 2013 – 2018 ［OL］. ［2014 – 01 – 11］. http：//onesearch. library. utoronto. ca/sites/default/files/strategic_ planning/DRAFT%20UTL%20strategic%20plan%2C%20July%202013. pdf.

［6］ Declaration for the right to libraries ［OL］. ［2014 – 01 – 11］. http：//www. americanlibrariesmagazine. org/article/declaration-right-libraries.

［7］ SPEC Kit 332：Organization of scholarly communication services ［OL］. ［2014 – 01 – 11］. http：//publications. arl. org/Organization-of-Scholarly-Communication-Services-SPEC-Kit-332/9.

［8］ Hellman E. Start-ups take library jobs | Reinventing Libraries ［OL］. ［2014 – 01 – 11］. http：//lj. libraryjournal. com/2013/09/future-of-libraries/start-ups-take-library-jobs-reinventing-libraries/.

［9］ Intersections of scholarly communication and information literacy：Creating strategic collaborations for a changing academic environment ［OL］. ［2014 – 01 – 11］. http：//www. ala. org/acrl/sites/ala. org. acrl/files/content/publications/whitepapers/Intersections. pdf.

［10］ Library closures are a 'cultural catastrophe' ［OL］. ［2014 – 01 – 11］. http：//www. bbc. co. uk/democracylive/house-of-lords-21384988.

［11］ American Library Association Joins apple, Microsoft in demanding transparency around government surveillance ［OL］. ［2014 – 01 – 11］. http：//www. ala. org/news/press-releases/2013/07/american-library-association-joins-apple-microsoft-demanding-transparency.

［12］ Library copyright alliance submits statement to house committee regarding copyright and innovation ［OL］. ［2014 – 01 – 11］. http：//www. arl. org/news/arl-news/2837-library-copyright-alliance-submits-statement-to-house-committee-regarding-copyright-and-in-

82

novation.

[13] IFLA principles for library eLending [OL]. [2014 – 01 – 11]. http: //www. ifla. org/node/7418.

[14] Library copyright alliance statement on supreme court decision in kirtsaeng v. Wiley-total victory for libraries and their users [OL]. [2014 – 01 – 11]. http: //www. arl. org/ news/pr/lca-statement-on-supreme-court-decision-kirtsaeng-v-wiley. shtml.

[15] Guidelines to create and manage a library assessment plan [OL]. [2014 – 01 – 11]. http: //libguides. indstate. edu/content. php? pid = 188303&sid = 1580487.

[16] Santa Clara University Library strategic plan, 2013 – 18 [OL]. [2014 – 01 – 11]. http: //www. scu. edu/library/strategicplan/2013/upload/scul-strategic-plan-2013. pdf.

[17] From stored knowledge to smart knowledge: The British Library's content strategy 2013 – 2015 [OL]. [2014 – 01 – 11]. http: //www. bl. uk/aboutus/stratpolprog/cont-strat/index. html.

[18] University of California Libraries systemwide plan and priorities, FY2013 – 2016 [OL]. [2014 – 01 – 11]. http: //libraries. universityofcalifornia. edu/groups/files/coul/docs/ UC_ libraries_ priorities_ 2013_ final. pdf.

[19] UWM Libraries strategic plan 2012 – 2017 [OL]. [2014 – 01 – 11]. http: // guides. library. uwm. edu/strategicplan_ 2012 – 2017.

[20] University of California, California Digital Library strategic themes 2013 – 2014 [OL]. [2014 – 01 – 11]. http: //www. cdlib. org/about/docs/CDLStrategic_ Themes_ 2013 _ 2014. pdf.

[21] K-State 2025 strategic direction action plan and alignment template for K-state Libraries [OL]. [2014 – 01 – 11]. http: //www. lib. k-state. edu/strategic-plan.

[22] Columbia's evolving research data storage strategy [OL]. [2014 – 01 – 11]. http: //rdmi. sites. uchicago. edu/sites/rdmi. uchicago. edu/files/uploads/Bose,% 20R% 20and% 20Nurnberger,% 20A _ Columbia's% 20Evolving% 20Research% 20Data% 20Storage% 20Strategy. pdf.

[23] Oregon State University Libraries & Press strategic agenda for research data services [OL]. [2014 – 01 – 11]. http: //ir. library. oregonstate. edu/xmlui/bitstream/han-dle/1957/38794/OSULP_ StrategicAgendaForResearchDataServices_ 2013 – 2014. pdf? sequence = 4.

[24] 6 Bookless libraries [OL]. [2014 – 01 – 11]. http: //oedb. org/ilibrarian/libraries/ 6-bookless-libraries/.

[25] Students prefer print for serious academic reading [OL]. [2014 – 01 – 11]. http: // chronicle. com/blogs/wiredcampus/students-prefer-print-but-not-books-for-serious-aca-demic-reading/44871.

[26] Northeast regional library print management project [OL]. [2014 – 01 – 11]. ht-

tps: //www. fivecolleges. edu/libraries/regionalproject.

[27] Print management at "mega-scale": A regional perspective on print book collections in North America [OL]. [2014 – 01 – 11]. http: //www. oclc. org/research/publica-tions/library/2012/2012 – 05r. html.

[28] Special at the core: Aligning, integrating, and mainstreaming special collections in the re-search library [OL]. [2014 – 01 – 11]. http: //publications. arl. org/rli283/1.

[29] University of Minnesota. University library: Vision, mission, and goals [OL]. [2014 – 01 – 11]. https: //www. lib. umn. edu/about/goals.

[30] Harvard Library Board approves library collections and content development strategic plan [OL]. [2014 – 01 – 11]. http: //lib. harvard. edu/library-board-approves-library-collections-and-content-development-strategic-plan.

[31] Library value in the developing world [OL]. [2014 – 01 – 11]. http: //www. uk. sagepub. com/repository/binaries/pdf/LibValReport-2013. pdf.

[32] Library services in the digital age [OL]. [2014 – 01 – 11]. http: //libraries. pewinter-net. org/2013/01/22/library-services/.

[33] The future of university libraries: 2012 midwinter report. [OL]. [2014 – 01 – 11]. http: //connect. ala. org/node/168863.

[34] The library as catalyst for civic engagment | reinventing libraries [OL]. [2014 – 01 – 11]. http: //lj. libraryjournal. com/2013/09/future-of-libraries/the-library-as-catalyst-for-civic-engagment-reinventing-libraries/.

[35] Libraries inspire: The strategic development framework for Welsh Libraries 2012 – 16 [OL]. [2014 – 01 – 11]. http: //221. 179. 130. 36: 81/1Q2W3E4R5T6Y7U8I9 OOP1Z2X3C4V5B/wales. gov. uk/docs/drah/publications/111104librariesinspireen. pdf.

[36] National Library of Australia: Social media strategy 2013 – 2014 [OL]. [2014 – 01 – 11]. http: //www. nla. gov. au/policy-and-planning/social-media-strategy-2013.

[37] Digital literacy, libraries, and public policy [OL]. [2014 – 01 – 11]. http: //con-nect. ala. org/files/94226/2012_ OITP_ digilitreport_ 1_ 22_ 13. pdf.

[38] The public library connection: The new standards require that public and school librarians pull together [OL]. [2014 – 01 – 11]. http: //www. slj. com/2012/12/opinion/on-common-core/the-public-library-connection-the-new-standards-require-that-public-and-school-librarians-pull-together-on-common-core/.

[39] Changing role of senior administrators, SPEC Kit 331 [OL]. [2014 – 01 – 11]. ht-tp: //publications. arl. org/Changing-Role-of-Senior-Administrators-SPEC-Kit-331.

[40] Legal issues relating to online social networking [OL]. [2014 – 01 – 11]. http: //www. ila. org/Reporter/February%202013/Pages_ 16-19. pdf.

[41] 2013 social networking in libraries trends [OL]. [2014 – 01 – 11]. http: //socialnet-workinglibrarian. com/2013/01/02/2013-social-networking-in-libraries-trends/.

［42］ Tablet ownership 2013 ［OL］. ［2014 – 01 – 11］. http：//www. pewinternet. org/Reports/2013/Tablet-Ownership-2013/Findings. aspx.

［43］ Smartphone ownership 2013 ［OL］. ［2014 – 01 – 11］. http：//www. pewinternet. org/Reports/2013/Smartphone-Ownership-2013. aspx.

［44］ Teens and technology 2013 ［OL］. ［2014 – 01 – 11］. http：//www. pewinternet. org/ ~/media//Files/Reports/2013/PIP_ TeensandTechnology2013. pdf.

［45］ JISC. Mobile learning ［OL］ ［2014 – 01 – 11］. www. jisc. ac. uk/whatwedo/topics/mobilelearning. aspx.

［46］ Horizon report 2013 higher education edition ［OL］. ［2014 – 01 – 11］. http：// www. nmc. org/pdf/2013-horizon-report-HE. pdf.

［47］ Developing a campus mobile strategy：Guidelines, tools, and best practices ［OL］. ［2014 – 01 – 11］. http：//221. 179. 130. 221：81/1Q2W3E4R5T6Y7U8I9O0P1Z2 X3C4V5B/net. educause. edu/ir/library/pdf/ACTI1303. pdf.

［48］ Planning for the mobile library：A strategy for managing innovation and transformation at the university of glasgow library ［OL］. ［2014 – 01 – 11］. http：//eprints. gla. ac. uk/57643/.

［49］ NCSU Libraries ［OL］. ［2014 – 01 – 11］. http：//m. lib. ncsu. edu/.

［50］ National Library of Australia mobile strategy ［OL］. ［2014 – 01 – 11］. http：// www. nla. gov. au/mobile-strategy.

［51］ MOOC mania：Debunking the hype around massive open online courses ［OL］. ［2014 – 01 – 11］. http：//www. thedigitalshift. com/2013/04/featured/got-mooc-massive-open-online-courses-are-poised-to-change-the-face-of-education/.

［52］ Librarians：Your most valuable MOOC supporters ［OL］. ［2014 – 01 – 11］. http：// oedb. org/library/features/librarians-your-most-valuable-mooc-supporters/.

［53］ Drawing the blueprint as we build：Setting up a library-based copyright and permissions service for MOOCs ［OL］. ［2014 – 01 – 11］. http：//www. dlib. org/dlib/july13/ fowler/07fowler. html.

［54］ Librarians：Your most valuable MOOC supporters ［OL］. ［2014 – 01 – 11］. http：// oedb. org/library/features/librarians-your-most-valuable-mooc-supporters/.

［55］ What do librarians need to know about MOOCs? ［OL］. ［2014 – 01 – 11］. http：// www. dlib. org/dlib/march13/wright/03wright. html.

［56］ Janes J. The librarian in 2020 ｜ Reinventing Libraries ［OL］. ［2014 – 01 – 11］. http：//lj. libraryjournal. com/2013/10/future-of-libraries/the-librarian-in-2020-reinventing-libraries/.

［57］ Skills for leading libraries of the future ｜ Leading From the Library ［OL］. ［2014 – 01 – 11］. http：//lj. libraryjournal. com/2013/03/opinion/leading-from-the-library/skills-for-leading- libraries-of-the-future-leading-from-the-library/.

作者简介

王铮，中国科学院文献情报中心、中国科学院大学博士研究生，E-mail：wangzheng@ mail. las. ac. cn；胡芳，中国科学院文献情报中心、中国科学院大学博士研究生，首都师范大学图书馆馆员；孙杰，中国科学院文献情报中心、中国科学院大学博士研究生，沈阳理工大学图书馆副研究馆员。

2012 年国外图书馆战略规划与发展特点

图书馆的战略规划是图书馆面向未来确定图书馆使命、愿景、目标、战略及其实施计划的思维过程与框架。战略规划对图书馆具有重要的意义，它不但可以引导图书馆应对变化、把握未来、规范组织行为、增强组织活力，而且能起到宣传图书馆的作用[1]。对图书馆的战略规划及行业学协会的研究报告进行研究与分析，有助于掌握图书馆业界的发展趋势与热点问题，借鉴各图书馆的创新举措与最佳实践，为各项工作计划的制订提供参考与依据。

1 研究对象与研究方法

通过国外各个图书馆及行业学协会网站获取世界重要国家的重要图书馆在 2011—2012 年期间发布的相关战略规划文本及研究报告，综合考虑机构类型、国别、影响力及规划内容质量等因素，在此基础上，以处在科研与创新前沿、更能反映图书馆发展趋势为侧重点，选取了 28 个图书馆机构的战略规划文本及 14 个行业学协会的 35 份研究报告作为样本对象。其中战略规划文本包括 1 年规划 3 项、2 年规划 2 项、3 年规划 7 项、4 年规划 6 项、5 年规划 6 项、6 年以上长期规划 4 项。所涉及图书馆包括澳大利亚国家图书馆、耶鲁大学图书馆、剑桥大学图书馆、牛津大学图书馆、加州大学洛杉矶分校图书馆、奥克兰大学图书馆等；行业学协会包括联机计算机图书馆中心（Online Computer Library Center，简称 OCLC）、美国研究图书馆协会（Association of Research Libraries，简称 ARL）、PEW 研究中心（Pew Research Center）、英国联合信息系统委员会（Joint Information Systems Committee，简称 JISC）等国际知名机构。在对上述战略规划文本与研究报告进行分析的基础之上，本文采用文本分析方法梳理战略规划内容，从资源建设、服务提供、长期保存、空间改造、组织建设等 5 方面着手，总结各图书馆的举措与发展规划，从而掌握国外图书馆界的发展趋势和动向，为我国图书馆事业的规划与发展提供参考与借鉴。

2 馆藏资源建设持续深化

2.1 "虚实相生"：平衡发展印本资源与电子资源

几个世纪以来，纸质书始终是图书馆主要的收藏与工作对象，承载着传播知识文化的重要职能。随着电子书及网络技术的兴起，人们逐渐更多地通过网络在线获取所需信息资源，印本书籍的使用受到了极大冲击，而在这场备受关注的虚实之争中，图书馆则更是站在了资源建设的岔路口。美国大学与研究图书馆协会（Association of College and Research Libraries，简称 ACRL）在其《大学图书馆员的未来思考：关于图书的未来情景分析》研究报告[2]中运用情景分析的方法，提出了未来可能出现的 4 种情景，得出结论："印本书技术并不会消失或消亡，但在以电子书和数字图书馆不断增值为特点的技术生态环境中会占据不同于以往的位置。"

在资源建设战略规划方面，各图书馆尤为注重将资源介质与用户需求结合考虑。剑桥大学图书馆指出，对于印本与数字呈现方式的选择倾向正在发生改变，对远程移动办公的支持、采用数字格式所可能避免的重复以及不同类型的用户对不同形式内容的需求等方面将对馆藏建设的优先产生影响，并表示所制定的馆藏建设战略将反映不断变化的需求[3]；加州大学洛杉矶分校图书馆计划建设、维护与保存能全面反映学术成果的印本与数字资源，并在最大程度上提供获取[4]；纽约大学图书馆在其发展战略中坚持全面性原则，认为本馆必须最广泛地利用各类资源供应者，并充分支持学科馆员与特色馆藏员工，以广泛获取各类资源，并且必须能够妥善保存包括数字和实体形式在内的全部研究资料[5]；纽卡斯特大学图书馆则计划在 2012—2015 年期间，将需求量大的书籍系统地从印本提供向电子书提供转移[6]。此外，加州大学洛杉矶分校图书馆[4]、俄亥俄州立大学图书馆[7]、加拿大圭尔夫大学图书馆[8]等也在发展战略中提出建设全面反映学术成果的数字与印本资源，以满足用户需求。

2.2 进一步优化本馆特色馆藏

当今各种形式的信息知识资源迅速膨胀，通过建设具有本馆特色的馆藏资源，图书馆能够极大地提升图书馆的自身价值，扩大用户范围并提高用户忠诚度。笔者从所调研的战略文本中发现，图书馆已意识到建设独特、优质的本馆特色馆藏的重要意义，并根据各自实际情况制定特色馆藏建设计划。加州大学洛杉矶分校图书馆计划于今后 5 年加强非传统类型研究资源的建设，包括印本、数字与视频内容，并对特藏资源加以标引、揭示、组织以及提供获取，以扩大这些稀缺、独特及保密资源中所包含知识的使用范围；埃默里大学图书馆的特色馆藏主要集中在神学领域，并在 2012—2015 年战略计划中将特色馆藏建设作为本馆核心价值之一，提出神学领域馆藏建设与服务工作的定位为管理本校具有经济价值的重要知识资产[9]。此外，波士顿公共图书馆[10]、纽约大学图书馆、美国 Louisville 大学图书馆[11]等众多图书馆均计划在各自现有资源的基础之上，加强对本馆特色馆藏的建设。

2.3　推进原生数字资源建设

根据美国研究图书馆协会（Association of Research Libraries，简称 ARL）的调查[12]，目前大多数图书馆均收藏电子论文、学位论文、个人档案以及机构信息及档案，其他资源形式包括照片、声像记录、文本、影像、网站、电子邮件、数据库等，且未来对于社交媒体的收藏将大幅增加。知识机构本身也是重要的内容创造者，在对原有实体资源进行数字化的同时，机构内部产生的原生数字资源日趋得到图书馆的重视。剑桥大学图书馆计划进一步对本校机构知识库 Dspace@ Cambridge 进行优化与管理，将本馆特色馆藏和支持教学及学习的资源均包含在内，并计划建立相关规程与技能对本馆拥有内容的知识产权进行管理，以促进其使用；纽约大学图书馆、埃默里大学图书馆、路易斯安那州立大学图书馆[13]等机构均将原生数字资源建设纳入本馆发展战略体系。

除此之外，笔者所调研图书馆均在战略规划中强调了持续推进馆藏资源的数字化，以提升馆藏资源的可见度。如芬兰国家图书馆计划在 2013—2016 年期间继续推行战略数字化，鼓励公众参与内容选择，并根据不同用户群的需求，对全国性的及本馆独有的重要馆藏资料进行数字化处理[14]；剑桥大学图书馆计划在剑桥大学和各学院之间 ebooks@ cambridge 计划取得阶段性成功的基础上，管理并扩展全校范围的电子书馆藏，并继续推行数字化战略，创建更多内容以支持教学。

3　提升图书馆服务的内容与质量

用户始终是图书馆开展各项服务的中心，正如国际图联主席 Ingrid Parent 所言："用户是我们存在的理由"。图书馆服务应始终将用户体验置于首位，致力于满足不断变化的用户需求。为此，伦敦大学学院图书馆在其 2011—2014 年战略计划[15]中着重强调了学生体验，将其置于图书馆各项活动的首要位置；纽约大学图书馆在其发展战略中提出创造优质、始终如一的用户体验；加州大学洛杉矶分校图书馆计划在 2012—2017 年重新界定图书馆在研究中的作用，以更有效地支持和参与研究生命周期的各个环节；英属哥伦比亚大学图书馆[16]、美国 Louisville 大学图书馆、纽约大学图书馆等高校图书馆提出应充分融入用户，运用多种沟通手段与用户建立友好关系。为实现上述目标，各图书馆纷纷对自身的服务模式与服务内容进行优化，提供更符合用户需求的图书馆服务。

3.1 拓展移动服务

近年来智能手机、电子阅读器、平板电脑等移动设备得到了快速发展与普及，且 EBSCOhost、Elsevier、汤森路透等大型内容提供商的移动服务平台运营日趋成熟，这些都为图书馆开发与拓展移动服务提供了有利条件。一方面，图书馆开始为用户提供移动服务设备。根据 ARL 于 2012 年发布的《协作教学与学习工具》专门文件（SPEC Kit）[17]，参与调查的 63 所 ARL 成员图书馆中有 38 所（占 61%）已提供或即将提供 iPad 和安卓平板等触屏平板电脑供用户使用，平均每所图书馆提供 12 部；电子书阅读器也在 24 所 ARL 图书馆（占 39%）中已经或即将提供使用，平均每所图书馆配备 24 部。例如纽卡斯特大学图书馆在战略计划中就提出开发移动设备应用、增加个人电脑数量等措施。另一方面，在移动设备使用大幅度提升的基础上，图书馆也致力于拓展移动服务，开发了诸如图书馆网站移动客户端、二维码借阅、移动参考咨询、移动访问定制等功能，并通过 Facebook、Twitter、YouTube 等社交网络平台增强服务的交互性。例如，考虑到新兴设备与访问方式已为公众所接受，路易斯安那州立大学图书馆计划改善图书馆目录和发现工具的移动访问，并持续对新技术趋势进行评估，以使自身服务始终满足用户使用偏好[13]。

3.2 开展信息素养教育

为提升服务效果，各图书馆继续为用户提供信息素养技能培训。纽卡斯特大学图书馆在发展战略中将培养学生和研究人员的信息素养和数字素养作为本馆未来 5 年的战略重点之一；英国帝国理工学院图书馆计划同各院系展开合作，将信息素养技能通过 e-learning 技术整合至课程，向全校学生教授信息素养和研究技能[18]；波士顿公共图书馆计划制定一个能够满足广泛社区需求的公共培训计划，内容包括技术素质、理财素养等，同时还应满足本市和联邦的研究、学术和素养需求。此外，伦敦大学学院图书馆、美国路易斯安那州立大学图书馆等图书馆也计划提供培育信息素养所需资源，以支持教学与学习。

3.3 推进图书馆出版服务

除上述服务内容之外，图书馆还注重发展出版服务。一方面，图书馆在更大程度上为预出版和编辑活动提供支持服务，进一步发挥其在学术交流生态系统和学术出版流程中的作用。学术出版和学术资源联盟（Scholarly Publishing and Academic Resources Coalition，简称 SPARC）2012 年开展了一项图书馆出版服务研究[19]，对 43 所美国图书馆馆长的调查结果显示，其中约一半（占 55%）受访对象声称已经或有兴趣提供图书出版服务，所采用期刊出版平台多为开放期刊系统（占 57%）、DSpace（占 36%）和 BePress 数字共享空间（占 25%），并确定了图书馆出版服务最需要的三种资源：业务问题指南、出版平台信息以及政策与流程文件范例。另一方面，一些图书馆还通过建立机构知识库等方式积极倡导学术出版变革，促进资源内容传播。加州大学洛杉矶分校图书馆大力提倡将数字内容保存到 UCeScholaiship 等开放获取机构知识库之中，并计划在本校广泛建立开放获取支持制度，如鼓励在同行评议期刊上发表论文以及成立开放出版基金支付部分作者费用[4]；奥克兰大学图书馆计划通过建设本校机构知识库 OUR@ Oakland 并持续吸纳本校知识内容，探究成立新奥克兰大学数字出版社的可能性，同时积极开发能够广泛传播本校独特知识内容的新方法[20]。

4 长期保存不断推进

4.1 数字资源的迅速发展促使各图书馆加强长期保存计划的制订与完善

根据 ACRL 发布的《大学图书馆 2012 年十大趋势》研究报告[21]，图书馆以往普遍缺乏资源的长期保存规划与战略性指导。然而随着数字馆藏的发展日益成熟且使用程度不断提高，对数字内容长期保存的关注也日益增多。许多图书馆在本馆发展战略中专门制定了数字资源长期保存计划。瑞士国家图书馆计划协调包括本国历史档案在内的国家印刷与数字出版物的收藏与保存，与国内外同行及合作伙伴共同制定资源遴选与收藏标准，商定保存协议，并据此开展资源的保存工作[22]。芬兰国家图书馆将自身定位为"国家数字图书馆长期保存的行政协调者"，计划与其他法定缴存图书馆和教育文化部共同修订数字文化资料的存储与保存法案，并制定保存实体资源数字化版本的计划。

4.2 图书馆重视原生数字资料的收集、保存和管理

随着各类社交工具的普及，新兴信息传播方式不容忽视，在对原有实体资源进行数字化的同时，图书馆开始重视对原生数字资料的收集、保存与管理。美国国会图书馆自 2010 年起开始收集美国人发布的全部 Twitter 消息，至 2013 年初已收集了自 2006 年起产生的 1 700 亿条 Twitter 消息，平均每天收录

4 亿条[23]，旨在促进收藏美国记忆这一使命的完成。美国国家医学图书馆于 2012 年 10 月启动了一项网络内容收集计划，保存与健康相关的博客和其他媒介资源[24]。然而此方面工作尚不完善，在 OCLC 的一项调查中[21]，79% 收藏原生数字资源样本的图书馆和档案馆将缺少资金资助、合理规划和专业技能视为原生资料管理与保存的最大障碍。

4.3　科研数据日趋成为图书馆长期保存的重要对象

图书馆对科研数据进行保存，有助于有针对性地开展数据服务，促进科研数据的获取与使用。加拿大圭尔夫大学图书馆在战略计划中提出应"最大限度地挖掘研究数据的潜在价值"，其计划建立研究数据机构库，在相关政策与标准的基础上引导学者使用和传播本校研究成果，并计划在本校建立一个全面的研究活动网络目录，以提升研究社区内部的可见性与协作性[8]；加拿大国家图书档案馆[25]将继续参与加拿大政府的开放数据计划，为民众提供政府数据集和有关公共领域元数据的访问服务。

5　开放智慧中心方兴未艾

5.1　虚拟性催生现实需求

数字馆藏的发展与网络访问的增长致使图书馆到馆用户数量持续下降，迫使图书馆思考自身在网络时代所应发挥的作用。同时，资源获取的便捷性也衍生出用户面对面进行直接思想交流的需求。作为信息与智慧的聚集、交流中心，如何提升实体空间的使用价值，成为各个图书馆面临的重要主题。对此，各图书馆重新思考自身的作用与职能，明确了当前环境下实体空间的发展定位。瑞士国家图书馆将自身定位为"专业目标群体和对文化事务感兴趣的其他团体集会的场所"[22]；波士顿公共图书馆将自身定位为"联结图书馆用户与其所在社区内其他资源的社区信息节点"，服务并支持知识社区，促进探索、阅读、思考、交流、教学与学习活动的发展；加州大学洛杉矶分校图书馆则把自身视为校园的跨学科协作生态系统，促进文化、社会及知识交流。

通过将实体空间定位为智慧中心，图书馆在为用户访问资源提供虚拟空间的基础之上，将实体空间构建为教师、学生等学习社区的研究与学习中心，促进知识共享以及思想的交流与碰撞。美国埃默里大学图书馆计划建设一个研究共享空间，通过来自各个知识社群的专家指导、权威出版物与独有数据资源，深化本校与学术界的联系，将本馆作为联结学者与资源的关键点。

5.2 实体空间功能拓展

首先，图书馆改造实体空间，为用户创设一系列的交流共享空间、学习空间，为用户学习与科研提供支持。英属哥伦比亚大学图书馆在其 Chapnan 学习共享空间（Chapnan Learning Gommons，CLC）内开展了名为"导师角"（Coaches Corner）的项目，学生可以至此与学生志愿者教练进行交流，旨在帮助学生培养学习习惯、获取学习技能、反思自己在学习过程中的优点与弱点，并为取得成功设立目标，至今收效颇佳。美国德雷塞尔大学图书馆[26]计划将现有空间改造为自主学习环境，学习者可在其中进行交流以及接受教职人员的专业指导，将图书馆指导嵌入本校实体与网络学习环境中，并计划建立体验区提供多种信息素养技能和信息技术应用的操作与体验。此外，剑桥大学图书馆、加州大学洛杉矶分校图书馆、伦敦大学学院图书馆、纽卡斯特大学图书馆、加拿大圭尔夫大学图书馆等图书馆均在战略计划中重新对空间进行了用途规划，拟提供多种学习和研究共享空间，为用户交流与工作会面提供启发式的环境，推动用户生成新知识。

其次，图书馆积极开展宣传推广活动，以扩大服务范围，促进知识的交流与传播。瑞士国家图书馆计划在 2012—2019 年期间举办一系列活动，包括与馆藏资源相关的大型展览、人文科学会议、艺术/建筑学及历史学领域专题活动等，以提高本馆及本馆服务在公众中的认知度；俄亥俄州立大学图书馆计划于 2013—2015 年期间在其全部实体空间内构建一个强有力、注重协作、规划合理的展览计划，为举办展览提供全面的策划与支持；剑桥大学图书馆等图书馆也计划广泛地主办展览和宣传活动，吸引多样化的用户群体。

再者，通过对战略文本的分析可知，图书馆还对馆藏空间进行调整与优化，并提升资源获取服务。加拿大圭尔夫大学计划翻新图书馆一层，变革与扩大档案与专题馆藏空间，基于资源的使用情况及其他格式的可用性，对印本资源进行合理剔除，并提升馆藏资源获取与利用对教学的支持力度。俄亥俄州立大学图书馆、剑桥大学图书馆及加州大学洛杉矶分校图书馆计划升级本馆特色馆藏资源，提升实体馆藏的使用价值与收藏价值，并进行有效管理。

6 组织文化创新建设

6.1 培养员工以满足图书馆发展需要

数字环境的发展与用户需求的变化为图书馆带来人员组织层面的挑战，组织内部对新专业知识的需求、劳动力队伍构成的变化、来自其他同行的竞争等，持续影响着图书馆业务的发展。根据 2011 年 ACRL 的调查[21]，对于图书馆员来说，员工培训和人事工作是工作过程中的首要问题，图书馆必须运用创造性方法来雇佣新员工及再培训现有员工，以迎接新的挑战；该调查报告还提供了一些"培育"所需员工的方法，包括继续教育、职业发展、雇用新员工填补空缺、重组现有岗位、对各岗位现有员工进行再培训。美国路易斯安那州立大学图书馆明确提出为图书馆员制订实习计划、开发评估工具以提升员工士气来培养本馆员工的多样性，以使得所提供的服务更加多样化，进而更好地服务于本馆多样化的用户群体。加州大学洛杉矶分校图书馆还计划制定一个继任者计划，重新界定岗位；同时通过招聘强化领导能力，并通过探索实现本馆目标的新方法，使员工具备适应新变化的能力，以从容应对图书馆及学术界的不断变化。

6.2　构建学习型组织

图书馆组织文化塑造，力图建设一个技艺娴熟、积极工作的人才队伍并加以维护，同时构建强有力的认同文化，使员工在其中感受到认可与肯定，培养满意度与忠诚度。德雷塞尔大学图书馆[26]计划构建能够培养管理者领导能力和员工专业知识的学习型组织，有效利用校内外资源服务学生、优化教学、支持研究，运用用户的最佳实践等需求数据来管理图书馆。

6.3　提升图书馆的数据意识

在组织能力构建方面，图书馆开始重视组织机构内数据意识的培养。拥有较强数据感知力有助于图书馆科学地进行分析与决策。对战略性数据及其有效性的确定和分析为图书馆在开展业务方面做出判断和决策提供准确视角，确保决策拥有坚实的依据。纽约大学图书馆计划将自身建设成为一个有数据意识的组织，在整个图书馆范围内形成一个数据捕获、存储及报告的架构，使员工在其中能够即时获取满足决策、试验、探索和求知所需的相关数据，进而促进数据的开放利用，并优化组织决策。澳大利亚国家图书馆将"培养对于数字变化的反应能力"作为实施本馆劳动力计划的三个优先领域之一[27]。伦敦大学学院图书馆服务部管理数据和用户反馈指导小组计划进一步推进管理信息和统计数据以及反馈数据（来自调查和评论/投诉）的整理，以掌握战略目标的实施情况及所取得的进展[15]。

7　结论与启示

综上所述，国外图书馆总体呈现出如下战略发展趋势：①资源建设方面，重视用户需求、电子资源与印本资源的平衡、特藏资源与原生数字资源，同时持续推进馆藏数字化进程；②服务提供方面，积极拓展移动服务等新服务，面向用户提供信息素养教育，并通过出版服务致力于学术出版的变革；③长期保存方面，加强长期保存计划的制订与完善，重视各类原生数字资源及科研数据的保存；④空间规划方面，以智慧中心为发展目标，大力开展空间再规划与改造，从而拓展图书馆实体空间功能，更好地支撑科研和学习；⑤组织文化方面，注重人才培养，制定并实行满足图书馆业务发展需求的员工培养方案，构建学习型组织与数据驱动型组织。

图书馆制定战略规划能够为本馆发展提供方向性的指引。鉴于上述内容，建议我国图书馆积极借鉴国外图书馆及相关机构的发展战略，注重在以下方面优化战略规划，并付诸于实践：①合理规划印本馆藏与数字馆藏，注重两者的共生与协调；②结合自身资源特点与用户需求，积极建设特色馆藏，重视原生数字资源的收集与保存；③为用户提供移动设备使用，拓展移动服务、信息素养服务等新型服务，更大程度地满足用户需求；④建立机构知识库并广泛充实内容，推动学术出版变革，促进知识传播；⑤强化长期保存政策制定，完善相关体系与机制；⑥重视科学数据的保存与应用；⑦将图书馆定位为智慧中心，合理优化实体空间与馆藏空间，支撑科研与学习；⑧注重图书馆人才培养，打造有数据意识的学习型组织。科学审视当前环境，根据实际情况切身制定发展规划，贯彻落实并定期开展工作评估，我国图书馆定能获得全面的提升与发展。

参考文献：

［1］ 孙坦. 国外图书馆战略规划研究［J］. 图书馆建设，2009（10）：82.

［2］ Staley D J. Futures thinking for academic librarians：Scenarios for the future of the book［EB/OL］.［2012 – 05 – 28］. http：//www. ala. org/acrl/sites/ala. org. acrl/files/content/issues/value/scenarios2012. pdf.

［3］ Cambridge University Library Strategic Framework 2010 – 2013［EB/OL］.［2012 – 07 – 25］. http：//www. lib. cam. ac. uk/strategic_ framework. pdf.

［4］ UCLA Library Strategic Plan 2012 – 17［EB/OL］.［2012 – 11 – 30］. http：//www. library. ucla. edu/pdf/UCLA – LibraryStrategicPlan 2012 – 19. pdf.

［5］ New York University Libraries Strategic Plan 2013 – 2017［EB/OL］.［2012 – 07 – 28］. http：//library. nyu. edu/about/Strategic_ Plan. pdf.

［6］ Newcastle University Library Strategic Plan 2012 – 17［EB/OL］.［2012 – 01 – 13］. http：//www. ncl. ac. uk/library/about/strategic_ plan/.

［7］ The Ohio State University Libraries 2013 – 2015 Strategic Plan（Draft）［EB/OL］.［2012 – 05 – 14］. http：//library. osu. edu/blogs/director/2012/05/14/from – the – director – may – 14 – 2012 – may – 2012 – strategic – plan – update/.

［8］　Balance and Renewal：Library Integrated Plan 2012/13 – 2016/17 ［EB/OL］．［2012 –
　　　　11 – 12］．http：//www. lib. uoguelph. ca/about/components/documents/library_ inte-
　　　　grated_ plan_ 2012_ 2017. pdf.

［9］　The Emory University Libraries Strategic Plan 2012 – 2015 ［EB/OL］．［2012 – 03 –
　　　　02］. http：//web. library. emory. edu/about/mission – and – strategic – plan.

［10］　Boston Public Library Strategic Planning：The BPL Compass ［EB/OL］．［2012 – 12 –
　　　　21］. http：//www. bpl. org/compass/strategic – plan/.

［11］　University of Louisville Libraries Strategic Plan 2012 – 2020 ［EB/OL］．［2012 – 04 –
　　　　05］. http：//louisville. edu/library/about/docs/Strategic_ Plan_ 2012_ 2020. pdf.

［12］　Managing Born – Digital Special Collections and Archival Materials，SPEC Kit 329，Pub-
　　　　lished by ARL ［EB/OL］．［2012 – 09 – 05］. http：//www. arl. org/news/pr/
　　　　spec329 – 5sept12. shtml.

［13］　Louisiana State University Libraries Strategic Plan，2012 – 2020 ［EB/OL］．［2012 –
　　　　12 – 21］. http：//www. lib. lsu. edu/lib/LSULibrariesStrategicPlan2020. pdf.

［14］　Strategic Plan for the National Library of Finland 2013 – 2016 ［EB/OL］．［2012 – 06
　　　　– 08］. http：//www. nationallibrary. fi/infoe/uutiset/1344259679419. html.

［15］　UCL Library Services Strategy 2011 – 2014 ［EB/OL］．［2012 – 12 – 21］. http：//
　　　　www. ucl. ac. uk/library/strategy. shtml.

［16］　Community Report：Year Two ［EB/OL］．［2012 – 03 – 28］. http：//
　　　　about. library. ubc. ca/2012/05/23/community – report – year – two/.

［17］　Collaborative Teaching and Learning Tools，SPEC Kit 328，Published by ARL ［EB/
　　　　OL］．［2012 – 07 – 17］. http：//www. arl. org/news/pr/spec328 – 17july12. shtml.

［18］　Imperial College Library Strategic Plan 2010 – 2014 ［EB/OL］．［2012 – 12 – 21］. ht-
　　　　tps：//workspace. imperial. ac. uk/library/Public/Strategic_ Plan_ 2010 – 2014. pdf.

［19］　SPARC. Library Publishing Services：Strategies for Success：Final Research Report ［EB/
　　　　OL］．［2012 – 03 – 12］. http：//docs. lib. purdue. edu/purduepress_ ebooks/24.

［20］　Oakland University Libraries Strategic Plan 2012 – 2014：To Build，Learn，and Grow
　　　　［EB/OL］．［2012 – 05 – 04］. http：//library. oakland. edu/information/departments/
　　　　administration/strategic_ plan_ draft_ 2012_ 2014. pdf.

［21］　New From ACRL：2012 Top Ten Trends in Academic Libraries：A Review of the Trends
　　　　and Issues Affecting Academic Libraries in Higher Education ［EB/OL］．［2012 – 06
　　　　– 04］. http：//www. infodocket. com/2012/06/04/new – from – acrl – 2012 – top – ten
　　　　– trends – in – academic – libraries – a – review – of – the – trends – and – issues – affect-
　　　　ing – academic – libraries – in – higher – education/.

［22］　Swiss National Library Strategy 2012 – 2019 ［EB/OL］．［2012 – 12 – 21］. http：//
　　　　www. nb. admin. ch/org/00779/index. html? lang = en.

［23］　搜狐 IT. 美国国会图书馆每天收录 4 亿条 twitter 用于研究 ［EB/OL］．［2013 – 01

　　　 -24］. http: //it. sohu. com/20130122/n364343876. sthtml.

[24] NLM Launches Web content collecting initiative to preserve health-related blogs and other media ［EB/OL］. ［2012 - 03 - 01］. http: ///www. nlm. nih. gov/news/nlm_ web_ content_ collection. html.

[25] Library and Archives Canada 2012 - 13 Report on Plans and Priorities ［EB/OL］. ［2012 - 05 - 08］. http: //www. tbs - sct. gc. ca/rpp/2012 - 2013/inst/bal/bal00 - eng. asp.

[26] Drexel University Libraries Announce 2012 - 2017 Strategic Plan ［EB/OL］. ［2012 - 06 - 30］. http: //www. library. drexel. edu/blogs/newsevents/2012/04/02/libraries - announce - 2012 - 2017 - strategic - plan/.

[27] National Library of Australia Strategic Directions 2012 - 2014 ［EB/OL］. ［2012 - 01 - 13］. http: //www. nla. gov. au/corporate - documents/directions.

作者简介

　　宋菲，中国科学院大学、中国科学院国家科学图书馆硕士研究生，E-mail:songfei@ mail. las. ac. cn;

　　李麟，中国科学院国家科学图书馆馆员，博士研究生;

　　李力，中国科学院大学、中国科学院国家科学图书馆武汉分馆硕士研究生。

国外图书馆管理制度有效性研究述评 [*]

1 引言

随着现代技术和社会环境的迅速变化，图书馆制度变革和推进的有效性取决于其在制度层面如何有效地去应对这些变化。国外自 20 世纪 60 年代就围绕图书馆管理制度的有效性问题进行了较多的实证研究，产生了一系列研究成果，由于持有不同理论视角、本体论以及认识论立场的研究者对于管理制度有效性有着不同的描述和解释，并且在研究内容与维度上存在一些对立的观点和局限性，因此，对这些研究进行系统梳理和考察，不仅有助于我们找出不同解释的来源与逻辑，同时也有助于我们发现各种解释之间的融合与交互。

目前看来，国内研究多数建立为对图书馆规章制度进行感悟性、思辨性的论述，其所属的理论、来源以及逻辑也不明确。而在国外，由于图书馆赖以生存的制度环境相对成熟，积累了丰富的研究成果，其制度文本的内容主要涉及框架体系、治理结构、制度要素和生成机制 4 个方面，因此有必要对国外图书馆管理制度有效性研究的丰富成果进行介绍。

在国外图书馆管理研究的相关文献中，没有管理制度这一术语，多数采用 policy、institutional、process 等词[1]，同时也涵盖 approach、discipline、norm、principle、procedures、rule、regulation 等词[2]，是对管理制度的一种狭义的理解。为此，在对国外研究进行梳理之前，结合对已有研究和相关概念的分析，本文将图书馆管理制度有效性理解为由图书馆内部制定成文并具备合法性的符号性规范，在其运作过程中，调整或改变了图书馆内部管理主体、管理客体的行为、关系以及资源配置的方式。

为了保证所选数据能够较为全面、科学地反映国外图书馆管理研究进展，本文数据来源于：①Web of Science（收录了来自 250 多个学科领域的 10 000 多种核心期刊的文献）；②Scopus（目前全球规模最大的文摘和引文数据库，

---

* 本文系云南大学 2015 年度人文社会科学青年研究基金资助项目"高校图书馆管理制度有效性研究"（项目编号：15YNUSS014）研究成果之一。

涵盖了由 5 000 多家出版商出版发行的科技、医学和社会科学方面的 18 000 多种期刊，其中同行评审期刊 16 500 多种）。以"题名＝（library AND（management operating system OR management system OR policy OR rules OR institution OR regulation OR institutional OR process OR procedures OR approach OR discipline OR conduction OR convention OR norm）AND effectiveness），时间＝1950—2015，文献类型 ＝ article"在上述两个数据库中进行检索，从 Scopus 数据库中获得 204 篇，从 Web of Science 数据库中获得 109 篇，经合并剔除重复和非相关论文后，得到 116 篇研究论文作为本文的数据源。

2 研究现状

通过对国外关于图书馆管理制度有效性研究的综述显示，国外考察图书馆管理制度有效性的研究可划为 3 类：①强调以结构性要素为基础，侧重考察正式化结构的制度过程和成本机制对图书馆管理制度有效性的影响；②强调以环境性要素为基础，侧重考察制度环境的合法性基础和同形机制对图书馆管理制度的影响；③强调以认知性要素为基础，侧重考察行为主体的认知能力和共识框架对于图书馆管理制度有效性的影响。

2.1 强调结构性要素的研究

结构性要素是指在组织管理中图书馆确保制度有效运转的动力机制和保障机制，可以降低图书馆管理活动过程中技术和行为的复杂性、不确定性和互依性，从而推进组织目标的实现进程。制度有效性源于组织自身的结构要素，会制约、规制和调节个体行为。强调结构性要素的国外研究者特别关注这一点，他们的突出特征就是特别强调为了达成组织目标所依赖的各种规制过程，包括规则设定、监督和奖惩活动。通过目标具体化和结构正式化能够为组织成员的行为形成稳定预期，从而控制个体行为，使其在组织目标引导下规范活动。

图书馆管理制度的有效运作和实施源于其组织目标分解的合理性、组织职能的协调性以及科层制的理想型与图书馆组织结构的契合程度[3]。同样，支持将图书馆结构视为理性系统的研究者更加重视结构化的制度过程对于制度有效性的影响，有研究结合管理科学、政策分析和公共政策研究的相关理论，就图书馆管理制度的定位、制定以及战略规划与图书馆决策之间的关系进行论述，提到图书馆管理制度的制定应该建立在科学与理性的政策分析基础之上[4]。

通过引入权变理论，研究者认为图书馆管理制度有效执行源于制度本身的调整能力以及能够在多大程度上与图书馆管理决策相契合，管理制度有效性的标准是管理目标实现与否。图书馆的技术采用政策更多地是一种基于权变理论的制度选择，包括自身的技术环境、引入技术的条件、用户感知度、已有的技术标准框架以及相关的政策框架等，其最终的平衡点始终维持在已有的组织结构和未知的服务之间[5]。持决策理论研究视角的观点认为，科学合理的图书馆管理制度的产生通常取决于结构化的制度过程在促进图书馆决策过程和决策结果方面的影响。相关研究在已有制度框架的基础上以决策理论为依据，采用决策树的方式来构建高校图书馆数字资源管理制度的框架体系，并认为这一方法有助于对制度路径和制度来源的回溯和辨析[6]。同样，图书馆的决策规则应该建立在严格的量化分析基础之上，从而保证决策过程的理性化，使得最终的决策不脱离组织的整体战略[7]。

公共政策分析在解释图书馆管理制度是否产生效用的研究中，通常借助政策决策和政策分析的理论框架和分析路径来对图书馆管理制度的实施过程及其效应进行描述和分析，例如图书馆政策过程和政策程序的适用性和有效性应该建立在政策过程的有效评估以及图书馆服务与管理成效的基础之上[8]。同样，也可以结合已有的图书馆政策过程案例，验证基于周期和模型的政策方案在服务效应基础上的政策过程假设[9]。此外，还可以从图书馆制定政策所依托背景和相关政策出发来构建评估政策的框架、目标以及指标[10]。

管理制度的结构性要素通过形成结构化的治理结构和权威模型来规制图书馆管理活动中的主客体行为，从而能够有效降低图书馆管理过程所产生的交易成本，最终确保管理制度的有效运转。例如，图书馆的定价政策需要建立在服务成本和服务效益的基础上，与此同时，需要考虑成本消耗的评估过程，从而降低政策执行所需的消耗[11]。公共图书馆战略规划的文本扫描分别从一致性、精确性、融合性以及完整性等指标来考察公共图书馆战略规划与组织目标的契合度，其核心要素应包含适宜的组织目标、动态的组织环境以及组织成员行为准则的一致性[12]。图书馆管理制度要促成图书馆管理活动中各利益相关者达成"交换"这一行为的同时也要保持较低的交易成本，从而能够高效地维持其组织的结构化水平。联机系统服务效益的研究发现高服务倾向的政策会产生额外的增值费用，因此可以通过对系统峰值的计算来降低不同类型政策的执行成本[13]。虽然经济学中的成本收益理论很难完全运用到图书馆的收费政策之中，但是却为其政策的制定提供了科学化的指导和理论模型，相比依托于传统管理理论框架下的图书馆管理制度绩效研究，成本收益理论则更具说服力[14]。

总体上来看，多数强调这一要素的研究者都提倡一个稳定的结构系统和适当的治理结构，通过规定事情应该如何完成，并规定追求所要结果的合法方式或手段来对管理过程和管理职能进行界定，明确制度中所赋予不同角色的权利和责任，通过对权利和责任的评价来促进管理目标的实现从而节省交易成本，不管它是正式的还是非正式的，如果得到了结构化规则的支持，那么就是一种有效的、起支配作用的制度，他们更多地关注过程、方案、规则等制约组织层次的结构与模式。

2.2 强调环境性要素的研究

环境性要素是指图书馆管理制度产生效用的现实基础和过程保障，涉及管理制度生成和实施所依附的环境，不同的制度分析层次生成不同的环境性要素。强调环境性基础要素的研究多数认为图书馆存在于复杂的外部制度环境中，需要其内部制度环境与外部制度环境保持一致，并因此成功地获取其生存所需的资源和条件，其制度合法化的基础是图书馆管理制度遵守社会环境共同的情景界定和参照框架，并与其上层治理结构的制度机制保持一致。

从政策决策过程来看，政策内容的组织基础是治理模式，因此要发掘图书馆的治理模式与决策当局的政治过程和政策纲领之间的关系，提升图书馆政策的执行力[15]。学校图书馆管理制度要符合其自身的制度环境，并结合科学的制度规划程序和评价标准，从而确保管理制度价值导向上的成效[16]。

图书馆在识别环境要素的过程中，其制度来源的合法性很大程度上源于其作为机构的合法性，这一合法性来源是被其上层治理结构或规则制定机构所强制产生的，而这一合法性的制度虽不一定能够促进图书馆的组织效率提升，但却具有较强的执行力。一些研究者总结出图书馆在制定相关政策时，除了需要考虑到职业准则和价值，还需要与周边区域公共领域中的准则和价值达成一种适当的平衡[17]。这种强制过程通常需要对制度过程进行判断和审视，例如图书馆对于网站内容生成制度，就明确提出图书馆网站内容管理制度需要关注目前的政策环境中的合法性行为，包括哪些内容以及何种方式是被允许生成的，哪些是被禁止的等[18]。有些时候，这种强制通常不是直接发生的，而是一种渐进的影响，数字图书馆的政策过程与其所对应的政策环境有十分密切的关系，尤其是国家政策和组织政策对其影响十分巨大，因此，在设计数字图书馆政策的过程中，需要厘清周边政策环境的价值偏好与政策框架[19]。

图书馆在获得合法性的过程中，通常还需要考虑其作为一种社会机构所产生的功能与价值被社会环境所认同的程度，这种价值与功能的认同决定了图书馆作为社会组织是否能在外界获得生存的能力和资源，同时这种价值也决定其制度偏好与制度结构，例如，以信息社会作为背景来界定图书馆在信息政策影响下的组织结构与政策制定的相应变化，可以发现在其他盈利性信息机构管理制度的影响下，图书馆在制定信息政策时仍然需要坚持以获取资源的便利性和公平性为准则[20]。社会认同除了会构成图书馆制度结构的倾向，同样也会产生某种程度上的路径依赖，例如，有研究者在厘清学校图书馆政策的发展脉络和演化路径后发现渐进决策的制度演进过程更具稳定性，而不是完全的线性过程，其价值偏好更多地在于当地社区和政策当局之间的平衡与博弈之中[21]。

图书馆在与外界制度环境保持一致的过程中，更多地是通过模仿那些在制度过程中比较规范同时也比较成功的同组织域下的制度结构来实现其制度的有效性，因此，从信息机构联盟的视角来考察政策环境对于联盟机构和政策环境的影响，可以发现当信息机构形成一种集群效应时，会减少公共政策对于联盟决策的政策干预[22]。另外，这种模仿过程也有可能促成图书馆与其他信息机构在制度层面的合作，例如有研究者通过验证图书馆作为地理空间信息发布机构合作伙伴的可能性，从数据管理、数据发布、数据安全等几个方面，重新构建图书馆与外部地理空间信息部门合作的地理空间信息管理政策[23]。同样，这种模仿机制可以降低复杂制度环境中的某些不确定性和制度过程的风险性，例如高校图书馆只要结合相应的外部制度环境来构建其计算机使用制度，通常都具有较好的效应[24]。外界环境中由相关权威机构或者专业组织通过与权力部门进行的知识生产所形成的规范也能够促进图书馆管理制度的有效实施，其制度的权威性取决于图书馆在与外部环境进行交换过程中资源及制度的合法性[25]。也有研究采用跨个案分析对图书馆在面对外部制度环境的变化过程中图书馆职业的反应进行描述和分析，清晰地发现对于外部标准和规则，图书馆的管理制度存在一定的路径依赖[26]。

从整体上来看，强调环境性要素的观点多数认为图书馆管理制度的合法性源于外部制度环境，需要与制度环境保持某种程度的一致，在这一过程中，有的管理制度需要制度环境的强制，有的是对制度环境中的组织机构进行模仿或主动采纳制度环境中的规范。

2.3　强调认知性要素的研究

认知性要素是指在这一过程中，行为主体共同的信念、价值观以及素质能力水平等有可能影响秩序基础的重要因素。强调认知性要素的研究多数都认为图书馆管理活动中行为主体的心智水平和认知能力决定了图书馆管理制度最终的方式和效用，其有效性的基础源于行为主体自身的认知对于组织规范及其信念的内化和运用。

图书馆管理制度的有效运作取决于组织中个体成员的认知。一方面，要保证其成员有足够的认知能力去识别这些管理制度给他们的行为提供哪些支持和阻力，同时要保证他们的认知结构中一直认可这些规则及其作用，例如图书馆管理制度的制定标准，从最开始的文本起草到最后的制度实施，要着眼于个体馆员之间的理解与合作[27]。同样，有研究者发现认知模式和认知能力是馆员遵守制度与管理者执行制度过程中起决定作用的两个主体变量[28]。另一方面，这种认知要建立在管理者对管理制度进行有效的解释说明之上，有研究者通过对数字资源保存制度的内容和实施障碍进行详细论述后发现明确了预期和感知的图书馆管理制度会更加容易执行，馆员也更加容易接受[29]。也有相关研究考察制度的形式对于馆员服从管理制度的影响，发现简明并能够告知行为主体相关利益约束的形式会更加有效[30]。

认知能力是行为主体理解自身在特定组织文化中所处地位的工具，例如有研究发现图书馆例会制度的效果很大程度上取决于图书馆领导的领导力、图书馆组织特征和图书馆馆员的人口统计学特征[31]。也有研究者发现基于心智模型的 FRBR 政策框架更具执行力[32]。同样，这种基于共同信念的价值倾向也会对主体认知构成一定的影响，例如大学图书馆的政策制定通常是围绕既有的群体效果来开展的，研究发现政策制定和馆员的行为倾向有显著相关性，不同类型的倾向对于不同政策的制定存在不同程度的影响[33]。高校图书馆的组织变革过程中涉及全面质量管理，其管理制度的设计需要结合既定的组织目标和原有的组织制度，在实施过程中需要考虑馆员的认知及偏好[34]。

管理制度要产生足够大的效用需要激励组织中行为个体自我价值的实现，例如，维基作为一个交互的信息创建平台非常适合图书馆部门制度的制定，在图书馆员工群体中强化合作与促进共识等方面十分有效[35]。也有研究发现，基于强化组织管理制度过程中组织系统的领会能力、预测能力以及潜能培育能力的组织管理制度比基于解决问题的组织管理制度在激励层面上将更加有效[36]。同样，研究者发现以往的制度制定过程都忽略了组织内的沟通环节，使得组织成员在认知过程中形成惯性偏差，阻碍了制度的有效实施[37]。另外，这种认知性状通常也会体现在个体的认知能力上，例如图书馆管理者如果具有较高的情商，则可在应对组织制度环境变迁过程中为管理者进行合理的判断提供有力的支持[38]。同样，图书馆中层管理者应该具备制度变革的能力，并能够理解和学习制度在专业领域的发生机制[39]，管理者还应该具备知识管理的能力，这项能力对于图书馆管理制度的实施至关重要[40]。

总体来看，强调认知性要素的观点多数都认为图书馆管理制度的有效性源于行为主体的共识程度及其对共识框架进行解码和建构的认知能力，其合法性基础源于共同理解及其自身的认知框架对于组织规范及信念的内化和运用。

3 分析与讨论

国外图书馆管理制度有效性研究对于图书馆传统业务和新兴业务的研究较多，其中包括采访制度、技术采用制度、外包制度、跨机构管理制度、网站内容管理制度、数字图书馆管理制度、经费管理制度等。采取定量方法的研究主要是对管理制度有效性的相关维度及其关联性进行验证，并对已有的理论模型中的相关变量的关系进行回归分析，同时涉及聚类分析、主成分分析等，采取质性方法的研究主要对管理制度有效性的维度、相关概念以及涉及的对象进行定性分析，包括案例研究、扎根理论等，少数质性研究涉及理论验证。另外，在一些研究过程中，还涉及制度研究与政策研究过程中常用的方法，包括制度变迁、制度分析、政策分析、政策决策等方法。

多数研究者都认为：一方面，图书馆管理制度有效性源于其规制性，即管理制度会制约、规制和调节个体行为，尤其是采用经济学理论作为其理论视角的研究者特别强调制度有效性源于明确、外在的规则设定、监督和奖惩活动，通过规制和监督他人遵守规则以及适当的奖励和惩罚来影响将来的行为。另一方面，图书馆管理制度有效性源于其合法性，即合法性及其来源决定了制度权威的类型，从而影响管理制度的有效性，尤其是采用社会学理论作为其理论视角的研究者十分强调由组织合法性衍生而来的制度合法性这一观点。

与此同时，在一些观点上，尚未形成统一认识，其依据是：①没有清晰地界定出图书馆管理制度有效性的内涵，一些观点认为其有效性反映在制度本身是否能够被执行，或者执行的程度，另一些观点则认为制度有效性应该是其执行之后所产生的效益，还有一些观点则认为应该将两者都包含进来。②对于图书馆管理制度过程中的行为主体所持有的理性假设以及理性程度的不同，一些观点建立在基于组织目标的工具理性上，另一些则坚持行为个体的价值理性，同时对于有限理性的假设也存在不同的看法。③源于本体论立场不同所形成的一系列差异，对于理解图书馆这一组织及其外界环境的不同则最终造就了其研究所涉及的理论框架与理论视角的不同。④就制度层面来看，不同的研究在秩序基础、执行机制、逻辑类型等方面也都存在诸多的不一致，具体如见表1所示：

表1　国外图书馆管理制度有效性研究的3种类型

分析内容	结构性要素	环境性要素	认知性要素
本体论	客观	客观、主观	主观
合法性基础	科层制结构、执行成本	规范、同形	理解框架、认可条件
系统视角	理性系统	自然系统	开放系统
理论来源	交易成本理论、组织理论	生态系统理论、组织社会学	社会心理学、组织行为学
理性假设	工具理性	有限理性	价值理性
秩序基础	规制性规则	规范性期待	认知性解释
执行机制	强制	强制、规范、模仿	内化、共识
逻辑类型	工具性	适当性	一致性
系列指标	规则、法律、奖惩	合格证明、资格承认	共同信念、共同行动逻辑

总体来看，国外图书馆管理制度有效性的研究内容比较丰富，且针对性较强，宏观论述较少，通常都是对某一方面问题在已有理论的基础上展开深入研究。同时，研究者们由于持有的理论不同，都提出了各自的概念与主张，有着不同的假定，并强调各自不同的因果过程，因此形成了一些重要的差异，其中最关键的、影响最大的差异，在于各自所强调的构成制度有效性的基础要素的不同，由此形成了3种不同类型的图书馆管理制度有效性研究。

4　结语

目前，国内有关图书馆管理制度有效性的研究成果十分有限，难以凭借研究数据揭示出图书馆管理制度有效性形成的维度和过程。而国外相关研究大多是在比较成熟的制度环境中开展的，研究情境的差异是否会削弱相关理论对于我国现实情境的解释力还难以确定，本文所综述的3种类型的制度有效性研究恰恰为明晰这一问题提供了有价值的参照和思考。

我国正处在进行现代化建设的关键时期，图书馆赖以生存的政治、经济、文化等制度环境正经历着巨大的变革，在这一过程中，图书馆管理制度在实践运作过程中确实存在一些制度虚设或制度失效的现象。推进具有本土化背景的图书馆管理制度有效性研究，利用其成果去解释这些现象背后的本质和规律，对于引导图书馆管理制度的科学发展将具有重要意义。

参考文献：

［1］ Robert D, Baebara B. Library and information center management ［M］. Littleton: Libraries Unlimited, 2002: 79 - 83.

［2］ Robert D, Baebara B. Lbrary management ［M］. Littleton: Libraries Unlimited, 1987: 42 - 45.

［3］ Rebecca B. The public library manager's forms, policies, and procedures handbook ［M］. NewYork: Neal - Schuman, 2004: 77 - 96.

［4］ Redmond K. Library planning and policy making ［M］. Maryland: Scarecrow Press, 1990: 19 - 31.

［5］ Library policies and social policy issues ［EB/OL］. ［2014 - 12 - 12］. http: // www. fepproject. org/policyreports/lnformationCommons. pdf.

［6］ Alexandros K, Sarantos K. Policy route map for academic libraries' digital content ［J］. Journal of Librarianship and Information Science, 2012, 44（3）: 163 - 173.

［7］ Jerilyn R. Data driven decisions: Using data to inform process changes in libraries ［J］. Library & Information Science Research. 1999, 21（1）: 31 - 46.

［8］ Neil P. An investigation into customer service policies and practices within the Scottish College Library sector: A comparison between the customer service exemplars from the retail sector with current Scottish College Library practice ［J］. Journal of Librarianship and Information Science, 2011, 43（1）: 14 - 21.

［9］ Hesham K. Optimizing a library's loan poiicy: An integer programming approach ［J］. Journal of the American Society for Information Science, 1998, 49（13）: 1169 - 1176.

［10］ Thierry G. Library evaluation and pulic policy: A French view ［J］. Journal of Librarianship and Information Science, 1995, 27（2）: 99 - 102.

［11］ Donald A. Diversifying fiscal support by pricing public library services: A policy impact analysis ［J］. The Library Quarterly, 1980, 50（4）: 453 - 472.

［12］ Steven B, Fionnuala C. Evaluating the strategic plans of public libraries: An inspection - based approach ［J］. Library & Information Science Research, 2012, 34（7）: 125 - 130.

［13］ Taylor R. Ncremental costs of library service policies for online catalog access ［J］. Information Technology and Libraries, 1987, 6（4）: 305 - 311.

［14］ Cheryl A. Pricing Policy for Library Services ［J］. Journal of the American Society for Information Science, 1979, 28（4）: 304 - 311.

［15］ Paul T, John C. Wake up the nation: Public libraries, policy making, and political discourse ［J］. The Library Quarterly, 2013, 81（1）: 61 - 72.

［16］ Elisam M, Joyce B. Towards a school library development policy for Uganda ［J］. Library Review, 2004, 54（6）: 313 - 323.

[17]   Robert C. Internet use policies and the public library: A case study of a policy failure [J]. Public Library Quarterly, 2003, 22 (3): 5 – 20.

[18]   Arthur H. Webmasters, Web policies, and academic libraries: A survey [J]. Library Hi Tech, 2007, 25 (1): 136 – 146.

[19]   Pauline N, Anne A. Role of policies in collaborative design process for digital libraries within African higher education [J]. Library Hi Tech, 2011, 29 (4): 678 – 696.

[20]   John S. Academic libraries and the global information society [J]. The Journal of Academic Librarianship, 2007, 33 (6): 710 – 713.

[21]   Margaret K. Policy for secondary school library provision in england and wales: An historical perspective [J]. Journal of Librarianship and Information Science, 1995, 27 (17): 17 – 28.

[22]   Cheryl C. A case study of canada' s coalition for public information in the information highway policy-making process [J]. Library & Information Science Research, 2000, 22 (2): 123 – 144.

[23]   Gail S. Libraries as distributors of geospatial data: Data management policies as tools for managing partnerships [J]. Library Trends, 2006, 55 (2): 264 – 284.

[24]   Jason V. Policies Governing use of computing technology in academic libraries [J]. Information Technology and Libraries, 2004, 12 (9): 153 – 170.

[25]   Susan K. Academci library fund-raising: Organaization, process, and politics [J]. Library Trends, 2000, 48 (3): 560 – 578.

[26]   Ragnar A. Between professional field norms and environmental change impetuses: A comparative study of change processes in public libraries [J]. Library & Information Science Research, 1999, 21 (4): 523 – 552.

[27]   Gary F. The policy/procedure manual, part IV: Writing the manual [J]. The Bottom Line, 2012, 25 (3): 95 – 97.

[28]   Esharenana E. Staff discipline in Nigerian university libraries [J]. Library Management, 2004, 25 (4/5): 223 – 229.

[29]   Ezra S. Mohmmed Z. Digital preservation policy in national information centres in nigeria [J]. The Electronic Library, 2013, 31 (4): 483 – 492.

[30]   Jose A, Patricia F. Promoting rule compliance in daily – life: Evidence from a randomized field experiment in the public libraries of Barcelona [J]. European Economic Review, 2013, 64 (11): 266 – 284.

[31]   Yi Zhixian. Conducting meetings in the change process approaches of academic library directors in the United States [J]. Library Management, 2012, 33 (1/2): 22 – 35.

[32]   Pisanski J, Zumer M. User verification of the FRBR conceptual model [J]. Journal of Documentation, 2012, 68, (4) 582 – 592.

[33]   Lee A. Faculty opinions of academic library service policies [J]. Journal of Interlibrary

Loan, Document Delivery & Information Supply, 1994, 11 (4): 3 - 4, 23 - 29.

[34] Donna K. Turning the library upside down: Reorganization using total quality management principles [J]. The Journal of Academic Librarianship, 1994, 19 (5): 294 - 299.

[35] Melanie J. Wikis: The perfect platform for library policies and procedures [J]. The Southeastern Librarian, 2012, 60 (3): 3 - 10.

[36] Triad K. A positive approach to change: The role of appreciative inquiry in library and information organisations [J]. Australian Academic & Research Libraries, 2010, 43 (3): 163 - 177.

[37] Jane P. The psycho - organizational approach to staff communication in libraries [J]. The Journal of Academic Libraaianship, 1978, 4 (1): 21 - 26.

[38] Kreitz P. Leadership and emotional intelligence: A study of university library directors and their senior management teams [J]. College and Research Libraries, 2009, 70 (6): 531 - 550.

[39] Bright K, Chang A. Changing roles of middle managers in academic libraries [J]. Library Management, 2012, 33 (4): 213 - 220.

[40] Daneshgar F. An integrated customer knowledge management framework for academic libraries [J]. Library Quarterly, 2012, 82 (1): 7 - 28.

作者简介

朱明（ORCID：0000 - 0002 - 7711 - 7149），讲师，博士，E-mail：zm_ z_ m@163. com。

国外最新图书馆战略规划体例研究

——基于 51 份战略规划文本的分析

战略规划是图书馆面向未来确定图书馆使命、愿景、目标、战略及其实施计划的思维过程与框架。战略规划对图书馆具有重要的价值,它不但可以引导图书馆应对变化、把握未来、规范组织行为、增强组织活力,还能起到宣传图书馆的作用[1]。战略规划体例是图书馆战略规划文本的宏观内容及其组织结构,通常包括使命、愿景、价值观、战略目标、行动计划等。自 20 世纪 80 年代以来,国外图书馆的战略规划工作已经发展得非常成熟,其规划文本也有了比较固定的编制体例与内容构成。通过了解这些战略规划文本,统计常见的规划体例并总结其结构性特征,我们可以得出国外战略规划中隐含的客观规律,为我国图书馆制定战略规划提供可借鉴的参考依据。

1 研究思路与方法

1.1 样本选择

通过长期跟踪国外图书馆的发展战略动态以及采用 Google 搜索引擎的检索,笔者首先从国外图书馆网站"About Us"栏目中下载了 2010—2011 年期间发布的 86 份最新战略规划文本。在综合考虑机构的类型、国别、规划质量与影响力等因素的基础上,以战略规划的代表性、权威性、全面性、特色性为选取标准,以充分反映本文研究重点为选取原则,最终选择了 51 个战略规划文本作为分析对象。这 51 个战略文本的制定机构分为 4 类,包括 7 所国家图书馆、20 所高校图书馆、14 所公共图书馆以及 10 所专业图书馆,具体如表 1 所示:

表 1 分析样本来源情况

机构类型	机构名称
国家图书馆 (7 所)	美国国会图书馆、大英图书馆、苏格兰国家图书馆、威尔士国家图书馆、澳大利亚国家图书馆、新西兰国家图书馆、荷兰国家图书馆

机构类型	机构名称
高校图书馆 （20 所）	杜克大学图书馆、哥伦比亚大学图书馆、华盛顿大学图书馆、华盛顿和李大学图书馆、康奈尔大学图书馆、科罗拉多州立大学图书馆、南加州大学图书馆、纽约医学院健康科学图书馆、诺瓦东南大学图书馆、普度大学图书馆、西弗吉尼亚大学图书馆、格拉斯哥卡利多尼亚大学图书馆、剑桥大学图书馆、利兹大学图书馆、伦敦大学学院图书馆、纽卡斯尔大学图书馆、莫纳什大学图书馆、惠灵顿维多利亚大学图书馆、英属哥伦比亚大学图书馆、马斯特里赫特大学图书馆
公共图书馆 （14 所）	Bartow 郡公共图书馆、Caroline 公共图书馆、Hickory 公共图书馆、Johnston 公共图书馆、Upper Arlington 公共图书馆、加州公共图书馆、普亚勒普公共图书馆、西雅图公共图书馆、伊普西兰蒂地区公共图书馆、Crowell 公共图书馆、Okanagan 地区公共图书馆、Rideau Lakes 公共图书馆、渥太华公共图书馆、沃兹沃斯公共图书馆
专业图书馆 （10 所）	国际图书馆协会联合会、欧洲数位图书馆、美国国会法律图书馆、美国华人图书馆员协会、美国环保局图书馆、美国图书馆协会、美国研究图书馆协会、英国研究型图书馆协会、英国 NHS 基金会图书馆、芬兰公共图书馆委员会

注：表中的专业图书馆指的是图书馆领域的行业组织与机构图书馆

　　从表 1 可以看出：从国别来看，51 个样本中有 26 个美国机构与 11 个英国机构，另外 14 个样本包括 5 个加拿大机构、2 个澳大利亚与荷兰机构以及 1 个芬兰机构，另外还包括 1 个国际机构和 1 个洲际机构。由此可见，样本机构绝大多数分布于北美洲与欧洲地区（占样本总量的 96.0%），并主要集中于英美两国（占样本总量的 72.5%）；从规划初始时间来看，多数战略规划的启动时间为 2010 年或 2011 年，极少数规划的起始年为 2012 年。从规划年限来看，有 20 家机构的规划年限为 5—6 年，26 家机构为 3—4 年，5 家机构为 1—2 年。对此我们能看出，样本战略都是机构的最新战略规划，且多数为中期规划，只有个别战略属于当年计划或两年短期规划。

1.2　研究方法

　　本文以 51 个最新战略规划文本为主要依据，采用数理统计分析与结构分析的方法对其体例组成进行宏观性综合分析，然后再将体例分类后进行深入分析并针对个别特色体例进行详细分析介绍，从而找出图书馆战略规划的结构框架规律，以期为我国图书馆战略规划工作的开展提供有意义的参考和借鉴。

2 体例组成分析

2.1 宏观统计分析

通过对 4 类 51 家图书馆的战略规划文本进行宏观性分析与统计，笔者选出了 15 个常见的战略规划体例，并按照图书馆所属类型分别对其进行了统计，统计结果见表 2。此外，笔者还在"其他体例"一栏中列出了出现在规划样本中的其他体例名称。

表 2　战略规划体例统计

序号	机构类型（所）	战略规划体例组成						
		目录	领导的信	前言	简介	报告要点	背景	组织介绍
1	国家图书馆（7）	2	1	2	4	0	2	2
2	高校图书馆（20）	5	0	1	8	2	7	2
3	公共图书馆（14）	5	1	1	7	3	6	4
4	专业图书馆（10）	3	1	1	6	2	5	2
5	总计（51）	15	3	5	25	7	20	10
序号	机构类型（所）	使命	愿景	价值	原则	战略目标	行动计划	影响因素
1	国家图书馆（7）	4	3	4	2	7	4	5
2	高校图书馆（20）	12	13	10	2	20	11	7
3	公共图书馆（14）	14	10	10	3	14	6	3
4	专业图书馆（10）	6	3	6	3	10	5	2
5	总计（51）	36	29	30	10	51	26	17
序号	机构类型（所）	附录	其他体例					
1	国家图书馆（7）	2	视觉摘要、文化变革、工作方案、风险管理、战略规划流程、计划资源配置、管理数据、以往战略、战略地图、战略计划圈、战略框架、支撑战略、战略预测、术语表、简称表、地区介绍、网络结构、同行比较、成本收益、完成时间轴、图书馆调查、图书馆角色、SWOT 分析、需求变化、图书馆发展趋势、变化驱动、图书馆指南、鸣谢，等等					
2	高校图书馆（20）	4						
3	公共图书馆（14）	4						
4	专业图书馆（10）	3						
5	总计（51）	13						

为了更加清楚地体现图书馆战略规划的体例组成，笔者在表 2 的基础上按照样本体例的百分比将以上体例分为了 4 个等级，具体见表 3。从表中我们可以看出，战略目标是众多体例中最为重要的一个，51 个调查样本均含有这

一体例。其次，使命、价值、愿景与行动计划则是战略规划文本的核心构成，一半以上的调查样本都拥有这 4 个体例。再者，有四分之一的战略规划文本中出现了简介、背景、影响因素、目录等常见体例。此外，有小部分规划文本含有一些个性化的特色体例，它们没有在数量上体现出优势，却有着可供借鉴的特色化价值，笔者将其纳入了备选体例。

表 3　战略规划体例等级细分

体例等级	体例名称	数量（所）	百分比
一级必备体例（100%）	战略目标	51	100.0%
二级核心体例（50%–100%）	使命、价值、愿景、行动计划	36、30、29、26	70.6%、58.8%、56.9%、51.0%
三级常用体例（25%–50%）	简介、背景、影响因素、目录、附录	25、20、17、15、13	49.0%、39.2%、33.3%、29.4%、25.5%
四级备选体例（25%以下）	原则、组织介绍、报告要点、前言、领导的信、（其他体例）	10、10、7、5、3	19.6%、19.6%、13.7%、9.8%、5.9%（<25%）

2.2　体例细化分析

战略规划的体例包括多个方面，我们可以根据内涵特征将其分为介绍性体例、定位性体例与战略性体例三类。其中，介绍性体例包括目录、领导的信、前言（foreword/preface）、简介（introduction）、报告要点（executive summary）、背景（context）、附录以及组织介绍等；定位性体例包括使命（mission）、愿景（vision）、价值（value）和原则（principle）等；战略性体例包括战略目标、行动计划与影响因素等。此外，笔者还重点关注了一些特点鲜明、借鉴性强的特色性体例，将在下文中进行详细分析。

2.2.1　介绍性体例分析

战略规划的介绍性体例主要是介绍规划制定机构、规划制定背景以及战略规划本身的一些体例，常见体例包括目录、前言、简介、报告要点、背景以及组织介绍等。其中，介绍规划制定机构的体例主要以组织介绍、组织结构、图书馆介绍、图书馆历史等命名体例，也包含组织发展、组织架构、组织成员、组织工作人员等内容。介绍规划制定背景主要以环境概览、法律环境、背景介绍、战略环境分析、规划背景、环境因素、变化影响等命名体例，包含对背景环境的现有变化、影响因素、发展趋势的分析，并将其作为战略规划制定的依据。介绍规划本身的体例主要分为框架介绍、摘要介绍、概览介绍及辅助介绍 4 种，其所对应的体例为目录、报告要点、前言/简介及附录，另外还有对战略目标进行扼要概述的体例，常以战略目标总览、关键主题、关键活动领域、关键战略元素等命名。

由表 2、表 3 可知，在介绍性体例中，最常用的是简介和背景，其次是目录与附录，而组织介绍、报告要点、前言、领导的信等体例则相对使用较少。从图书馆类型上看，介绍性体例没有因图书馆类型的不同而出现较大差异性，但还是有一些自己的个性体例，如高校图书馆设有大学战略介绍，公共图书馆设有地区介绍，专业图书馆设有成员介绍等。除以上提及的体例外，国外图书馆战略规划还设有一些其他的介绍性体例。如美国国会法律图书馆采用了视觉摘要体例，以展示核心词汇的方式在视觉上达到摘要介绍的目的[2]；NHS 基金会图书馆在附录中采用图书馆指南体例，介绍了图书馆的基本情况以及战略规划文本的基本内容[3]；伦敦大学学院图书馆则采用问责制框架体例对图书馆的组织结构进行了介绍[4]。

2.2.2 定位性体例分析

定位性体例是图书馆在战略规划中定位组织未来发展趋势、确定图书馆功能价值的一系列体例，常见体例包含使命、愿景、价值、原则、功能、目的、角色等。其中，使命、愿景、价值与原则是图书馆战略规划的基础定位性体例。使命是图书馆自我定位的首要体例，它揭示了图书馆存在的目的、信念以及图书馆的自我定义，概括了图书馆要做什么和为谁而做；愿景是图书馆以使命为基础对未来发展的定位，它揭示了组织成员发自内心的共同意愿，是组织成员为之奋斗的未来目标；价值是定位图书馆有用性的体例，它揭示了图书馆的功能与作用，是图书馆基于使命和战略目标而形成的价值取向[5]；原则是确保图书馆始终与其使命、愿景和价值保持一致而给出的宏观性定位，它揭示了图书馆开展业务工作、制定战略规划的指导方针，是图书馆必须始终遵守的准则。这 4 个基础性体例的关系如图 1 所示，使命、愿景与价值三者是层级定位关系，而原则在其中起着整体性的辅助作用。

由表 3 我们可以看出，定位性体例中的使命、愿景与价值是图书馆战略规划的核心体例，70.6% 的图书馆在战略规划中采用了使命这一体例，50% 以上的图书馆采用了愿景与价值体例。相较而言，原则是使用较少的定位性体例，仅有 19.6% 的图书馆选择使用这一体例。除上述基础定位性体例外，战略规划中还有其他几种定位性体例，包括：①图书馆的承诺、目的与定义性特征；②图书馆的核心功能与基本功能；③图书馆的角色定位；④图书馆的未来视

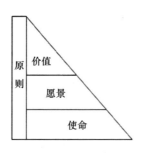

图 1 基础定位性体例构成

角与预测；⑤图书馆的特点；⑥公共图书馆的价值塑造；⑦图书馆的核心思想，等等。

2.2.3 战略性体例分析

战略性体例是图书馆战略规划最重要的组成部分，它主要指图书馆在规划文本中进行战略分析、确定战略目标并制定战略行动计划的相关体例，包括战略目标、行动与实施计划、成功影响因素等常见体例。战略性体例是一个以战略为中心的逻辑性聚类组合，我们可以将其分为战略准备性体例、战略计划性体例与战略辅助性体例三大类，具体如表 4 所示：

表 4　战略性体例中各类子体例的构成

体例类型	体例构成
战略准备性体例	环境因素分析、需求分析与评估、变化与发展趋势分析、图书馆调查、以往战略评估、机遇与挑战分析、同行比较、战略假设、战略预测、场景分析
战略计划性体例	战略目标、战略行动与实施计划、工作方案、责任分配、时间规划、战略计划范围、预期成果、成本收益、成功衡量、进度审查
战略辅助性体例	战略规划制定流程、相关支撑战略、配套活动、政策与项目、计划资源配置、管理数据、战略总览、战略地图、战略计划圈

由表 4 可知，图书馆进行战略规划时的准备工作主要从如下几个方面进行：①进行环境扫描，了解内外部环境变化；②实施行业扫描与同行比较，确定服务变化与发展趋势；③开展用户调研，分析与评估需求变化；④评估图书馆自身情况与以往战略，找出不足与发展方向；⑤整合战略参考依据，进行战略假设与预测，为下一步制定具体战略计划打下基础。这几个准备工作之间的关系，可以用图 2 表示：

114

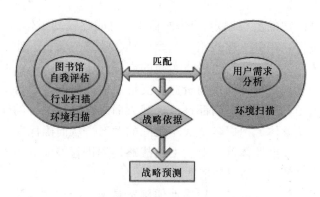

图 2　战略规划准备工作逻辑

在战略准备性体例中，环境扫描与行业扫描是非常关键的内容，二者可以帮助我们了解图书馆所面临的内外部环境，明确图书馆的内部优势与外在机会。在本文参考的 51 份战略规划文本中，有 37.3% 的机构进行了明确的环境与行业扫描，另外有 29.4% 的规划文本中零散地出现了与二者相关的内容。除此以外，战略规划的准备性体例中还有一种为场景分析（scenario analysis），即对构想的未来场景，也就是战略规划所适用的情景进行分析，然后再制定相应的应对战略，从而使战略规划更加符合未来的实际需求。这一体例一般用于情景规划中，例如美国研究图书馆协会在其制定的《ARL2030 年情景：研究性图书馆用户指南》中便采用了这一体例，针对性地制定了 2030 年的情景方案[6]。另外，公共图书馆在行业扫描时还会进行同行比较，从而得出自己的优势与不足。

　　战略计划性体例是战略规划核心中的核心，也是一份规划文本的精髓所在。在表 4 的战略计划性体例中，不可或缺的是战略目标与行动计划，其次是时间规划与预期成果，而成功衡量和进度审查则是近些年战略规划比较强调的体例要素，其他的体例便只是在规划中选择性采用。战略计划性体例可以细分为目标层体例、行动层体例与操作层体例：常见的目标层体例有 4 种组合模式，分别为目标与优先项、总分目标、总分馆目标以及短期、中期、长期目标；常见的战略层体例则包括战略行动、实施计划、工作方案、责任分配以及预期成果等；而常见的操作层体例有两种，一种为跟踪工作进展的进度审查体例，另一种为确保实施效果的成功衡量。此外，目标层体例与行动层体例还需要辅之以时间规划与范围限定。

　　战略辅助性体例是从其他角度确保战略规划正常实施的一系列体例要素，是图书馆按照自身需求而选用的体例。其中，战略规划制定流程属于规划上的规划，通过详细的流程制定，图书馆可以对战略规划工作进行宏观把控，确保其顺利进行。相关支撑战略、配套活动、政策与项目、计划资源配置与管理数据等体例都是辅助具体战略实施的支撑性体例，图书馆可以采用这些体例从各个角度规划与调动馆内资源，支持发展战略的各项行动计划。战略总览、战略地图与战略计划圈都是从宏观方面总结战略内容的体例要素，可以帮助图书馆从整体上把握各个战略之间的关系，从而确保发展战略的全面性。总之，战略辅助性体例是对图书馆战略规划进行补充的体例要素，图书馆可以根据自己的实际情况酌情选用。

与前两类体例不同的是，战略性体例不是独立的体例板块，它们贯穿于战略规划的全文，且涉及诸多内容。通过统计 51 份战略规划文本，笔者提炼出了一些常用的内容要素，见表 5。从表中我们可以看出，馆藏与服务是涉及最多的内容，分别占总比例的 86.3% 与 94.1%；其次是用户、员工、合作与设施，有 50% 以上的规划文本中涉及了这 4 个内容要素；另外还有部分规划涉及了技术、研究、空间、经费、环境、系统、管理与评估等内容。

表 5　战略规划内容要素统计

序号	机构类型（所）	内容组成						
		环境	馆藏	服务	技术	空间	员工	管理
1	国家图书馆（7）	3	7	7	7	0	2	4
2	高校图书馆（20）	7	18	19	5	15	13	4
3	公共图书馆（14）	6	12	14	10	5	12	5
4	专业图书馆（10）	3	7	8	1	1	7	3
5	总计（51）	19	44	48	23	21	34	16
序号	机构类型（所）	合作	系统	用户	经费	设施	研究	评估
1	国家图书馆（7）	6	5	5	5	6	4	4
2	高校图书馆（20）	13	6	14	4	6	14	5
3	公共图书馆（14）	5	5	12	9	11	0	3
4	专业图书馆（10）	5	3	5	2	3	4	1
5	总计（51）	29	19	36	20	26	22	13

2.2.4　特色性体例分析

除上述三类体例外，图书馆战略规划中还包含一些独具特色的个性化体例，值得一提的便是战略准备性体例中的 SWOT 分析、战略计划性体例中的绩效评估以及战略辅助性体例中的风险管理。其中，SWOT 分析是图书馆进行自我评估时的一种常用方法，在分析内外部环境、行业环境与同行比较的基础上，图书馆采用 SWOT 分析自身的内在优势（strengths）与劣势（weaknesses）以及外在机会（opportunities）和威胁（threats），从而帮助自己认清目前的战略局势，为图书馆制定发展战略提供可靠依据。在本文所分析的图书馆机构中，纽卡斯尔大学图书馆 2012—2017 年战略规划、Bartow 郡图书馆系统 2011—2016 年战略规划以及美国环保局 2012—2014 财年图书馆网络战略规划等三份规划文本便采用了这一特色化体例。这三者当中，纽卡斯尔大学图书馆所采用的 SWOT 分析结合了自身的相关战略，以表格的形式在 4 个分析要素后列出了与之相对应的战略内容[7]；Bartow 郡公共图书馆的 SWOT 分析是在规划流程的第六步采用，继资源评估、趋势分析、行业扫描、数据采集与行业调查之后对图书馆自身进行分析[8]；美国环保局图书馆则是在简介中采用了 SWOT 分析，结合关键战略领域与变化驱动要素，图书馆制定了相应的实施计划，充分利用其内部优势与外在机会消除和缓解图书馆的劣势与威胁[9]。

绩效评估是近年来图书馆为确保发展战略的可操作性而引入战略规划的一个较新的体例要素，并以此衍生出诸如成功衡量标准、成功影响因素、预期成果、成本收益等一系列体例类型。绩效评估对于图书馆的战略规划有着不可忽视的重要作用，它可以帮助图书馆克服高屋建瓴、内容空洞的规划问题，从而达到从根本出发制定切实可行的战略规划，保证卓有成效的战略实施效果。在本文所参考的 51 个规划样本中，约 25.5% 的图书馆都制定了绩效评估指标，如美国国会图书馆[10]与普亚勒普公共图书馆[11]设计了预期成果指标，马斯特里赫特大学图书馆[12]制定了未来成果评估、苏格兰国家图书馆[13]与 NHS 基金会图书馆[3]设计了成功衡量标准，威尔士国家图书馆[14]设计了关键绩效指标（KPIs），Okanagan 地区图书馆[15]设计了绩效测量标准，等等。但在这些战略规划机构中，真正完整地将绩效评估内容纳入规划文本的图书馆极少，值得借鉴的是西弗吉尼亚大学图书馆[16]、格拉斯哥卡利多尼亚大学图书馆[17]与公共图书馆委员会[18]的规划文本，这三者均在自己的战略规划中为每个战略目标的具体战略行动都设计了详细的成功标准，为图书馆进行战略管理提供了有用的借鉴。就目前而言，绩效管理还未引起多数图书馆的足够重视，图书馆应该更好地利用这一体例要素，更多地关注发展战略的可行性与未来成效的可控性。

风险管理是图书馆领域在引入企业管理理念后出现的新兴特色体例，它是指如何在一个肯定有风险的环境里把风险减至最低的管理过程，包括对风险的量度、评估和应变策略等。对图书馆的战略规划而言，风险管理能够帮助图书馆提前预测和识别潜在风险，进而科学地评估风险的大小，然后制定合理的预防与应变策略。在本文所参考的样本图书馆中，格拉斯哥卡利多尼亚大学图书馆与威尔士国家图书馆便在最新的机构战略规划中采用了风险管理体例。格拉斯哥卡利多尼亚大学图书馆的风险管理体例相对简单，图书馆只在战略规划文本中列出了每个战略目标的关键战略风险，并没有进一步拓展风险管理的内容[17]，而威尔士国家图书馆的风险管理体例则较为完善，该机构为图书馆的发展战略设计了一个风险登记表，并定期对其进行更新和维护。这一风险登记表记录了图书馆在进行核心功能活动时所面临的风险，图书馆对表中的每一个风险进行分类，并评估其发生的可能性与影响大小，然后详细地描述每个风险的管理策略[14]。

3 总结与启示

总的来看，国外图书馆的战略规划工作已经发展成熟，规划体例也非常完善，除了以往的常规性体例外，个别图书馆还引入了一些新兴的体例要素，使得图书馆战略规划能够蓬勃发展。总结国外图书馆的战略规划体例，我们不难发现其特点是：①战略规划的体例要素丰富而全面，体例之间逻辑性强，且囊括了图书馆业务流程的诸多内容；②重视战略规划的准备工作，强调以充分的论证分析制定出可靠的战略计划；③战略规划的灵活性强，拥有足够的辅助性内容与支撑性机制；④引入了企业管理理念，发展出多样性的规划工具与方法，提高了规划战略的科学性与可行性。

相比较而言，我国图书馆在战略规划工作方面存在诸多问题与不足。鉴于上述分析内容，笔者提出以下参考性建议：①引进国外优秀的战略框架体系，结合本国与自身的现状，形成有中国特色的体例组合；②关注国外最新的战略规划动向，借鉴其成功的规划工具、方法以形成本地化的特色体例；③注意规划框架的灵活性，选择合适的战略体例组合，确保图书馆的发展战略能够及时反馈、快速应变；④重视环境与行业扫描，为发展战略的制定提供有力的参考依据，以避免空洞的长篇大论；⑤将时间规划与责任分配嵌入所制定的战略计划中，增强规划实施的明确性，从而发挥其实质性的指导作用。

图书馆的战略规划具有多样性与灵活性的特点，不同图书馆应该根据自身的需求和目的制定针对性的发展规划。按规划时限的长短划分，图书馆的战略规划集合包含长期战略发展规划、中期战略反馈与调整规划以及短期战略行动计划三种，三者有着不同详细程度的体例组合。如图3所示：

118

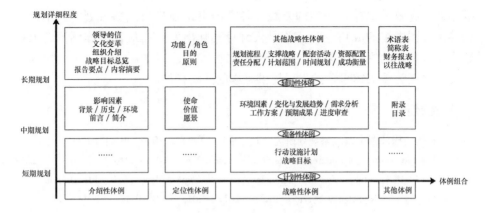

图3　不同图书馆战略规划的体例组合

短期战略规划属于图书馆的行动计划，一般只侧重于战略性体例中的战略目标与行动实施计划等计划性体例；中期规划主要对图书馆的战略实施情况进行反馈并制定调整计划，在短期规划内容的基础上增加常见的介绍性体例、定位性体例以及战略准备性体例，从而形成一个基本完整的规划文本；图书馆长期规划的体例组合则更加完善和详尽，不仅丰富了介绍性体例与定位性体例，还在中短期规划的基础上增加更多的战略准备性体例与辅助性体例，从而保证战略目标与计划的制定更加贴合实际发展需求。

此外，不同类型的图书馆在制订战略规划时，也应该在体例设置上体现出各自的特点，从而确保战略规划内容贴合图书馆的实际情况。总结而言，国家图书馆的战略规划应该侧重于宏观性的发展战略，开展全面的环境分析、行业分析与变化分析，并包含国家整体发展分析、呈缴情况介绍与政府需求分析等内容；高校图书馆则须与大学发展战略匹配，在规划中包含大学及其发展战略介绍、用户培训、教师交流、图书馆调查、学术科研支持以及学科馆藏发展等特色内容；公共图书馆应致力于社区制定公众服务战略，将地区介绍、同行比较、未成年服务、馆外馆藏流动与社区服务等内容纳入战略规划中；专业图书馆需要更为微观的战略规划，并将附属机构分析、图书馆定位、未来发展预测以及专业馆藏发展等内容作为规划重点。

4　结　语

战略规划体例是图书馆制定发展战略的框架与基石，是提升图书馆规划质量的重要保障。与国外相比，我国图书馆的战略规划体例相对单调和死板，规划的实施效果也存在一定的差距。各类图书馆在进行战略规划时，不仅要借鉴国外图书馆的成功经验，还要从自身实际出发，在最初的体例设置上构建有中国特色的规划框架，从而确保图书馆发展战略的科学性、全面性与实用性，真正为图书馆事业的发展提供可靠的战略指导。

参考文献：

［1］ 孙坦. 国外图书馆战略规划研究［J］. 图书馆建设，2009（10）：82.

［2］ The Law Library of Congress Strategic Plan Fiscal Years 2011 – 2016［EB/OL］.［2011 – 12 – 05］. http：//www. loc. gov/law/news/strategic_ plan_ 2010_ FINAL. pdf.

［3］ Library and Knowledge Services Strategy 2011 – 2013［EB/OL］.［2011 – 12 – 05］. http：//www. mtw. nhs. uk/downloads/LKS% 20strategy% 202011 – 2013% 20v. 3% 20FINAL. pdf.

［4］ UCL Library Services Strategy 2011 – 2014［EB/OL］.［2011 – 12 – 05］. http：// www. ucl. ac. uk/library/strategy. shtml.

［5］ 杨溢，王凤. 图书馆战略规划的制定程序与内容框架研究［J］. 图书馆建设，2009（10）：109 – 114.

［6］ The ARL 2030 Scenarios：A user＇s guide for research libraries［EB/OL］.［2011 – 12 – 05］. http：//www. arl. org/bm ~ doc/arl-2030-scenarios-users-guide. pdf.

［7］ Newcastle University Library Strategic Plan 2012 – 20 – 17［EB/OL］.［2011 – 12 – 05］. http：//www. ncl. ac. uk/library/about/strategic_ plan/.

［8］ Bartow County Library System Strategic Plan 2011 – 2016［EB/OL］.［2011 – 12 – 05］. http：//www. bartowlibraryonline. org/Assests/about&home% 20images/Strategic% 20Plan% 20% 202011. pdf.

［9］ EPA National Library Network Strategic Plan FY 2012 – 2014［EB/OL］.［2011 – 12 – 05］. http：//nepis. epa. gov/EPA/html/DLwait. htm? url =/Adobe/PDF/P100BFBF. PDF.

［10］ Library of Congress Strategic Plan：Fiscal Years 2011 – 2016［EB/OL］.［2011 – 12 – 05］. http：//www. loc. gov/about/strategicplan/strategicplan2011 – 2016. pdf.

［11］ Puyallup Public Library Approved Strategic Plan 2011 – 2013［EB/OL］.［2011 – 12 – 05］. http：//www. cityofpuyallup. org/library/files/library/e33a7a6144994869. pdf.

［12］ Valuable：2011 – 2015 Strategy of Maastricht University Library［EB/OL］.［2011 – 12 – 05］. http：//librarywall. maastrichtuniversity. nl/wp-content/uploads/2011/05/strategy2011_ 2015. pdf.

［13］ Connecting Knowledge：NLS Strategy 2011 – 14［EB/OL］.［2011 – 12 – 05］. http：//www. nls. uk/media/896838/2011 – 2014-strategy. pdf.

［14］ The Agile Library：The Library＇s Strategy 2011 – 2012 to 2013 – 2014［EB/OL］.［2011 – 12 – 05］. http：//www. llgc. org. uk/fileadmin/documents/pdf/Strategy2011 –

12_ 2013 – 14. pdf.

[15] Okanagan Regional Library Strategic Plan：2012 – 2015 ［EB/OL］. ［2011 – 12 – 05］. http：//www. orl. bc. ca/assets/files/About% 20Us/ORL% 20Strategic% 20Plan% 202012 – 15% 20no% 20appdx. pdf.

[16] West Virginia University Libraries 2020 Strategic Plan ［EB/OL］. ［2011 – 12 – 05］. http：//www. libraries. wvu. edu/policies/strategicplan. pdf.

[17] The Library Strategy 2011 – 2014 ［EB/OL］. ［2011 – 12 – 05］. http：// www. gcu. ac. uk/media/gcalwebv2/library/library% 20srategy% 202011 _ 14. complete. pdf.

[18] Council for Public Libraries Strategy 2011 – 2016 ［EB/OL］. ［2011 – 12 – 05］. http：//www. kirjastot. fi/File/36093d68-aacf-4845-b7d9-c33a6055f5d5/Ykn-strategia-kir-jastoversio-eng. pdf.

作者简介

江　洪，女，1968 年生，研究员，博士，硕士生导师，发表论文 30 余篇。

於维樱，女，1988 年生，硕士研究生，发表论文 1 篇。

魏　慧，女，1988 年生，助理馆员。

唐美灵，女，1988 年生，硕士研究生。

高校图书馆发展趋势研究[*]

——基于英美 10 所知名高校图书馆战略规划的考察

目前，英美知名高校图书馆规划制定已非常成熟，涵盖了高校图书馆发展的各个方面，有很多新思路和新策略蕴藏其中，值得我们去挖掘。通过笔者前期对这些高校图书馆战略规划的必备要素——使命、愿景和价值观的内涵和外延所进行的分析[1]可以看出，高校图书馆对自身发展有清醒的认识并充满自信，每年都对战略规划进行修订，每 3 到 5 年出台新的战略规划，从战略规划的内容中可以看出其崭新的发展轮廓。因此，探讨英美知名高校图书馆未来发展趋势具有非常重要的理论意义和借鉴价值。文章基于英美知名高校图书馆战略规划的研究，归纳出未来五年英美知名高校图书馆发展的特征、变革趋势及设想。

1 英美 10 所知名高校^②图书馆范围界定

世界一流大学的图书馆应当保持世界一流的地位，根据 THE2010 年度世界大学学术排行榜，笔者选取排名前 30 位的高校进行网站调研，浏览其图书馆网站，选取具有较为完善的图书馆最新年度规划或中期战略规划作为研究对象，筛选出 10 所高校，见表 1。

下面就以上 10 所大学图书馆（截至 2011 年 2 月在其官方网站公布）的中期战略规划及最新年度规划文本展开讨论。

　＊ 本文系浙江省图书馆学会 2010 年科研立项资助课题"国外知名高校图书馆发展趋势研究——基于图书馆中期战略规划的分析"（项目编号：Ztx2010·A–5）研究成果之一。

　② 　文章所选取的知名高校依据为《泰晤士报高等教育专刊》（简称 THE）于 2010 年 9 月 16 日公布的世界大学学术排名。详见 http：//www.timeshighereducation.co.uk/world-university-rankings/〔2011–01–27〕.

表 1 文章所选取的英美 10 所知名高校图书馆排名一览表

THE2010 年度排名	学校名称	THE2010 年度排名	学校名称
1	美国哈佛大学	10	美国耶鲁大学
3	美国麻省理工学院	11	美国加州大学洛杉矶分校
6	英国剑桥大学	14	美国康奈尔大学
6	英国牛津大学	18	美国哥伦比亚大学
9	英国伦敦帝国学院	22	英国伦敦大学学院

2 各高校图书馆战略规划中有关发展趋势的阐述

国外知名高校图书馆战略规划的制定、修订和完善已经形成良好的机制，专门的战略规划团队会定期在网站上发布最新修订成果。本节所提到的发展趋势多数从战略规划各部分的阐述中提炼，有的则通过新老战略规划的比对得出。如表 2 所示：

表 2 英美 10 所知名高校战略规划简要内容

图书馆	相关战略规划	目标、趋势
美国哈佛大学图书馆	2009 年，"Report of the Task Force on University Libraries"[2]	哈佛大学图书馆将成为卓越的研究型图书馆，为全世界的学者和学生提供知识与专业技能，以辅助其教学与科研[3]，其未来发展方向有： • 建立并实施一个共享的管理机制； • 进一步加强信息技术系统的建设，"信息技术平台和系统的设计要确保可以对不断变化的学术环境的要求做出快速反应"[4]； • 优化财务支撑模式； • 进一步理顺获取、访问、整合资源的流程； • 密切与同行和其他机构的合作，建立可持续的信息生态系统
美国麻省理工学院图书馆	《2005—2010 年战略规划》	图书馆将"创造并持续提供一个易用的、值得信赖的信息环境，这种环境要有利于学习和创造知识。……将致力于创建一个能够推动全世界范围内学术信息交流的战略系统"[5]

图书馆	相关战略规划	目标、趋势
英国剑桥大学图书馆	《2005—2010 年战略规划》[6] 及其修订版《2006/7—2010/11 战略规划》[7]	将建设世界级馆藏作为首要目标
	《2010—2013 年战略框架》[8]	突出强调了图书馆未来首先要加强为教学和科研提供服务，其次是在发展馆藏、提高信息技术与数字化水平、加强环境建设、寻求更多的财政支持、拓展对外合作等方面做出努力
英国牛津大学图书馆①	2005—2009 年间先后出台了《2010 年愿景》[9]、《2011 年愿景》[10]、《2009/10—2014/15 战略规划》[11] 和《长期发展计划》[12]	以尽可能提供最有效的服务以满足现在和未来所有读者的需求，维持并发展作为国家和世界进行研究的馆藏资源作为愿景，《2009/10—2014/15 战略规划》在原来愿景基础上进一步提出要巩固并提高自己的地位，成为兼具知识型、专业性、创新性，并具有世界一流服务水平的图书馆
英国伦敦帝国学院图书馆	曾在 2005 年发布题为 "A world class library service for the 21st century: vision for Imperial College Library" 的十年规划[13]。最新出台了 "Library Strategic Plan 2010—2014" 战略规划[14]。	最新规划较原来的《十年规划》，强调了图书馆将无处不在地提供和开发服务，支持学校的学习和教学活动，使读者终身受益。较以前的规划突出强调了提高服务效率和成本效益的重要性
美国耶鲁大学图书馆	2009 年制定的最新战略和业务计划	提出未来 3 - 5 年的三个重点攻关领域，即图书馆参与学与教、加强对特殊馆藏的建设、优化环境以促进研究与学习[15]
美国加州大学洛杉矶分校图书馆	《2006—2009 战略规划》	指出未来图书馆发展要继续强调其在维护和加强加州大学洛杉矶分校的学术研究核心地位中的重要性，并实现六个目标任务，包括变革馆藏、在学术出版方面合作、使特藏可存取、丰富服务类型、提高教师和学生的研究技能、增强学习空间建设[16]

---

① 这里所指的牛津大学图书馆具体是指 Bodleian Libraries，又称 Oxford University Library Searvices（OULS），它涵盖了牛津大学近 40 个分馆（共 100 多个馆），详见 http://www.bodleian.ox.ac.uk/about［2011 - 01 - 27］.

图书馆	相关战略规划	目标、趋势
美国康奈尔大学图书馆	《面向 2015》[17]	指出图书馆的发展趋势包括：继续加强资源建设投资、探索分馆合并、加强资源共享及文献传递、集中财政经费管理、参与教学 IT 服务机制改革等
美国哥伦比亚大学图书馆	先后发布过《2006—2009 战略规划》[18] 和《2010—2013 战略规划》[19]。	为应对新一轮信息技术进步所带来的新服务期望以及新立法对数字内容和学术研究资源的访问所产生的影响，最新规划强调通过实行强有力的领导，实现具有影响的变革，变革的领域包括学术研究的开放获取、教学中的技术创新，网络内容的收集管理，以及全球资源的可持续访问等[20]
英国伦敦大学学院图书馆	《2011—2015 战略规划》[21]	指出未来发展的重点方向有：顺应读者对资源的需求，适应新的阅读方式；支持科研团队的研究及其个性化体验；拓展公共服务；提高图书馆的适应性和受众性

3 各高校图书馆发展趋势分析

3.1 馆藏发展趋势：建设世界级馆藏

未来世界一流高校图书馆馆藏发展趋势正如剑桥大学提出的"强化世界级馆藏"[22]。具体体现在：

3.1.1 加大印刷型馆藏的建设与保存力度

图书馆应逐渐减少研究资料的复本，增强研究型馆藏资料的深度，涵盖更广泛的学科范围；支持购买多复本的教育型馆藏资料；建设高密度存储库。

3.1.2 加强数字馆藏建设

图书馆应尽可能多地获取数字资源而非纸质资源。建设强有力的基础设施是应有之义，数字资源保存将成为行动的重点。图书馆必须通过订购、开放获取、数字化等方式提高电子资源的可用量，提供更加便于读者利用图书馆资源[23]的新界面，同时继续加强对各种形式的特有的、珍贵的和特殊的馆藏资源的数字化。

3.1.3 重视馆藏评估

图书馆应具有预见财政开支和评估馆藏的能力。要加强资源建设委员会的作用，最大限度地提高印刷材料和电子期刊的订阅价值。

3.2 信息技术与服务发展趋势：无处不在、无所不包、无所不能

无处不在是高校图书馆信息技术与服务发展的最基本趋势，无所不包、无所不能则是终极目标。高校图书馆需要结合自身的定位和职能，朝这个方向努力。

3.2.1 成为无处不在的图书馆

无论读者在哪里，图书馆都能提供无缝访问。信息技术在使图书馆如何改造成为教学和研究高等教育的重要支撑方面存在巨大潜力，信息技术在图书馆广泛有效的应用会成为必然趋势。各高校图书馆规划都强调了技术是如何辅助教学科研以及支持整个学校的学术使命。信息技术的突飞猛进要求图书馆必须每6个月重新审视信息技术战略，每3年或每5年对信息技术规划做非常大的调整。正如哈佛大学图书馆信息系统办公室（OIS）的战略目标是建立以用户为中心，为学校的教学和科研提供保障的图书馆系统[24]。图书馆要最大限度地减少时间和空间障碍，将读者所需要的内容以最方便的形式及时地提供给读者。

3.2.2 成为无所不包的图书馆

图书馆必须强化最基本的信息搜集功能，能适应高度专业化的研究和跨学科探索，最大化地链接相关数据，包括博物馆、出版社、档案馆，甚至将高校所有信息都集成到一个通用的框架，进行知识管理和数据挖掘。

3.2.3 成为无所不能的图书馆

图书馆要提供有效的服务、全面的信息资源和实用的管理系统。具体包括：引入统一检索平台，设计灵活的网站架构，集成一个直观的用户界面环境，提供无缝和"一键接入"；审查和定期更新资料库系统；探索如何与同类机构在数字化保存方面的合作。

综上所述，读者必须能够访问和使用不熟悉的新资源，信息技术才能真正成为图书馆的利器。为了在效率和效能上实现最大化，图书馆的服务比以往任何时候都显得至关重要。图书馆必须要做的努力包括：

● 高密度的读者需求调查。目前国外在调查用户需求过程中，广泛使用"focus groups and surveys"（目标群体调查）的实证方法。

● 专业化的情报咨询服务。建立情报咨询综合团队（包括教师、学生及图书馆员），以学科教学为基础进行学习、研究和实验。学科馆员必须掌握某学科的印本和在线资源，在开展基于学科的读者服务过程中，巩固和增强学科馆员的关键性作用。

126

● 高水平的信息素养教育。图书馆为读者设计有效的培训工具，拓展读者教育项目。以低年级的本科生为主要对象，培训学生如何寻找有效的信息。向高年级的本科生、研究生传授高级的、熟练的信息技巧和研究技巧。通过发布互动式的指南、播客（podcast-ing）和博客，开发受欢迎的信息素养教育课程。比如耶鲁大学图书馆开展的"个人图书馆计划"，加州大学洛杉矶分校图书馆开展的信息素养计划。在数字技术在高校越来越普遍的今天，这些活动将变得更有价值。

3.3 空间发展（the library as place）趋势：成为学校最受欢迎的场所

图书馆必须实现由单纯的物理空间向物理与虚拟相结合的空间转变。虽然越来越多的工作通过远程方式完成，但是，物理环境还将继续扮演一个重要的角色。优化学习及科研环境，改进图书馆物理设施和提供适当的软硬件，满足读者（单独或群体）的工作，图书馆将成为最受读者欢迎的场所。

3.3.1 图书馆在文化宣传方面的功能将越来越受到重视

改变图书馆的空间配置，通过特藏在物理和虚拟空间的频繁展览、举办讲座等方式吸引读者。

3.3.2 图书馆在传承文化和保存特藏的优势将日益凸显

古籍、手稿等特藏的保存对于文化传承相当重要。特藏保存需要特殊的物理环境。图书馆必须思考如何提供最佳的条件以确保长期保存。

3.3.3 信息共享空间建设、学习空间建设将逐渐普及

信息共享空间、学习空间的建设将越来越普遍。如哈佛大学图书馆设有19个不同的学习空间，用来举办专场学术研讨会，也可作为小型会议室和研究室。

3.4 对外合作趋势：共享实现共赢

高校图书馆对外合作目的在于节省成本，减少重复建设，包括在高校范围内寻求合作、校外合作、与国家级单位合作、与其他国家合作等等。

高校范围内的合作可以从人员共享、资源共享、技术共享、机会共享等方面开展，例如康奈尔大学图书馆与哥伦比亚大学图书馆合作开展了"2UCL计划"。又比如哈佛大学等高校参与的图书馆联盟 BorrowDirect。同时，高校图书馆也可以与高校出版社、搜索引擎、大型网络书店等机构开展合作。

3.5 馆员专业发展趋势：图书馆员是业务能手，更是学术专家

图书馆员在数字化时代发挥越来越重要的作用，良好的图书馆员素质，将有利于图书馆资源建设和信息服务的高效开展。鼓励图书馆员专业发展，

提高服务技能将继续成为确保学校保持世界一流的教学和科研支撑环境的重要手段。

- 战略规划的引导作用显得日益重要。全体馆员都要以图书馆中长期发展战略和行动计划作为指引，参与其中，使战略规划能有效实施，同时打造出鲜明的图书馆文化。

- 学术水平的整体提升成为重中之重。图书馆必须实行全面的个人发展计划以及培训计划。哥伦比亚大学图书馆数字化研究和学术中心（CDRS）创建了一个密集的内部专业发展方案，通过让馆员参与项目来提升学术水平。

- 绩效评价的合理机制提供强劲动力。图书馆必须确立个人岗位绩效目标，馆员要明确岗位职责，通过绩效评价体系的考核，达到提高个人和组织绩效的目的。绩效评价体系的建立有助于促进图书馆员个人的业绩和图书馆整体业绩的提高，有助于将个人行为与图书馆的战略目标相结合。

4 结 语

未来高校图书馆的发展趋势是：在有限的财政预算下，建成全面覆盖、类型多样和传承文明的一流馆藏，向实现无处不在、无所不包、无所不能的信息服务而努力，继续推广多方合作与共享共赢的模式，建设一支业务能力突出，学术水平拔尖的图书馆员队伍，使图书馆成为学校最受学生欢迎的场所。建成世界一流高校图书馆应该从以下几方面做出努力：

- 为建设一流馆藏，图书馆必须找到在物理馆藏与数字馆藏管理相结合的模式中寻求平衡的方法，必须探讨如何使各个馆藏分支机构的运转达到效率最优化，必须建立一整套易于使用的保存体系。

- 为使以读者为中心的个性化服务趋于常态，图书馆必须提供各领域（包括学科服务、情报咨询服务、信息素养教育服务等方面）的服务。

- 为塑造受读者欢迎的图书馆环境，必须重新定义和配置图书馆空间。图书馆必须转变为跨学科的、多功能的学习空间，支持团队以及个人的研究，有先进的技术系统作为支持。

- 为更好地服务读者，必须提高图书馆员的技能，必须采取相应的战略方针，部署人才培养工作，提供学习机会，提高应用新技术的技能。

- 为增强图书馆的整体竞争优势，提高服务质量，必须加强协作关系，形成与其他领先组织的合作，共同探讨如何合作与共享，共同分析和研究高校图书馆存在的问题。

- 合理可行的战略规划是图书馆可持续发展的行动指南。以人为本，合理谋划，图书馆才能有效地进行馆藏、服务、信息技术、空间、馆员发展等方面的变革。

参考文献：

［1］ 张焕敏，陈良强．国外知名高校图书馆使命、愿景、价值观研究．图书馆建设．2010（9）：106－108．

［2］ Harvard University. Report of the Task Force on University Libraries. ［2010－02－27］．http：//www. provost. harvard. edu/reports/Library_ Task_ Force_ Report. pdf

［3］ Harvard University. ［2011－01－27］．http：//hul. harvard. edu/about. html

［4］ 哈佛大学．哈佛大学给图书馆任务小组的报告（核心建议部分）．尚玮姣编译．图书情报工作动态，2010（2）：14－15．

［5］ 麻省理工学院图书馆．MIT图书馆2005－2010战略规划．柯贤能编译．图书情报工作动态，2006（11）：1－5．

［6］ Cambridge University Library. University Library's Strategic Plan 2005－2010. ［2011－01－28］．http：//www. lib. cam. ac. uk/Newsletters/nl30/#strategy.

［7］ Cambridge University Library. Cambridge University Library Strategic Plan 2006/7－2010/11. ［2011－01－28］．http：//www. lib. cam. ac. uk/strategic_ plan. html.

［8］ Cambridge University Library. Strategic Framework 2010－2013. ［2011－01－28］．http：//www. lib. cam. ac. uk/strategic_ framework. pdf.

［9］ Oxford University Library. vision 2010. ［2011－01－28］．http：//www. admin. ox. ac. uk/lib/vision2010. pdf.

［10］ Oxford University Library. vision 2011. ［2011－01－28］．http：//www. admin. ox. ac. uk/lib/vision2011. pdf.

［11］ Oxford University Library. Oxford University library strategic－plan. ［2011－01－28］．http：//www. bodleian. ox. ac. uk/_ _ data/assets/pdf_ file/0017/48410/OULS－strategic－plan－v2－5b. pdf.

［12］ Oxford University Library. ［2011－1－28］http：//www. bodleian. ox. ac. uk/about/policies/plans.

［13］ Imperial College Library. a world class library service for the 21st century vision for imperial college library ［2011－1－28］http：//www. imperial. ac. uk/workspace/library/Public/a_ world_ class_ library_ service_ for_ the_ 21st_ century_ vision_ for_ imperial_ college_ library_ july_ 2005. pdf.

［14］ Imperial College Library. Strategic Plan 2010－2014. ［2011－01－28］．http：//workspace. imperial. ac. uk/library/Public/Strategic_ Plan_ 2010－2014. pdf.

［15］ Yale University Library. Yale University library strategicplanning. ［2011－01－28］．http：//www. library. yale. edu/strategicplanning/.

［16］ UCLA图书馆．UCLA图书馆战略计划（2006—2009）林芳编译．图书情报工作动态．2006（12）：1－11．

［17］ Cornell University Library. toward2015. ［2011 – 01 – 28］ http：//staffweb. library. cornell. edu/toward2015.

［18］ Columbia University Library. strategicplan_ 2002 – 2009. ［2011 – 01 – 28］. http：// www. columbia. edu/cu/lweb/img/assets/6675/strategicplan_ 2002 – 2009. pdf.

［19］ Columbia University Library. CULIS Strategic Plan 2010 – 2013. ［2011 – 01 – 28］. http：//www. columbia. edu/cu/lweb/img/assets/6675/CULIS_ Strategic_ Plan_ 2010 – 2013. pdf.

［20］ 杨志萍，张小云. 分报告五：哥伦比亚大学图书馆考察报告数字图书馆论坛. 2011 （1）：45 – 52.

［21］ ［2011 – 01 – 28］. http：//www. ucl. ac. uk/Library/libstrat. shtml.

［22］ Cambridge aims to become the world's library. ［2011 – 01 – 28］. http：// www. lib. cam. ac. uk/newspublishing/detail. php? news = 200.

［23］ 牛津大学图书馆. 牛津大学图书馆服务 2010 愿景. 李书宁，编译. 图书情报工作动态，2007（2）：4 – 11.

［24］ Harvard University. The Office for Information Systems（OIS）mission. ［2011 – 1 – 27］ http：//publications. hul. harvard. edu/ar0809/mission. html.

作者简介

叶杭庆，女，1968 年生，发表论文 10 篇；

张焕敏，女，1985 年生，发表论文 2 篇；

赵美娣，女，1961 年生，发表论文 56 篇。

国外大学图书馆战略规划模式解析

如今大学图书馆面临许多新的机遇与挑战，在这种形势下，大学图书馆开展战略规划比以往任何时候都更加重要[1]。事实上，正如吴建中博士所说，"近年来，越来越多的图书馆开始重视制定战略规划"，战略规划是当今图书馆管理的一个热门话题[2]。然而，笔者通过检索发现，国内外有关"图书馆战略规划"的论文寥寥无几，但在实践中，国外许多图书馆已经实施了战略规划，只不过对于我国大学图书馆而言，还是一种新的理念。通过解析国外大学图书馆战略规划案例，笔者归纳出五种模式，即"总－分馆"模式、"总－分目标"模式、"关键领域"模式、"目标—战略—资源需求"模式、"短期—中期—长期战略目标"模式，以供我国图书馆开展战略规划参考。

1 "总－分目标"模式

"总－分目标"模式是指大学图书馆在陈述其使命、愿景、核心价值观基础之上选择一些规划主题，并确定这些主题的总目标、分目标及具体实施战略或分析预期结果的一种战略规划模式。它是最常见的模式，可以分为三种亚模式："主题—总目标—分目标—战略"模式、"主题—总目标—分目标—预期结果"模式、"总目标—战略—现状—分目标—资源"模式。

"主题—总目标—分目标—战略"模式是国外大学图书馆最普遍的战略规划模式，主题是对图书馆发展方向的陈述，能够为图书馆的远景规划提供指导；总目标、分目标、战略都是实现主题的详细方案，如图1所示：
例如按照此模式规划的"牛津大学图书馆服务：2011年愿景"，确定了"服务我们的用户"、"开发我们的馆藏和服务"、"组织我们的空间"三个主题及其相应的总目标，如"服务我们的用户"的总目标是"2006年后的五年，我们打算采取协作、响应与前向思维方法来开发与提供读者服务，以支持我们三类主要用户群：大学学生、职员和大学外的研究者"。为实现此目标，它从三个分目标——"联络—交流"、"简易使用"、"有效使用资源"三方面着手建立了一系列战略，比如在"有效使用资源"方面，它采取的战略包括：①通过获取电子资源和创建数字资源减少对访问实物资源的依赖；②利用信息技术开发以提供新型服务，如电子文献传递（利用信息技术开发以使现有

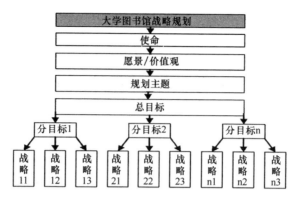

图1 总—分目标战略规划模式

服务传递更有效和更经济）；③在访问实物资源很重要的地方，通过延长关键
场所的开放时间、丰富开架资料并使之合理化以及延伸自动馆藏资源请求服
务来改进对实物资源的访问等[3]。它用类似方式处理其他总目标、分目标与
战略，由此形成一份完整的图书馆战略规划。"约克大学图书馆与档案馆2005
－2009战略"与牛津大学图书馆战略规划模式略有不同，它在主要目标（即
总目标）与具体目标（即分目标）之间插入了"现状及显著特点"和"未来
趋势"的介绍[4]。

"佐治亚理工学院图书馆与信息中心2007—2011年战略规划——卓越承
诺"是按照"主题—总目标—分目标—预期结果"模式来设计的。它与牛津
大学图书馆战略规划的显著区别是，用"预期结果"替代了"战略"，也就
是说，它在建立总目标并确立分目标之后，紧接着列出了分目标的预期结果
而非提出具体的实施战略[5]。此外，加拿大"英属哥伦比亚大学图书馆战略
规划——实施进一步的学习与研究2004—2007"[6]也属于此类。

伊利诺大学香槟分校（UIUC）图书馆战略规划与上面几种模式稍有不
同，它是按照"总目标—战略—现状—分目标—资源"模式来设计的。为建
立与提高图书馆的核心使命（加强与构建全面的卓越），它确立了包括"增强
我们提供所有格式内容和提高图书馆用户访问的能力"等在内的5个总目标。
为实现这个总目标，它提出了三种战略，其中之一是"收集对UIUC员工和学
生有用的所有领域和格式的资料，以满足图书馆用户的现有与新兴需求。由
于学校提供的和通过捐赠获得的资金对于我们提供每个人需要的所有内容是
不足的，因此我们必须对部分馆藏采取有区别的投资以反映大学研究与教学
利益的变化。"基于这种战略，它分析了当今状况——"在格式上，目前大多
数资料是依据明确的收藏目的而被收集起来的；资金是以阻碍机动性、妨碍

我们对新兴学科与跨学科筹资的方式进行分配的。"然后，它确立了 5 年目标（即分目标）——"确保旧格式资源是可读的或可转换的；跟上新格式资源建设并构建此方面开发能力；提供先进的基础设施来授权内容与解决纷争问题；建立灵活的资金分配，使资金流向新兴研究与教学领域。"要实现这个 5 年目标，它还列出了必要资源——"需要增加基本文献经费 1 000 万美元以使我们的支出达到同类水平"；并指定了此项战略及资源的负责人，如主管馆藏的副馆长、主管信息技术专业人员的副馆长、主管服务的副馆长[7]。

上述三种亚模式是大学图书馆常见的战略规划模式，其优点是意识到总目标的重要性，确保图书馆能够从长远角度把握图书馆的发展方向，指引管理者做出与图书馆目标和战略一致的决策，建立的目标和战略不仅明确、具体，而且是可度量的，具有现实性与针对性。其中"主题—总目标—分目标—预期结果"模式所制定的预期结果能够为未来图书馆战略规划的评估提供参考，同时能够为战略规划的实施者提供导航，若发现行动方案难于达到目标，可以及时调整实施方案，以确保目标的实现。"总目标—战略—现状—分目标—资源"模式的现状分析能够审视图书馆的周围环境，确保图书馆制定的战略规划符合自身的特点和需求，例如，利用 SWOT 分析法可以分析图书馆的强势、弱势、机会和威胁，利用 PEST 方法可以从政治、经济、社会和技术四个方面分析图书馆所处的宏观环境。"总目标—战略—现状—分目标—资源"模式增加了完成每一个战略目标所需要的资源，包括人力资源、财政资源和设备资源等，确保了图书馆战略规划有效的实施。

2 "总 - 分馆"模式

"总 - 分馆"模式主要是指大学图书馆根据总馆—分馆运行体制分别制定战略规划，它由总馆战略规划和分馆战略规划组成。总馆战略规划是从整个大学图书馆发展战略出发，对未来一段时期图书馆事业发展的整体谋划，涉及图书馆的使命（愿景）、价值观（有时也称为关键假设）、关键成功因素、目标与战略。分馆战略规划是各学科图书馆在总馆使命与战略目标的统一指导下，基于本学科特色及发展趋势而对自身未来发展战略所做的规划，主要包括分馆使命、目标、战略三项基本内容，有时还包括价值观（关键假设）、关键成功因素等，如图 2 所示：

剑桥大学图书馆战略规划、剑桥大学思夸爱（Squire）法律图书馆战略规划、剑桥大学科学图书馆战略规划、剑桥大学医学图书馆战略规划是一种典型的"总 - 分馆"模式。

从图书馆使命来看，剑桥大学图书馆（总馆）的使命是传递世界级图书

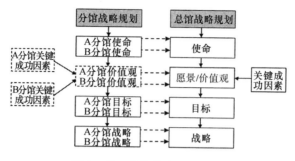

图2　总—分馆战略规模模式

馆和信息服务以满足本地、国家、国际学术交流的需要，并通过追求世界最高层次的教育、学习和研究支持大学对社会做出贡献[8]。而思夸爱法律图书馆的使命具体化为：作为卓越法律研究中心，支持剑桥法律学院的教学和研究目的，并帮助维护学院的国内与国际声誉；作为四个独立分馆之一，对剑桥大学图书馆使命做出贡献等方面[9]。而科学图书馆的使命是[10]：①为大学科学与技术的研究与教学提供、组织和支持高质量信息服务；②补充系和学院图书馆在相关学科领域研究层次的馆藏和服务，并确保充足的大学生需求供应；③作为一个中心，在与其他图书馆合作和大学内科学信息支持合作战略开发上起领导作用等。

从战略目标来看，剑桥大学图书馆（总馆）的战略目标包括8个方面：①增强世界级馆藏；②提高馆藏和其他信息资源的可用性和可访问性；③优化学习与研究环境；④确保馆藏是充分收藏的；⑤确保技术基础设施是合适的；⑥建立伙伴关系与合作；⑦确保得到高素质员工的支持；⑧确保可利用足够的资源来实现此计划。而思夸爱法律图书馆的战略目标从9个方面，即印本馆藏建设、电子馆藏建设、数字化项目建设、用户教育和参考咨询、图书与连续出版物采购/加工/编目、书库空间/库存/图书排架、财务与筹款、安置员工、图书馆合作，分别做了具体规定，比如"电子馆藏建设"，思夸爱法律图书馆旨在：①持续评估可利用的商业电子数据库；②持续提供对相关法律数据库的访问，并在资金允许前提下改进图书馆各种电子服务；③提供资金订购附加服务来扩大思夸爱用户可利用的电子期刊范围；④整合电子期刊目录，并在剑桥大学图书馆和思夸爱法律图书馆的网页上与印本期刊目录合并起来，以提高访问；⑤持续开发思夸爱法律图书馆网页可利用的资源与信息。科学图书馆的战略目标就是履行其使命；剑桥大学医学图书馆的战略目标与总馆相同[11]。

134

"总－分馆"模式的最大优势是它能很好地适应综合性大学图书馆的发展需求。在该模式中，总馆的宗旨起到领航的作用，各分馆战略规划秉承了总馆宗旨，又具有较大的灵活性，可以围绕各分馆的关键成功因素来确定本馆的需求，并进行规划，从而可以更好地突出各分馆的特色、重点与作用。国内一些综合性重点大学可以借鉴这一模式来进行战略规划。

3 "关键领域—评估"模式

采用"关键领域—评估"模式的大学图书馆既不处于总馆与分馆环境中，也没有设立总目标与分目标，而是基于大学图书馆使命或愿景确立关键领域，其中关键领域是指图书馆的主要工作领域。该模式是把图书馆的战略目标分解成为可操作的工作目标，并建立该领域目标及其战略和行动，然后通过专门负责人对这些行动或目标进行评估。整个战略框架包括"关键领域—目标—战略—行动—评估"几部分，如图3所示：

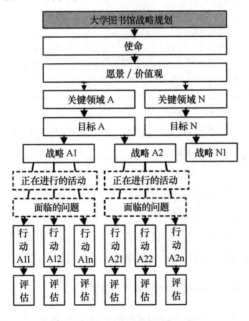

图3　关键领域战略规划模式

澳大利亚"莫纳什大学图书馆战略规划2007—2009"属于这种模式。它把规划分为A、B两部分，A部分即引言，简要说明什么是愿景、关键绩效指标、优先战略以及关键领域；B部分详细介绍战略规划，此部分包括信息资源、信息服务、借阅服务、物理环境、质量管理、合作 6 个关键领域。对于"信息资源"这个关键领域来说，其目标是"确保学术信息的选择、获取、创造、编目、存储和保存符合大学团体的需求；提供高质学术信息的及时、无缝、可靠和易用的访问，不管这种信息或用户的位置如何。"为实现此目标，它确定了 5 种战略，即"使电子信息容易查找与使用"、"建设馆藏以支持研究与教学"、"确定莫纳什大学研究资源库的未来需求"、"通过扩展莫纳什大学电子出版的贡献和发现其未来可持续发展战略来展示莫纳什大学研究活动"、"为大学信息管理提供领导"。这里单从"使电子信息容易查找与使用"战略来看，它确定了如表 1 所示的两种行动及评估措施：

表 1 "信息资源"领域的主要战略计划

战略	行动	评估/对象/KPIs	责任人
1.1 使电子信息容易查找与使用	检查与推荐连续订购 2008 年及其以后的集成检索	集成检索门户考察和进行推荐	负责信息资源的馆长、负责信息系统的馆长、负责客户服务的馆长
	开发图书馆资源发现框架	开发的框架	负责信息资源的馆长、负责信息系统的馆长
1.2 ……	……	……	……

需要强调的是，为更好地执行这些战略，它在"战略"与"行动"之间还对图书馆目前正在进行的相关活动及其面临的挑战/问题做了说明（图 3 中虚框部分）[12]。

该模式的优点在于确定了图书馆的重点工作领域，有利于图书馆管理者关注关键领域；战略规划能够突出重点，排除次要的、不切实际的目标和活动，并且通过每一个关键领域的具体评价指标或标准来进行正确评估，从而保证保证图书馆战略规划的科学、合理与高效实施。

4 "目标—战略—资源需求"模式

"目标—战略—资源需求"模式是大学图书馆在确立各种战略目标的前提下，有针对性地提出一些具体实施战略，并就如何实现这种战略从所需要的资源匹配角度来进行规划。这些资源包括经费、人力资源、基础设施、设备等。

"杜克大学图书馆 2006—2010 战略规划——把人们与思想连接起来"就是此模式的代表。其内容除了简要说明引言、实施纲要、规划流程、环境扫描、关键挑战外，核心是"战略目标与所需资源"。例如，"目标2"是"开发数字技术以提供对所有格式学术资源的方便且无缝的访问"。为实现此目标，它确定了8种战略：①通过简化网络界面提供在线图书馆资源的访问以处理用户对目前界面的不满；②支持元数据的创建和维护项目；③提供无缝的、可移动的和用户驱动的图书馆内容存取；④开发数字馆藏计划，利用数字生产中心；⑤购买广泛的电子回溯期刊以提供对更多数字格式学术资源的访问；⑥进一步把图书馆资源与课程管理系统、其他教学工具集成起来；⑦与信息技术部和其他校园部门合作以支持杜克数字计划和多媒体资料的开发与利用；⑧促进校园数字资产管理共享方法的计划与实施。为保证实施上述第一种战略，它对资源做出了如下规定："需要8万美元的投资计划资金用来购买一台服务器和设立一年期限的网页设计师职位以设计和测试新的访问界面。图书馆的业务预算将包含使用测试和其他直接的与本期职位相关的费用"[13]。针对其他战略，它从资源需求匹配角度也做了相应规定。

该模式最大的优点是详细描述了每一个战略目标的资源需求，要求每一步战略规划的实施得到充足的资源供应，从而使战略规划确实可行。

5 "短期—中期—长期战略目标"模式

该模式是指大学图书馆在确立不同战略目标的基础上，然后对这些不同战略目标分别从短期、中期和长期做出规划。该模式的特点是把同一总目标或战略划分为不同时期的分目标，适合于制定长期的（一般超过10年）战略规划，能够使得战略目标稳定、协调和可持续地执行。当然，一份完整的该模式图书馆战略规划也包括图书馆使命（或目的）、价值观（或关键假设）、关键成功因素等要素，但核心是战略目标内容，如英国"塞尔温学院图书馆战略规划2007—2027"[14]。

6 结 论

综上所述，国外大学图书馆战略规划涌现了多种模式，它们大多数是由图书馆使命（或愿景）、价值观、目标、战略几部分组成，个别大学图书馆战略规划比较全面，还包括引言、摘要、规划流程、环境扫描（或SWOT分析）、未来趋势分析、主要挑战、附录等，如维克森林大学史密斯·雷诺兹图书馆战略规划[15]。由于不同大学图书馆战略规划模式各具优势，所以我国大学图书馆在制定战略规划时，应该根据本馆特色、服务对象与范围、所处环境的实际情况，参照国外模式，选择并制定科学的图书馆战略规划，以实现大学图书馆的可持续和谐发展。

参考文献：

［1］ McClamroch J, Byrd J J, Sowell S L. Strategic planning: Politics, leadership, and learning. The Journal of Academic Librarianship, 2001, 27（5）: 372 – 378.

［2］ 吴建中. 战略思考: 图书馆管理的 10 个热门话题. 上海: 上海科学技术文献出版社, 2005: 21 – 24.

［3］ Oxford University library services vision for 2011. ［2009 – 08 – 25］. http: //www. admin. ox. ac. uk/lib/vision2011. pdf.

［4］ Heaps E, Connolly W, Ellwood C, et al. The University of York library & archives strategy 2005 – 2009. ［2009 – 08 – 25］. http: //www. york. ac. uk/library/publications/policies/strategy2005 – 09. pdf.

［5］ Critz L J, Fones J, Grice T, et al. Commitment to excellence: a strategic plan for the Georgia Institute of Technology Library and Information Center 2007 – 2011. ［2009 – 08 – 25］. http: //smartech. gatech. edu/bitstream/1853/14251/7/LibraryStrategicPlanfullversionfinal. pdf.

［6］ Quinlan C. Implementing furthering learning and research 2004 – 2007: the University of British Columbia Library's strategic plan. ［2009 – 08 – 25］. http: //www. library. ubc. ca/home/planning/UBC_ SPI_ 04 – 07_ FA. pdf.

［7］ University library strategic plan 5/30/06. ［2009 – 08 – 25］. http: //www. library. uiuc. edu/biotech/Library% 20Stragetic% 202006% 20Final. pdf.

［8］ Fox P K. Cambridge University Library strategic plan 2006/7 – 2010/11. ［2009 – 08 – 25］. http: //www. lib. cam. ac. uk/Strategic_ Plan_ 2006 – 11. doc.

［9］ Wills D F. Cambridge University Library squire law library strategic plan 2007/8 – 2011/12. ［2009 – 08 – 25］. http: //www. lib. cam. ac. uk/SquireStrategicPlan20072012. doc.

［10］ Wilson M L. Cambridge University Library science libraries strategic plan 2006/07 – 2010/11 with operational goals. ［2009 – 08 – 25］. http: //www. lib. cam. ac. uk/ScienceLibraries/ScienceLibrariesPlan20062011. doc.

［11］ Morgan P. Cambridge University Library medical library strategic plan 2006 – 2011. ［2008 – 10 – 08］. http: //www. lib. cam. ac. uk/Medical_ Library_ Strategic_ Plan_ 2006 – 11. doc.

［12］ Monash University Library strategic plan 2007 – 2009. ［2009 – 08 – 25］. http: //www. lib. monash. edu. au/reports/stratplan/2007/library – strategic – plan – 2007 – 9. pdf.

［13］ Jakubs D. Connecting people and ideas: a strategic plan for the duke university libraries 2006 – 2010. ［2009 – 08 – 25］. http: //library. duke. edu/about/planning/Perkins – Library – Strategic – Plan – 2006 – 2010. pdf.

［14］ Stamford S. Selwyn College Library strategic plan 2007 – 2027. ［2009 – 08 – 25］. http：//www. sel. cam. ac. uk/library/collections/Selwyn% 20College% 20Library% 20strategic% 20plan% 20June% 202007. pdf.

[15] Sutton L. Wake Forest University Z. Smith Reynolds Library strategic plan. [2009 – 08 – 25]. http：//zsr. wfu. edu/about/admin/strategicplan/ZSR_ StrategicPlan_ 2007. pdf.

作者简介

曾　翠，女，1986 年，硕士研究生，发表论文 1 篇。

盛小平，男，1968 年，教授，发表论文 80 余篇。

美国图书馆联盟战略规划调查与分析

近年来，图书馆联盟作为一种描述资源共享、利益互惠的组织形式的专有名词，为越来越多的图书馆学专家所关注、承认和使用。图书馆联盟是图书馆在现代社会的生存模式，也是图书馆未来的发展方向，其准确地捕捉到了未来图书馆的发展特征，即通过资源共享、互助合作的方式满足日益激增的用户需求[1]。当前，我国图书馆已经形成一个从个体到联盟、从区域系统到整体事业的发展格局，正处于平稳增长的运行阶段，图书馆联盟的重要性上升，职能绩效彰显，尤其是远景目标的实现更显重要，考察图书馆联盟发展的视野应该从解决现实问题向考虑长远效益延伸[2]，战略思维成为图书馆联盟发展的迫切需求。战略规划在推动图书馆联盟和资源共享发展方面具有重要意义[3]。在国外，图书馆联盟战略规划已经是相对普遍的管理活动，作为图书馆联盟发源地和兴盛地的美国，最早在联盟发展中开展战略规划活动，正是美国公共图书馆协会（PLA）的推动才导致图书馆规划思路由长远规划转向战略规划。而国内业界有关战略规划的研究和实践还局限于图书馆层面，并没有引起图书馆联盟的重视。笔者希望通过系统分析美国图书馆联盟战略规划实践，为我国图书馆联盟战略规划活动提出建议。

1 调查对象的基本情况

利用网络调查法，根据 ICOLC 网站上公布的 73 个美国图书馆联盟，查找能够获取战略规划相关内容的联盟。辅以参考咨询法，以邮件的形式咨询各联盟，补充丰富各战略规划的内容。最终根据各联盟获取资料的完整性及联盟特性确定 10 个联盟作为研究对象。调查对象的基本情况如表1 所示：

表1　调查对象的基本情况

联盟名称	成员类型	联盟性质
印第安纳高校图书馆（ALI）	以高校图书馆为主	学术研究型
研究图书馆协会（ARL）	以研究图书馆为主	学术研究型

联盟名称	成员类型	联盟性质
波士顿图书馆联盟（BLC）	以高校、研究图书馆为主	学术研究型
路易斯安那州图书馆网（LOUIS）	以高校图书馆为主	学术研究型
宾夕法尼亚学术图书馆联盟（PALCI）	以高校图书馆为主	学术研究型
大西部图书馆联盟（GWLA）	以高校图书馆为主	学术研究型
马萨诸塞州图书馆系统（MLS）	包括各类型图书馆	综合型
MOBIUS	以高校图书馆为主	学术研究型
俄亥俄公共图书馆信息网（OPLIN）	公共图书馆	公共型
奥比斯联盟（OCA）	以高校图书馆为主	学术研究型

注：①根据联盟的性质可以将图书馆联盟划分为综合型和专业型，笔者根据专业型联盟主要成员馆的性质又将专业型联盟划分为学术研究型、公共型。②后文中各联盟名称均使用简称。

调查对象中包含各种性质的图书馆联盟，为从多维角度研究美国图书馆联盟战略规划活动提供了可能性。本文试对所选取的图书馆联盟的战略规划活动进行分析，归纳其战略规划背景、战略规划文本制定、战略规划内容、战略规划实施和评估等方面的内容，总结其战略规划制定过程的特点并探讨其对我国图书馆联盟战略规划的启示。

2 美国图书馆联盟战略规划实践概况

2.1 战略规划环境分析

环境分析是确定组织变革预期、编制未来愿景的前期基础，也是明确战略目标、设计行动方案的必要依据[3]。ARL 在规划活动时明确指出"为了捕捉图书馆可能面临的环境影响，强调和加深社会、技术、经济、政策调控等环境驱动力对图书馆产生的影响，通过对未来的设想来规避发展中可能出现的问题，以帮助成员更好地实现组织目标"[4]。

美国图书馆联盟的环境主要关注宏观和微观两方面。宏观环境中关注最多的是经济、技术环境的变化。不少联盟均提到财政供给缩减带来的经费短缺、联盟发展等问题，如 LOUIS 的经费来源由财政供给转向成员分担，导致成员负担过重，出现成员退出情况，进而又加重现有成员的经费负担[5]。部分联盟注重对微观环境的分析。ARL 出版了 *New Role for New Times* 系列报告，探索联盟在发展中的各种角色和任务变化，以更好地明确发展目标[6]。另外，有些联盟依据服务对象进行环境分析，如 ALI 是在分析了高校图书馆的教学和研究趋势的情况下，了解教职工期望，进而提出此趋势下成员馆应采取的行动和策略[7]。

图书馆联盟在环境分析时会用到战略分析方法。例如，MLS 利用 SOAR（Strengths，Opportunities，Aspire，Result）来定位联盟当前及未来的发展态势，据此制定能够满足成员需求，并帮助联盟灵活应对和抓取未来可能面临的挑战和计划的规划[8]。LOUIS 则运用 SWOT 分析联盟存在的优势、劣势、机会、威胁[5]。同样，PALCI 对联盟的环境进行了 SWOT 分析，并分析这种环境下联盟如何生存[9]。

在对联盟进行环境分析的同时，美国图书馆联盟也会分析战略活动开展的背景，以明确战略规划活动的可行性和必要性。ALI 因得到 Lily Endowment Founding 的资金支持才得以进行战略规划活动[7]；ARL 通过了解澳大利亚 Bookends Scenarios Project 和英国 Towards the Academic Library of the Future 项目，认可规划在规避风险中的作用，认为规划为联盟在面对不确定问题时，提供了一种新的思考和解决问题的方式[8]。同样，ARL 的规划也获得了 IMLS（The Institute of Museum and Library Services）以及 The Andrew W. Mellon Foundation 的资金支持，ARL 董事会也同意将联盟机动资金用于规划中[10]。

2.2 战略规划的制定

2.2.1 战略规划制定的主体

美国图书馆联盟大多有专门的战略规划制定团队，这些规划团队或是临时组成，如战略规划工作小组，或是作为联盟的常规部门，如 GWLA 的战略与组织委员会。这些规划团队需负责整个规划活动的开展，包括规划前期团队组建、环境分析、规划方案的制定与更新、战略目标的实施与评估等。规划小组成员控制在 5～10 人左右，由各成员代表组成。战略规划方案的通过需要经过联盟高层的会议讨论，多由董事会或执行委员会决议通过。当然，规划活动的开展所体现的并不仅仅是联盟本身的意志，战略规划工作团队往往会通过会议或网络公开战略规划过程，例如 MLS 设立专门的规划网站从多个方面接受大众评论，同时在 5 个地区召开公开会议征询意见，广泛接受社会各界对规划活动的建议[11]。部分联盟会聘请专门的咨询顾问对规划活动予以协助，如 ARL 聘请高级咨询顾问 A. Pendleton-Jullian 全面参与规划方案起草工作，包括构思远景、战略行动和目标体系等内容[10]；咨询顾问在 ALI 规划方案的起草、会议总结、文案措辞等方面给了帮助[12]。

可以说，美国图书图书馆联盟战略规划的制定是由专门工作小组主导、董事会或执行委员会决定、多元化成员参与的结果，既能兼顾联盟整体发展

142

和各成员发展的需求，也保证了战略规划活动的科学性、有效性和正规性，有利于战略规划最大程度地发挥作用。各联盟具体战略规划的制定主体情况见表2。

2.2.2 战略规划制定过程

美国图书馆联盟会在其联盟网站或规划文本中公开战略规划制定过程，且接受公众监督。战略规划制定时间一般会持续几个月到1～2年。总结发现，美国图书馆联盟战略规划的制定过程主要包括前期准备、成立战略规划工作团队、确定战略规划内容、编制战略规划草案和辅助文件、更新和维护文本等几个方面。

（1）前期准备。战略规划活动开展前首先广泛搜集资料，分析组织环境，以明确联盟的发展趋势和发展方向，并对战略活动开展的可行性和必要性进行分析，以保证规划活动的顺利开展。同时，对已有的战略规划进行分析和评估，保证战略规划活动更替的连续性。此外，以各成员发展基本情况和需求作为联盟战略规划的重要依据。GWLA战略规划活动开展前还对每位成员进行需求评估，以使规划活动更好地服务于成员发展。MLS会首先调查成员已有的服务以及即将开展的服务，让规划活动与成员发展更好地融合起来。MOBIUS也是整合了来自成员各方的报告之后，才开展战略活动。

表2　战略规划的制定主体

联盟	规划制定	规划通过	外部协助
ALI	战略规划工作小组（Strategic Plan Task Force）	董事会	欢迎成员评论和建议；聘有咨询顾问
ARL	战略方向指导委员会（Strategic Direction Steering Committee）	董事会	成员和利益相关者参与构思；执行委员会和高级咨询顾问参与起草
BLC	规划小组（Strategic Planning Team）	董事会	成员参与讨论
LOUIS	战略规划委员会（Strategic Planning Committee）	执行委员会	聘请顾问
PALCI	各成员馆董事参与制定	董事会	外界评论和建议
GWLA	规划与组织委员会（Planning and Organization Committee）	董事会	成员参与讨论

联盟	规划制定	规划通过	外部协助
MLS	战略规划工作小组（Strategic Planning Task Force）	执行委员会	董事会成员、图书馆员工、社区成员、政府人员均有参与讨论或建议；聘请咨询顾问
MOBIUS	战略规划工作小组（Strategic Planning Task Force）	执行委员会	征询外部建议
OPLIN	董事会	董事会	成员参与讨论
OCA	战略规划小组（Strategic Planning Group）	董事会	成员参与讨论

（2）成立战略规划工作团队。一旦确定开展战略规划活动，联盟或是让战略规划部门负责战略规划活动，或是成立专门的工作小组，负责战略规划活动的开展。例如，GWLA 战略和组织委员会的任务包括制定和更新战略规划、对战略目标领域的实施成效进行评估、明确联盟长期发展目标和新的利益领域、分析联盟所处的环境等[13]。ALI 战略规划工作小组的主要任务是总结已有的战略规划实施成效并分析存在的挑战、分析图书馆面临的环境、制定规划草案、帮助成员确定规划实施的优先级等[14]。设立专职工作团队，既显示出联盟对规划活动的重视，也能够保证规划活动高效和低耗地开展。同时，聘请咨询顾问参与战略规划的制定，依靠咨询顾问的专业知识背景和研究技能，能提升战略规划活动的精确性和有效性。

（3）确定战略规划内容。从对美国图书馆联盟战略规划文本的分析中发现，战略目标体系是战略规划内容中最不可缺少的内容。目标体系首先由战略规划制定主体根据联盟讨论草拟，并提交成员会议讨论确定。例如，MLS在制定规划内容时，经过以下步骤：①定位联盟的发展环境和未来；②开展一系列焦点小组（focus group）讨论，明确规划核心概念；③确定联盟愿景，根据愿景进行优先级排序后，将结果分发给联盟成员以作调查；④总结调查结果，并讨论结果中应保留和改进的部分，确定目标领域和行动方案；⑤规划草案接受成员和盟友评论，最终结果被汇总并作为规划改进的依据；⑥规划草案交由执行委员会讨论；⑦确定规划目标的时间期限，并着手开展。同时，整个规划内容确定的过程中，规划小组将规划内容细分为 11 个方面，设立专门的网站接受公众的评论和建议，以集思广益。可以看出，战略规划的目标体系直接关系联盟未来发展的方向和举措，需要经过多方参与并进行反复的讨论和交流才能最终确定。

（4）编制战略规划草案和辅助文件。联盟战略规划内容确定后，会编制战略规划文本，文本内容大多公布在联盟网站上，并会公布文本负责人的联系方式，鼓励公众对草案提出意见。

除了战略规划文本外，还会编制与规划文本相关的辅助性资料。例如，PALCI 在公布 Strategic Plan 2007 以后还公布了一份更详细的 Work Plan 2007 以补充战略规划的内容，GWLA 对 Strategic Plan 2010—2012 的目标领域又分别以 Word 附件的形式做了详细说明，等等。辅助性资料的制定丰富和完善了战略规划文本的内容。

（5）更新和维护战略规划。战略规划是依据联盟环境作出的发展抉择，要依据环境变化随时调整和更新，美国图书馆联盟对战略规划的更新十分重视。例如，在笔者调查 ARL Strategic Plan 2010—2012 的过程中，该联盟网站在几天时间内由上一期战略规划文本的内容更换为下一个战略规划实施即将开展的相关报道；BLC 每年公布战略规划的更新版本及目标领域项目实施进展报告。

2.3 战略规划的内容

为了解战略规划内容，有必要分析联盟的战略规划文本。战略规划内容由一定的体例结构组成，体例是战略规划在长期发展过程中形成的较为系统的组织结构样式，具有稳定性，是必选项和可选项的结合[15]。战略规划的核心内容集于其战略目标体系——介绍联盟规划年度内的主要活动领域和策略，具有动态性，需及时根据协会发展环境及趋势作出调整。本文以搜集到的图书馆联盟的战略规划文本为依据，从规划文本的体例结构和战略目标内容两个方面来介绍战略规划的内容。

2.3.1 战略规划的体例结构

美国图书馆联盟战略规划文本名称多以时间为表征，揭示规划的时间范围，规划时长大多在 3 - 5 年，也有的联盟，如 PALCI、OCA，制定的是 1 年的行动计划。笔者将文本的体例结构划分为 3 个部分：①战略规划说明，包括序言、环境扫描、规划过程、规划人员等要素，旨在说明战略规划如何制定；②战略规划价值体系，包括使命、价值、理念、关键假设、优先级等要素，影响和指引战略目标的形成；③战略规划目标体系，是规划文本必备部分，构成战略规划的核心内容，一般按照"目标领域 - 目标细分 - 实施策略"的结构来揭示联盟未来几年的行动方案和策略。所调查的图书馆联盟的战略规划文本结构如表 3 所示：

表 3　战略规划的体例结构

联盟名称	文本名称	体例结构											
		战略规划说明				战略规划价值体系				战略规划目标体系			
		序言	环境扫描	规划过程	规划人员	使命	愿景	理念	关键假设	优先级	目标领域	目标细分	实施策略
ALI	Strategic Plan 2002 – 2007	√	√	√	√	√					√	√	√
	Strategic Plan 2007 – 2012			√	√	√	√				√	√	√
	Strategic Plan 2013 – 2016					√					√	√	√
ARL	Strategic Plan 2010 – 2012												
BLC	Strategic Plan 2010 – 2013				√			√	√	√			
LOUIS	Strategic Plan 2013 – 2016	√	√			√					√	√	√
PALCI	2012 Action Plan		√								√	√	√
	2007 Strategic Plan	√				√			√		√		
GWLA	Strategic Plan 2006 – 2009					√	√				√		
	Strategic Plan 2010 – 2012					√	√				√		
	Strategic Initiatives 2012 –					√					√		
MLS	Strategic Plan 2013 – 2015								√		√		
MOBIUS	Strategic Plan 2012 – 2015				√	√			√		√	√	√
OPLIN	Strategic Plan 2013 – 2014					√			√		√		
OCA	Strategic Agenda 2006 – 2009										√	√	√
	Strategic Agenda 2010			√							√	√	√
	Strategic Agenda 2013			√							√	√	√

　　调查发现，各联盟一般会在联盟网站或者专门设立的规划网站来公布战略规划的相关内容，包括体例结构中的各种要素，更加注重通过网页的灵活性来揭示各种内容，而战略规划文本一般比较简洁，揭示的多是联盟比较注重的要素。通过表 3 也可以发现，文本的体例结构并不拘泥于所有的要素，不同联盟的规划文本结构和同一联盟不同阶段的文本结构均会有差异。

2.3.2　战略目标内容

　　因图书馆所处的环境日新月异，战略目标也会跟随环境变化而变化。笔者以各图书馆联盟最新战略规划文本为依据，通过对战略目标领域的词频统计，分析美国图书馆联盟在当前及未来发展环境下所作出的战略抉择。总结发现美国各图书馆联盟战略规划目标内容包括：

146

（1）扩大资源共享范围。图书馆联盟是以资源共享、利益互惠为目的而组建的，图书馆联盟一直致力于扩大资源共享范围，提升资源共享质量。各图书馆联盟均强调资源共享的重要性，从不同方面提出要扩大资源共享的活动范围。各图书馆联盟资源共享活动主要有以下几个方面：①学术交流与合作；②学术资源共享；③资源获取路径共享；④资源发现工具开发；⑤电子资源共享；⑥馆藏建设；⑦资源合作购买；⑧馆际互借和文献传递；⑨数字资源存储。可以看出，美国图书馆联盟当前更加关注数字环境下的资源共享方式。因调查对象以学术研究型图书馆联盟为主，学术交流与合作出现频次最多，说明美国图书馆联盟在制定规划目标时是以自身的性质为依据的。

（2）保障联盟稳定发展。美国图书馆联盟的健康发展和战略目标的实现，得益于政策、经济、技术、管理、交流机制、组织建设、宣传等多方面的保障：①政策保障：ARL 希望通过影响国内外的公共政策法规，减少法律、经济和技术方面的障碍，以保障公共信息的可获得性；②经济保障：MOBIUS 提出加强资金管理和财政保障能力，LOUIS 认为需建立一个可持续的财政模型，PALCI 认为要寻求新的资金、合作等机会以保证联盟的生命力和活力；③技术保障：OPLIN 提出要建立一个沟通所有成员的网络并保证网络的安全；④管理方面：LOUIS 认为需建立有效、高效的行政管理机构，保障各种服务的开展；⑤完善交流机制：PALCI 提出通过技术、网络等手段建立高效的成员参与和交流机制，ALI 认为要及时、准确沟通传递有关联盟的计划和活动，BLC 将通过改善与利益相关者的交流渠道来提高其对联盟价值的认识；⑥组织建设：MOBIUS 提出要成为一个包含多种类型成员的图书馆联盟；⑦营销宣传：OPLIN 将通过营销和宣传来推广图书馆信息网（OPLIN）所有的服务和产品，MLS 计划推出一个联盟品牌，并制定宣传计划告知利益相关者。

（3）促进成员发展变革。图书馆联盟不仅关注自身发展保障，同时注重为成员馆发展提供支持：①专业教育：ALI 提出要促进图书馆员的专业发展，MOBIUS 将为成员馆提供职员培训；②发展支持：LOUIS 将为成员提供服务、资源、系统等帮助以满足成员不断增长的需求和期望，OPLIN 为成员提供高质量的数据库和电子信息获取路径，同时领导公共图书馆实施新技术；④用户拓展：MLS 将促进成员之间关系发展并帮助成员拓展用户服务渠道；⑤图书馆转型：ARL 将促进研究图书馆转型。

2.4 战略规划的实施与评估

美国图书馆联盟十分注重战略规划的实施：①成立专门的实施小组。例如，BLC 在其战略规划文本中明确说明规划实施办法，每个目标领域将会由一个专门的实施小组负责，共包括通讯、资源共享、学术交流、学术研究 4 个小组，实施小组成员由两名董事会人员和多名员工组成，他们需要制定预算并完成规定的工作任务，每年实施小组还需撰写实施成效报告总结实施过程中的经验教训并修订战略目标。②设定关键假设和优先级。为了实现图书馆联盟战略规划，图书馆联盟必须抓住主要矛盾，把主要资源放在主要的项目上。③制定详细的实施计划。例如，BLC、MOBIUS 在战略规划文本中均有详细的时间安排及规划实施进度，将战略规划目标细化到每年的具体任务上，具有时间上的持续性。④生成规划实施报告。例如，BLC 负责实施规划目标的每一个小组均需对实施项目作总结报告，报告内容包括项目名称、项目支持、活动进程、交流沟通、评估等方面，全方位回顾规划的实施情况；OCA 通过设立专门的网页公布规划的每年实施内容，每一目标领域均有专门的部门联系人信息，保证实施过程的公开透明。⑤修订完善战略规划。各图书馆联盟每年还会根据内外部发展环境、实施遇到的问题等因素，定期或不定期地对战略规划进行修订更新，以保证战略规划与时俱进。

在对战略规划的执行进行监督的基础上，图书馆联盟还会对战略规划的实施情况进行评估，以对实施成效进行有效的调控和把握。例如，ARL 通过与优越策略管理团队（Ascendant Strategy Management Group）合作，采用平衡计分卡（balanced scored-card）方法，由资深专家指导，来检测规划实施的成效，并帮助完善战略规划。

3 美国图书馆联盟战略规划的特点和对我国的启示

3.1 美国图书馆联盟战略规划的特点

3.1.1 战略规划体系的完整性

首先，美国图书馆联盟战略规划活动在时间上具有连续性。战略规划虽揭示的是某个时间段内联盟的战略方向，但某一战略规划的结束并不意味着联盟规划行动的终止，联盟会总结上一阶段战略规划的实施情况和评估报告，并根据面临的新的环境和挑战，制定新一阶段的战略规划内容。不断形成的战略规划其实正是联盟发展历程的真实写照。

其次，战略规划文本内容构成一个完整的体系结构，包括序言、环境扫描、规划过程、规划人员、使命、愿景、理念、关键假设和优先级、战略目标等，能够揭示联盟对自身发展的清楚认识、对未来走向的准确把控。战略目标体系更是通过"目标领域 – 目标细分 – 行动计划"的结构揭示联盟未来的发展道路，甚至具体到每年应采取什么行动。

再次，战略规划过程本身构成一个完整的体系。战略规划活动先要认真地筹备，需经历团队组建、环境分析、调查讨论、论证推敲等过程，方能制定出一个科学有效的规划方案，用来指导战略规划实践和引导联盟发展方向。规划实施后，需开展评估方能知晓成效的事，进而修订规划方案，为新的规划活动提供借鉴。规划过程循环往复，本身就是一个完备的体系。

3.1.2　战略规划制定过程的公开性

美国图书馆联盟战略规划活动从开始准备到最终进行成效评估，整个过程均是公开透明的：①通过各种公开会议，广泛征询联盟董事、职员、成员、非成员、利益相关者、公众等的意见和建议，可以说战略规划方案是群策群力的结果。②在联盟网站全面公开战略规划的相关内容，公布相关负责人员的联系方式，开展问卷调查，甚至设立专门的规划网站并建立评论反馈机制等，多途径鼓励公众参与到规划活动中来，接受公众对规划活动的监督和评议。通过公开透明的战略规划机制，美国图书馆联盟能有效兼顾各方的利益和需求，更加准确地定位联盟未来的发展方向，保证战略规划制定与实施的科学性和有效性。

3.1.3　战略规划队伍的专业性

美国图书馆联盟会设立专门的工作团队来负责战略规划活动的开展，团队成员由各成员代表组成，规划团队将承担起规划活动的组织、实施、评估等全方位的管理任务。专职队伍的建立保证了规划活动开展的针对性，提升了战略规划的效率，节约了经费和人力。部分联盟还会聘请专门的咨询顾问，依靠咨询顾问资深的专业知识和丰富的实践经验，推动规划活动的开展，或是为战略规划队伍提供专门培训，增强规划人员队伍的专业性。

3.1.4　战略规划方法的多样性

美国图书馆联盟在战略规划制定过程中使用多种科学的方法：前期需要广泛搜集和整理资料，会用到文献调研法。战略规划文本是讨论和交流的结果，讨论过程中有些联盟会采用头脑风暴法（brain storm），如 ALI；也有通过焦点小组（focus group）方法开展讨论者，如 MLS。讨论结果会以调查问卷方式分发给成员或者将结果公布于网上接受公众评论，这一过程会用到问卷调查法和网络调查法。有文献分析了 MOBIUS 战略规划制定时采用的 4Cs 战略模型，指凝聚人心（convergence）、整合业务链（coordination）、集中核心业务（core business）和培养竞争力（core competence）[16]。前文亦提到在进行环境分析时会用到 SWOT、SOAR、评估等方法，战略规划评估时则会用到平衡计分卡法（balanced scored-card）。

3.1.5　战略规划方向的针对性

美国图书馆联盟会针对联盟发展环境、自身性质、成员需求来制定战略规划：①战略规划是对组织环境变化而作出的反应，美国图书馆联盟在制定规划方案时首先会进行环境扫描，明确联盟所处的内外部环境及发展遇到的挑战和问题，针对环境变化明确发展方向，制定行动计划。例如不少联盟均遇到经费短缺问题，故拓宽资金来源渠道、加强经费管理成为联盟发展的重要行动。②所调查的联盟中多为学术研究型图书馆联盟，通过统计发现战略目标领域中学术交流与合作出现的频次最高，可见战略规划是依据自身性质作出的战略抉择。③各联盟在制定战略规划时，还会调查和评估成员需求，广泛征集成员意见，鼓励成员参与规划活动，规划方向则会兼顾成员发展需求，为成员提供可行的建议和帮助。

3.1.6　战略规划内容的现实性

从上文对战略规划目标内容的分析中不难发现，美国图书馆联盟兼顾了自身的社会使命和行业使命，以保障联盟的稳定发展。一方面，通过各种手段推动资源共享活动的开展，既注重开展传统的服务项目，如馆际互借和文献传递等，又发展了数字网络环境下的新的服务方式，以确保联盟发展不脱离方向，又不被时代发展所淘汰。另一方面，采取多种措施促进联盟自身发展，从政策、经济、技术、管理、组织、宣传等方面增强组织的生命力，同时为成员发展提供扶持，为联盟发展注入动力和活力，从而使联盟的发展更加稳健。

3.1.7　战略规划实施的效益性

战略规划的制定是为了推动联盟的发展，实现联盟的价值和愿景蓝图。美国图书馆联盟注重规划效益的实现，会监督规划的执行过程并评估规划的成效价值。在战略规划的实施过程中，联盟会定期完成实施报告交由上级部门审查，并运用科学的评价方法，制定系统的评估指标体系来评估规划的实施成效，发现问题并完善规划内容，以保证规划对联盟发展的积极作用。总之，规划评估已成为战略规划活动的重要环节。

3.2　美国图书馆联盟战略规划对我国的启示

我国图书馆之间的协作起步晚，与美国相比，战略规划活动的实践与研究均显滞后。美国图书馆联盟战略规划的有效实践，对我国图书馆联盟的发展给出了有益启示：

3.2.1 重视战略规划活动的开展

战略规划是对组织未来发展方向的定位和思考，有利于引导组织健康长远地发展。笔者在调查我国图书馆联盟战略规划过程中，发现大部分联盟均缺乏与战略规划相关的资料，甚至没有开展规划活动，联盟管理者应该从思想上加强对战略规划活动的重视。

3.2.2 科学制定规划内容

我国图书馆联盟战略规划的开展受政策环境影响较大，多从宏观出发，注重指导思想和指导原则，注重对工作目标的解读而缺乏详细的行动计划，这在一定程度上影响了规划的针对性和效益，因而有必要借鉴美国图书馆联盟战略规划的制定经验，成立专门的战略规划工作团队，并聘请资深行业顾问给予指导；采用科学有效的规划方法，准确提炼与规划相关的信息；结合联盟发展环境、规划背景、成员需求制定战略规划，规划内容要具有前瞻性和针对性，能多方面兼顾各方利益的要求，更要保障自身发展。

3.2.3 民主公开规划过程

我国图书馆联盟规划的保密性较强，多是联盟内部活动，外界很难知悉和获取相关资料，规划的开展和成效难免遭人质疑，也势必会阻断与其他联盟之间的交流学习。而通过多种途径，公开战略规划在制定、实施和评估过程中的内容，广泛征集公众关于战略规划的意见和建议，主动接受公众对规划活动的监督，则能够规避可能遇到的问题，及时修订和完善战略规划。

3.2.4 有效落实战略规划

我国图书馆联盟的规划文本注重对工作目标的解读而没有详细的实施计划和时间计划，规划内容是否会成为一纸空文无从知晓。借鉴美国经验，规划的实施要有明确的行动计划并认真落实，定期制定战略规划实施报告，对战略规划的实施过程进行监督，并采用科学的方法评估战略规划的实施成效，以保证规划实施的有效性。

参考文献：

[1] 王真. 图书馆联盟建设研究 [M]. 天津：天津大学出版社，2011.

[2] 赵益民. 图书馆战略规划流程研究 [M]. 北京：国家图书馆出版社，2011.

[3] 于良芝. 战略规划作为公共图书馆管理的工具：应用、价值及其与我国公共图书馆的相关性 [J]. 图书馆建设，2008（4）：54 - 58.

[4] Scenario planning [EB/OL]. [2013 - 09 - 24]. http：//www. arl. org/focus-areas/planning-visioning/scenario-planning.

［5］ LALINC/LOUIS strategica plan 2013 - 2016 ［EB/OL］. ［2013 - 09 - 24］. https：//
sites01. lsu. edu/wp/louis/files/2013/06/LOUIS-STRATEGIC-PLAN-Approved - 6 - 20
- 13. pdf.

［6］ New roles for new times ［EB/OL］. ［2013 - 09 - 24］. http：//www. arl. org/focus-ar-
eas/planning-visioning/2512-new-roles-for-new-times.

［7］ Strategic plan：A working draft ［EB/OL］. ［2013 - 09 - 24］. http：//ali. bsu. edu/
archives/mission-gov/plan. pdf.

［8］ MLS strategic plan 2013 - 2015：A snapshot ［EB/OL］. ［2013 - 09 - 24］. http：//
www. masslibsystem. org/wp-content/uploads/2012 - 10 - 22-Strategic-Plan-FINAL-VER-
SION. pdf.

［9］ PALCI directors focus group meeting ［EB/OL］. ［2013 - 09 - 24］. https：//
docs. google. com/file/d/0B825la2e26w_ YjA1NDllMG QtNjI0MS00OTMyLWE5NjEtMTNm
ZDIzN2I1MWMz/edit? hl = en&pli = 1.

［10］ ARL strategic thinking & design ［EB/OL］. ［2013 - 09 - 24］. http：//www. arl.
org/about/arl-strategic-thinking-and-design.

［11］ MLS strategic planning ［EB/OL］. ［2013 - 09 - 26］. http：//www. masslibsystem.
org/planning/.

［12］ ALI strategic plan ［EB/OL］. ［2013 - 09 - 26］. http：//ali. bsu. edu/archives/mis-
sion-gov/plan. pdf.

［13］ Planning and Organization Committee ［EB/OL］. ［2013 - 09 - 26］. http：//www.
gwla. org/Committees/Planning-and-Organization-Committee.

［14］ Overview of program ［EB/OL］. ［2013 - 09 - 26］. http：//ali. bsu. edu/programs. ht-
ml.

［15］ 陈昊琳，柯平，胡念，等. 美国公共图书馆战略规划制定对我国的启示：一种基
于文本分析的研究 ［J］. 图书情报工作, 2010. 54 (15)：11 - 15.

［16］ 马丽. 对 MOBIUS 图书馆联盟战略规划的思考 ［J］. 图书馆学研究, 2012 (23)：
79 - 82.

作者简介

严凤玲，华南师范大学经济与管理学院硕士研究生，E-mail：flya168
@ 163. com；

高波，华南师范大学经济与管理学院教授，系主任。

英国大学及研究图书馆联盟
战略规划特点及启示

　　发展战略，从机构未来发展的角度来看，表现为一种计划，是机构未来行动的预定方向和指导方针；而从主观层面的角度来看，则表现为一种观念，是机构文化和精神的体现[1]。任何机构若想在竞争激烈、瞬息万变的当今社会生存、发展下去，无不需要清晰、明确的发展战略，大学及研究图书馆联盟亦不待言。自 2000 年以来，我国的大学及研究图书馆联盟发展迅速，既有全国性的大学及研究图书馆联盟，也有区域性的大学及研究图书馆联盟。这些联盟为本系统、本地区的可持续发展提供了个体图书馆难以企及的文献、信息及情报保障。当前，由于体制、经费等因素，我国各类型大学及研究图书馆联盟不同程度地遇到了可持续发展问题，而解决可持续发展问题的关键是确定明确、清晰的发展战略。目前，我国虽有部分大学及研究图书馆联盟确定了发展战略，并形成了战略规划，但与国外大学及研究图书馆联盟的战略规划相比，还存在很多不足。英国图书馆联盟的建设较为完善，其大学及研究图书馆联盟在全国各类图书馆联盟当中占有主导地位，因此，有必要对英国大学及研究图书馆联盟的战略规划进行系统研究，以便从中发现可供我国借鉴之处。鉴于这两类图书馆联盟的成员属性、发展目标及主要任务较为类似，故笔者在本文中一并探讨。

1　英国大学及研究图书馆联盟发展战略的背景

　　任何机构制定发展战略，首先需要了解外部环境的现状、机构所处的地位及其自身的优势和劣势，从而有针对性地制定切实可行的发展战略，图书馆联盟亦不例外。英国图书馆联盟数量众多，其中大学和研究图书馆联盟所占比例最大。在英国众多大学及研究图书馆联盟中，笔者选取目前发展稳定且具有代表性的 7 个大学及研究图书馆联盟作为研究对象，它们是：以大学图书馆为主要成员的联盟——M25、以研究图书馆为主要成员的联盟——RLUK（Research Library UK）、以主要服务于英国和爱尔兰地区的国家图书馆及大学图书馆为主的联盟——SCONUL（The Society of College, National and University Libraries）、服务于西北部大学图书馆的联盟——NOWAL（The North

West Academic Library）、苏格兰大学及研究图书馆联盟——SCURL（The Scottish Confederation of University and Research Libraries）以及两个大学采购联盟，即全国性大学采购联盟——ENPC（English National Purchasing Consortium）和区域性质的南方大学采购联盟——SUPC（Southern Universities Purchasing Consortium）。通过搜集联盟最近几年的战略规划文本及年度报告，掌握英国大学及研究性图书馆联盟在战略规划方面的最新发展。

1.1 外部环境

当前，信息技术的发展日新月异，彻底改变了英国的教育和科研环境，而英国缓慢增长的经济对图书馆联盟的发展亦产生了重要影响。英国大学及研究图书馆联盟面临的外部环境主要包括以下几个方面：

1.1.1 经济

由于经济增长缓慢，英国高等教育和继续教育的投入出现了困难，因此有必要继续提高资金的使用效率，同时在大学内采取必要的开支缩减政策。然而，经济的复兴很大程度上依赖于知识经济的发展以及教学和科研部门杰出的研究成果。所以图书馆联盟要在节约开支的基础上，充分应用信息通信技术和信息管理系统，尽最大可能地提高图书馆联盟的效益。

1.1.2 教学与科研

在教学方面，很多学生在课余时间利用数字图书馆获取知识，更有来自世界各地的学生采用远程教学的方式学习。因此，为了满足学生们的多元需求，需要教师、图书馆员、研究人员及管理者了解信息技术，提高应用数字化设备的技能，也要求学校、图书馆、图书馆联盟提供更加灵活和专业化的培训，例如互联网的使用、虚拟环境的教学、数据库的利用等。同时，对于科研工作者来说，网络环境极大地提高了科学研究的效率，如能够使科研人员发现新领域、掌握科研新进程、了解科研成果的评价等。

1.1.3 信息技术

近年来，信息技术在高等教育和继续教育领域发挥了重要的作用，学校、机构之间利用新型的技术手段进行沟通交流，从而减少了信息障碍。采用Web 2.0 技术的社会媒体从以下方面有所体现：第一，维基百科、YouTube、MySpace 等也在很大程度上丰富了以学生及科研工作者为主的用户的体验；第二，将教育资源对世界范围内的学者、科研人员及学生开放，使知识得以在最大范围内共享；第三，云计算技术也正在广泛应用于计算机、数据管理、邮件服务等重要领域；第四，更多有效且成本低廉的移动终端异军突起，极大地改变了人们的交流和信息获取方式。

1.2 内部环境

尽管英国高等教育的经费模式在不断改革，传统的资源传递方式也在不断更新，但大学及研究图书馆在所属机构当中仍占据着核心位置，其服务质量在很大程度上影响了其所属的大学、科研单位的教学和学术研究，对学生、教师和科研人员的发展具有重要作用。对大学及研究图书馆联盟而言，为读者服务仍然是其不变的宗旨，而如何调整自身来适应不断变化的外部环境，实现联盟的可持续发展，是大学及研究图书馆联盟制定发展战略所面临的迫切问题。以 SCONUL 2012—2015 年的战略规划为例，其发展战略规划书指出，随着实体图书馆概念的弱化，联盟为读者服务的方式也发生了改变，例如虚拟的数字资源在大学图书馆的文献传递服务中已超过传统文献，占据了大多数，形式多样的开放资源也能够通过各种虚拟途径使学生、学者及科研人员不受地域、时间的限制而自由获取。大学及研究图书馆联盟应当加强与机构内外同行的合作与交流，并将专业化的管理与技能应用于新的合作模式当中，从而为大学的学术研究提供帮助，同时，应培养学生搜集、利用信息的技能，提高学生的学术能力[5]。

2 英国大学及研究图书馆联盟发展战略规划

在客观分析图书馆联盟所处内外部环境的基础上，联盟需要根据自身的宗旨及发展目标来制定切实可行的发展战略，继而根据发展战略的内容来分配联盟内各部门的工作任务，并确保联盟发展战略规划得以有效实施。图书馆联盟发展战略一般包括战略宗旨、战略目标、战略内容、战略任务、战略实施 5 个方面。

2.1 战略宗旨

图书馆联盟发展战略的宗旨是战略规划制定的核心和基础，联盟发展的目标、策略以及具体任务的制定都要以联盟宗旨为指导，该宗旨是整个大学及研究图书馆联盟的发展愿景，是图书馆文化的体现。通过调查和分析，可将英国大学及研究图书馆联盟的宗旨归纳为以下两种类型：

2.1.1 愿景型

愿景型的联盟宗旨主要以 SCONUL 和 RLUK 为代表。SCONUL 在其发展战略规划书中提出，近三年要"为英国地区和爱尔兰地区的大学图书馆和国家图书馆提供最好的学习和科研服务"[2] RLUK 2008—2011 年的发展战略中则将宗旨确定为"要成为英国乃至世界范围内最好的研究型图书馆联盟"[3]。从中可以看出，两者的联盟宗旨都强烈表达了成为行业或领域领头羊的愿望，一方面号召联盟成员为这一愿景不懈努力，同时也吸引了潜在联盟成员和更多投资者的目光，使联盟成员和读者都受到巨大鼓舞。

2.1.2 务实型

相对于 SCONUL 和 RLUK 的愿望式宗旨，以 SUPC 为代表的联盟宗旨则较为具体和务实。即"协调联盟成员、采购人员和经费支持者的意见，共同达成'联盟的选择'"[4]。其明确反映了联盟的属性以及联盟的主要工作内容，能够帮助联盟成员、用户及资助者了解联盟的发展方向和主要发展计划，为发展战略的目标、内容及主要任务的制定奠定基础。

2.2 战略目标

英国大学及研究图书馆联盟均将其工作目标上升到战略的高度，并依据发展战略规划开展工作。各图书馆联盟的服务范围及服务宗旨虽略有不同，但联盟性质类似，在服务对象方面也有诸多交集。总体来说，可将英国大学及研究图书馆联盟的战略目标归纳为以下 4 个方面：

2.2.1 资源与服务

信息资源是图书馆及图书馆联盟开展服务的重要保障，如何保存、利用、开发信息资源，使信息资源充分满足用户的需求，从而实现其价值的最大化，是图书馆及图书馆联盟工作的重要目标，英国大学及研究图书馆联盟都不约而同地将信息资源的建设确定为战略规划的目标之一。例如，SCURL 在 2012 －2014 年的战略规划中提到"要通过合作和共享来为用户提供服务并使资源最大化"[5]。同时 M25 和 SCURL 也就"服务"这一项进行了延伸，M25 在近三年的战略规划中提出"要发展跨区域获取图书馆服务及信息资源的业务"[6]，SCURL 则补充"要为成员馆提供成熟的服务与支持"。由此可见，"资源"与"服务"是两个密不可分的概念，在图书馆联盟工作当中，"资源"通过"服务"来满足读者需求，从而实现其价值的最大化。

2.2.2 教学与科研

作为大学和研究图书馆联盟，其战略目标必不可少的要点之一便是实现其服务的客体——大学及科研单位的发展。提高大学的教学质量、丰富教学体验，提升科研院所的学术质量、学术影响力，并增加科研成果产量，是联盟普遍为自己制定的战略目标。其中 RLUK 强调要与科研机构一起共事，为更多的科研院所提供有效的服务，不断满足用户的需求。大学和研究图书馆联盟的主要任务就是联合大学图书馆及研究图书馆，探寻成员馆的各方面需求，为他们解决资金、资源、服务、培训等方面的问题，帮助大学及科研机构实现战略目标。

2.2.3 人员与培训

图书馆及图书馆联盟的工作人员是联盟开展服务工作的主体。由于图书馆个体存在工作准则及方式的不同，馆员的服务意识和服务质量也有差别，因此，有必要对成员馆以及图书馆联盟的工作人员进行培训，特别是在新技术普及的过程当中，这种对馆员的培训就显得尤为重要。所以，RLUK 在其战略目标中指出，"我们应共同参与实践，为员工提供改进和培训的相关帮助"。只有这样，才能使图书馆联盟拥有共同利益，使成员馆受益，并使用户获得更优质的服务。

2.2.4 合作与共享

图书馆间之所以要结成联盟，根本原因是希望通过合作来满足自身的需求，在资源、人员、服务等方面互相帮助并形成集团优势，实现低投入高产出。因此，对于英国大学及研究图书馆联盟来说，其普遍目标就是通过联盟协调各成员馆之间、成员馆与联盟之间的利益。若实现此目标，仅在联盟内部开展合作是远远不够的，如 SCURL 所说，"我们应与其他机构、组织部门一道，创建一个共同协作的图书馆组织"。的确，图书馆及图书馆联盟的发展并不是孤立的，需要与组织管理部门和企业等多种性质的机构进行沟通，实现共同发展。除此之外，M25 还提出"跨区域合作"，RLUK 也把"和国内外的合作者一起努力，达成建立杰出研究型图书馆联盟的共识"作为战略目标。由此可见，图书馆联盟不仅要使成员馆与成员馆、成员馆与联盟以及联盟与联盟开展合作，还应与博物馆、档案馆、出版社等其他相关机构合作，甚至应在世界范围内寻找利益伙伴，从而使联盟发挥出最大效益。

2.3 战略内容

战略内容是英国大学及研究图书馆联盟根据战略宗旨、战略目标所制定的具体内容，是联盟工作的主要行动方向和关注重点，它指导联盟在战略规划期内着重按照发展战略的要点开展具体工作。通过总结与归纳，笔者所调查的 7 个英国大学及研究图书馆联盟的战略规划内容包含了合作与共享、管理与效益、教学与科研环境、服务质量与评估、数字资源建设、服务方式创新、技术促进交流、人员培训、情报与调研、用户服务、出版物、云计算等方面的内容。其中合作与共享、管理与效益、教学与科研、质量与评估是大多数英国大学及研究图书馆所共同关注的话题。

2.3.1　合作与共享

合作与共享既是图书馆结盟的目的，又是联盟发展的手段。如前所述，图书馆联盟的工作核心就是通过联盟内外的合作与共享实现图书馆及图书馆联盟的目标。纵观英国大学及研究图书馆联盟的战略规划，从战略宗旨、战略目标到战略内容和战略任务，"合作与发展"是当之无愧的关键词，体现了图书馆联盟工作的重心。在被调查的 7 个英国大学及研究图书馆联盟中，每个图书馆联盟都将合作与共享作为发展的主要内容进行战略部署，特别是在 ENPC、M25、NOWAL 和 SCURL 的战略规划当中，均不止一次涉及了联盟的合作与共享。通过分析各联盟对合作与共享的表述，可以将合作与共享的战略规划分为以下两方面内容：

- 合作与共享的内容。英国各大学及研究图书馆联盟发展战略中合作与共享的内容多种多样，几乎涉及了图书馆及图书馆联盟工作的方方面面。例如 SCONUL 提出"我们将会开辟联盟服务的新领域，并聘请专家来负责服务传递"；采购联盟 ENPC 更重视资源采购方面的合作，其在 2007 年的年度报告中提出"要促进并鼓励成员馆之间的采购信息交换，完善本区域乃至全国性的采购计划，并适当调整采购模式和结构"；RLUK 重视"合作以降低成本提高质量"；全国大学图书馆联盟 M25 则强调"通过合作实现成员馆专业化的发展，并共享实践经验"；NOWAL 和 SCURL 也均在发展战略中提出了"联合采购、共享实践经验"等内容。

- 合作与共享的范围。如前所述，各图书馆联盟的合作与共享范围并不仅限于联盟内部，也涉及其他相同性质的联盟、不同区域的联盟以及联盟的管理机构等。在战略内容中，各联盟再次呼吁联盟自身要拓宽合作范围，积极与其他机构组织进行合作。例如 NOWAL 就在其战略规划中提出"为了联盟中大学图书馆的普遍利益，要与 SCONUL 及图书情报资助及规划机构 Jisc 等联盟开展合作"；RLUK 在检索方面也与 Jisc 开展了合作，提出"我们的资源需要更多有效的检索和发现工具，为了有效全面地收集资源，在今后三年里，我们将联合主要的合作者包括大英图书馆等机构组织，共同开发全国范围内的 COPAC 联合资源检索平台，提高一键式检索并获取资源和服务的能力。"；M25 则强调"要在联盟外部寻找有影响力的政策制定者及战略合作者，在服务方面与专业机构开展合作并开发创新项目"。由此可见，合作与共享在英国大学及研究图书馆联盟的工作中占有重要地位。

2.3.2　管理与效益

图书馆联盟是多个图书馆的集合体，实现其目标不能仅仅依靠各图书馆工作的简单相加，需要有条理地采取科学的管理方法来组织和协调图书馆及图书馆联盟的工作，从而确保联盟制定的各项措施和提供的服务能够满足机构可持续发展的各方面需求。英国大学及研究图书馆联盟的管理主要集中于财政和经济方面的管理及管理的效率和效益两方面。以 NOWAL 和 M25为代表的图书馆联盟主要强调管理方式的发展战略。例如 NOWAL 提出要"确保适当及有效的管理和财政控制，争取政府政策的支持，并为联盟争取投资"；M25 认为"要确保有效和高效的财政管理，引入市场机制并利用科技手段加强沟通，为联盟实践打下基础"，并针对这项战略具体提出要从政府管理部门、财政管理、技术、市场这 4 个角度来具体实施发展战略。管理必然产生效益，提高图书馆联盟的工作效率和效益，使投资得到应有的回报是图书馆联盟工作的目标之一。SCURL 较有代表性地在发展战略中指出要"提高工作效率"；采购联盟 ENPC 提出"要促进联盟的发展，从价格、质量等方面为成员提供超值的服务"；RLUK 认为"要在经济层面上为成员馆负责，将成员馆的影响力在其研究范围内最大化，同时要评估其与成员馆的合作模式，并以批判的眼光衡量联盟的发展，及时修正不科学的工作环节"。由此可见，进行科学管理并提高工作效率和效益是图书馆联盟发展的重要内容。

2.3.3 教学与科研

如前所述，迅速变化的内外部环境要求大学和研究图书馆联盟能够有足够的工作能力理解学者及研究人员迅速变化的信息需求，只有能够迅速变换学习角色并学习新技能，才能满足各种用户的需求，而核心则是图书馆联盟通过交流经验和实践来为用户建立良好的教学与科研环境。值得一提的是，英国大学图书馆联盟 M25 的发展战略紧扣两个主题："合作"和"教学与科研"，在 4 项主要发展战略当中紧紧围绕这两项主题展开规划，它认为要在成员机构当中展开合作，通过共享服务来形成跨部门的研究与合作，签订成熟的合作支持协议，为成员馆的教学与科研提供超值的服务。相比之下，SCONUL 则较为具体地指出"联盟将继续致力于学术沟通的健康循环，支持开放学术、开放获取、出版新模式和信息规范的改革。同时，将致力于图书馆的机构知识管理角色，为成员的发展与管理提供最好的实践"。总之，为学者与研究人员提供一个动态而高效的教学与科研环境，并帮助他们展示教学与科研成果以利于更好地沟通交流，从而提高大学及科研机构的科研水平，扩大其影响力，是联盟及其成员的共同要求。

2.3.4　质量与评估

各图书馆联盟无论是在战略宗旨、战略目标还是在战略内容中都纷纷提出要"表现卓越，追求质量"，与国内外的合作者一道为追求卓越表现而共同努力，以达到国际化的标准并赢得在大学及研究图书馆联盟中的领先地位，满足投资者及众多成员的需求。以英国研究图书馆为例，虽然科技图书馆的工作在其用户当中具有很高的价值，但由于较难评估其价值，使其在上级机构面前未受到足够重视。而且"卓越"、"杰出"和"高质量"的标准是什么，联盟工作究竟是否能满足用户的需求，这都是悬而未决的问题，需要有适当的评估体系来进行认证。所以 SUPC、RLUK 纷纷提出了要建立适当的评估机制来评价联盟及其成员的工作成果。例如 SUPC 将开发新的质量保证机制来为联盟的读者服务提供持续发展的动力；RLUK 则将同相关机构一起将管理最大化，例如，采用定标比超的方式，开发一些新的工具来向上级、投资者及用户证实研究图书馆可以延续以往在优势项目上的成果，甚至更有效率。简而言之，大学及研究图书馆的评估工作有时比其读者服务工作更为重要，向上级机关及投资者证实自身的价值和实力，是图书馆及图书馆联盟继续发展的重要前提。

2.4　战略任务

部分英国大学及研究图书馆联盟在制定战略宗旨、战略目标以及战略内容的基础上，提出了一些需要优先发展的重点领域作为战略任务。战略任务相对战略内容来讲更为具体，如果说战略内容是在宏观上为图书馆联盟的发展作出规划，那么战略任务则是重点强调了个别需要着重注意的领域，指导联盟及成员在工作中重点建设。以下列举了部分大学和研究图书馆联盟的战略任务，如表 1 所示：

表 1　英国大学及研究图书馆联盟的主要战略任务

联盟名称及规划时间	战略任务
SCONUL （2011—2015）	①宣传 SCONUL 的工作；②发挥 SCONUL 的领导作用；③加强成员的信息沟通，促进实践；④为成员馆提供开放的资源和 SCONUL 的统计数据，并开发新的服务模式；⑤加强成员的培训，以确保成员馆有能力满足其自身以及读者的需求；⑥提高学术图书馆和其中层管理部门的管理能力，为同行们提供更新知识和分享实践经验的机会。

联盟名称及规划时间	战略任务
SUPC （2011—2012）	①扩大采购合作联盟的范围；②建立成熟的评估体系；③促进科技开发与应用，以提高机构工作的效率。
RLUK （2011—2014）	①通过文章《图书馆对研究及研究者的价值》、《图书馆服务与学生满意度调查》、《RLUK 图书馆趋势研究》阐述联盟价值；②发展科技查新与参考咨询服务；③制定合理的期刊订阅价格；④实施人才培养计划。
NOWAL （2012）	①通过培训提高馆员个人影响力；②利用社会媒体进行自我宣传；③提高用户服务技能、加强沟通交流。
M25 （2010—2013）	①利用网页设计方便联盟图书馆间馆员的交流沟通；②在网站上评估 M25 的资源，方便服务共享；③使用任务包干小组（task and finish）管理具体项目；④开设一系列市场项目，促进联盟的活动与服务；⑤与 SCONUL 共享服务；⑥与性质类似的区域性高校图书馆联盟建立成熟的合作机制；⑦更新联盟管理档案；⑧重视联盟的政策以平衡预算与支出。

通过表 1 可以看出，英国大学和研究图书馆联盟的战略任务主要还是围绕其战略目标和战略内容而展开的，合作与共享、教学与科研、管理与培训等仍然是其规划战略任务的着重点。以 M25 为例，其战略任务的规划主要集中于交流共享和联盟管理两方面，提出了利用网络平台，在图书馆联盟的主页上设立"馆员办公室"项目，并设置在"馆长办公室"选项的旁边，以提高关注程度，方便联盟成员在馆员层面上的沟通，利于图书馆联盟的管理，同时用户也可以在网站上对 M25 的资源与服务进行评价。除了网络平台，M25 还提倡与 SCONUL 开展联盟间的合作，与这些有代表性的联盟通过举办会议等方式关注共同感兴趣的问题，并由此建立联盟间成熟的合作机制。在联盟管理方面，M25 提出要在经济方面重视投入与产出的效率比，保障收支平衡，并建议引进市场化管理机制来促进联盟的服务与活动。同时，对具体项目的管理可以分配给任务小组来处理，对联盟的档案管理也要加以关注。可以说，图书馆联盟的战略任务针对战略目标和战略内容提出了具体的执行措施，更加明确地划定了馆员优先工作的内容，是图书馆联盟工作的具体体现。

2.5 战略实施

战略实施是联盟对联盟发展战略的执行，常常以实施报告或年终总结的形式出现，用来汇报战略执行的情况及取得的成绩。以南部大学图书馆采购联盟 SUPC 为例，SUPC 是南部大学管理服务体系的组成机构之一，其资金主要来自于各个成员馆，本着对成员馆及联盟负责任的态度，其联盟通常在专业采购人员和技术专家的指导下进行。其战略宗旨是"集合成员馆、采购人员和投资人的意见，共同达成'联盟的选择'"，其战略规划的内容则主要包括：①与用户及成员、供货方和其他公共采购部门建立并保持良好的合作与管理关系；②召集拥有丰富专门技术能力的专业人员；③开发并提供可靠的质量保证机制，为读者服务提供持续的发展动力；④为继续教育机构及其他有意愿加入联盟的公共部门提供战略决策。通过对发展战略的实施，在 2010—2011 年间，SUPC 的服务范围扩大了 50%，并为成员馆节约经费近 1 700 万英镑，也就是说，每投资 1 磅用在订购 SUPC 的服务上就能回收 39 磅的利益。SUPC 在投资 2 亿多英镑的基础上又增加 2 600 万英镑，同时，为成员馆提供了成熟的评估体系和质量标准，为过去两年内新增的 25 个成员馆提供了 75 项合作协议，最终成为拥有 55 家硕士教育机构及 62 家博士教育机构的图书馆采购联盟[7]。经过对比笔者发现，SUPC 基本上按照其发展战略的规划实现了战略宗旨——以尽可能少的投入取得尽可能多的收益，满足了联盟成员的需求并获得成员馆的认可。

3　英国大学及研究图书馆联盟战略规划的特点

3.1　完整性强

通过对英国 7 个大学和研究图书馆联盟战略规划的研究，可以看到，首先，各联盟都普遍制定了针对现实情况的发展战略，具备较强的战略意识。各图书馆联盟将自身看作一个发展中的整体，重视其未来发展的走向，立足于联盟的属性和目标，通过分析当前局势来制定针对性强并切实可行的发展战略，积极为自身发展寻求道路，从而逐步实现短期目标，促进图书馆联盟的发展。其次，各图书馆联盟的战略规划较为完善，主体部分较为完整。各联盟以战略背景的分析为依据，从联盟的战略宗旨、战略目标出发，通过战略内容的阐述来指明联盟工作的方向，并在战略任务中加以强调和细化，最后落实到实践当中。不过，各图书馆联盟都有较为清晰的战略规划和发展思路，然而根据企业的战略管理模型来看，各联盟的战略规划与管理除上述几个重要部分之外，还需要进行相应的评价与控制，并及时对战略规划的各环节进行反馈，以便及时修正规划中出现的问题。

3.2 现实性强

从对英国各大学和研究图书馆联盟战略规划的介绍当中可以看出，各联盟的战略宗旨、目标、内容及任务的制定都是从其联盟自身的属性出发的，具有较强的现实性和指导意义。各联盟的发展战略规划无一不是以"教学与科研"为核心，在战略规划的各个方面都予以强调和重视。另外，各联盟也不忘自己的"联盟"属性，即其主要工作是协调各成员馆之间、联盟与成员馆之间、联盟与联盟之间、联盟与上级管理机构和投资者之间的关系，实现资源和服务的交流与共享，所以"合作与共享"也在各联盟的发展战略规划中占有重要地位。这两点体现了英国大学和研究图书馆联盟的战略规划紧扣联盟主题，从联盟的本质属性出发来指导联盟工作，具有很强的现实性。

3.3 连续性强

在笔者所调查的英国大学和研究图书馆联盟当中，大部分图书馆联盟施行 3 年或 4 年规划，有个别图书馆联盟如 NOWAL 施行 1 年的战略规划，除了最新的联盟发展战略，往往在联盟网站上还能找到以前的发展战略规划书和战略实施报告或年度报告，这说明各图书馆联盟的战略规划具有较好的连续性。值得一提的是，RLUK 的发展战略规划与其他联盟的发展战略规划不同，RLUK 近期战略规划的主题为：知识的力量（The Power of Knowledge），时间跨度从 2008 年至 2014 年，以 2011 年为界点，划分为 3 年一周期的两阶段。前一阶段的宗旨、目标等基础性的指导纲领较更早阶段来说基本不变，具体战略内容、任务则随着内外部环境的转变而及时更新，具有较强的连贯性，便于联盟工作的有序开展。战略规划的连续性使联盟得以稳定发展，在目标明确一致的前提下，找出前一阶段存在的问题，以进一步修改和控制新的发展战略，使联盟及时根据现实情况做出调整，最终在稳定中求得发展。

3.4 透明度高

英国大学和研究图书馆联盟的发展战略透明度高，一方面其战略规划书较易获得，不受限制；另一方面其主要战略目标和内容一目了然、细致清晰。笔者的调查资料主要来自于各图书馆联盟的网站，大部分联盟的战略规划书、年度报告等重要资料和文件在网站上均提供下载，有的联盟除了提供战略规划书的下载路径，还在网页中提纲挈领地介绍了其联盟的宗旨、目标和战略内容，方便成员、用户和投资者在宏观上了解联盟的发展动态。同时，联盟还会将与战略规划紧密相关的研究成果、统计数据、年度报告等上传到网站上供感兴趣的用户下载。如 RLUK 将其成员对联盟价值论证的研究成果《图书馆对研究及研究者的价值》、《图书馆服务与学生满意度调查》、《RLUK 图书馆趋势研究》等文章上传，以方便成员和用户以及投资者学习和研究，同时也是一个宣传自身、吸引投资者目光的好方法。在内容方面，各联盟对自身的发展进行了细致清晰的设计，并以战略规划书的形式公布出来，帮助其成员明确工作任务和目标，为用户和投资人树立信心，展现联盟寻求发展、追求卓越的积极态度。

3.5 目标定位高

调查发现，各联盟特别是研究图书馆联盟对联盟的工作效率和投入与产出比尤为重视，在战略目标及战略内容中常提及要提高工作效率，对资金投入与服务回报比率的期望值较高。究其原因，一方面是受英国经济不景气的背景影响，高等教育和继续教育正处在经费困难的时期，各联盟只能在控制成本的基础上不断提高管理与服务的效益；另一方面，英国图书馆联盟的经费渠道多元化，常会收到机构或个人性质的资助和投资，所以，为了吸引投资者的目光，并保证资金来源的稳定性和持久性，就需要图书馆联盟提高工作效率和效益，通过读者服务的效果来稳固投资者的信心，并在与其他联盟的竞争中取得佳绩。因此，通过适当的财政和行政手段对联盟进行管理，并通过合作与共享来降低成本，提高工作效率和效益，为成员和用户提供超值的服务，是联盟普遍期望达到的目标。

4 英国大学及研究图书馆联盟战略规划的启示

目前，我国的图书馆联盟正处在蓬勃发展的时期，全国性专业图书馆联盟、综合图书馆联盟、地区性专业联盟以及行业性图书馆联盟纷纷成立并得到了迅速发展[8]。随着我国高等教育及科学技术的发展，发展战略已成为我国各大学及研究图书馆联盟建设必不可少的内容，因此，各联盟纷纷制定战略规划。尽管我国大学及研究图书馆联盟的战略规划工作已经起步，但与英国相比，还存在许多问题，而英国大学及研究图书馆联盟的战略规划对我国恰好有诸多启示。

4.1 战略规划文本应规范

与英国相比，我国大学及研究图书馆联盟战略规划文本不够规范。从整体来看，我国大学及研究图书馆联盟的战略规划文本主要包括战略背景、发展目标、建设任务、组织管理、规划实施等内容[9-11]；从个体来看，各联盟战略规划文本的内容多寡不一，一方面表现在战略规划内容的前后顺序不同以及内容的合并或缺失；另一方面表现为内容名称的不规范，如"目标"与"宗旨"、"原则"与"思想"等词汇的混用，这既不利于图书馆联盟之间的交流与学习，也不利于学术界的研究与探讨。

4.2 理论研究应跟上实践的步伐

目前，我国学术界对图书馆个体或行业整体发展战略的研究颇为重视，并取得了丰硕成果，但对图书馆联盟发展战略的研究却未引起重视，既无国家级研究课题，也无专著，只有少量学术论文。因此，学术界应加强图书馆联盟战略规划的理论研究，既要研究图书馆联盟战略规划的基本理论，也要研究战略规划文本的写作规范，从而为我国大学及研究图书馆联盟的战略规划实践提供理论保障。

4.3 增强战略规划制定的主动性

相比英国大学及研究图书馆联盟的战略规划，我国大学及研究图书馆联盟的战略规划则缺乏足够的行业自主性和规划的主动性。对于战略规划，我国的大学及研究图书馆联盟大多依靠或参照上级行政主管部门的工作方案而制定，缺乏对更大范围的发展环境方面的考察。关于战略规划的周期，则大多与国民经济的五年规划一致[12-13]，缺乏有针对性的周期性计划。过长的战略规划周期不利于工作效率的提高，也不利于及时解决规划实施中的问题。因此，我国大学及研究图书馆联盟应提高制定战略规划的积极性与主动性，根据具体情况适当缩短规划周期或增加短期战略目标规划，以利于实现战略规划价值的最大化。

4.4 增强战略规划的透明度

英国大学和研究图书馆联盟的战略规划具有较强的透明性，在其网站上能够轻易获取。相比之下，我国大学及研究图书馆联盟的战略规划则较少公开，多作为内部文件供内部人员讨论交流，获取难度较大，这不利于公共资源竞争能力的塑造和公共形象与公共监督的形成，也不利于联盟之间的学习与交流。为实现联盟的健康发展，在制定了战略规划之后，各联盟应该通过网上公开、举办研讨会等方式对发展战略进行宣传[14]。通过宣传，可以达到5个目的：①可以向管理机构证实自身的价值和前景，赢得关注和认可，获得更多法律及政策上的倾斜与支持；②使联盟成员树立信心，并吸引更多新成员，为联盟带来新鲜血液，促进联盟的发展；③帮助用户了解联盟的属性和服务内容，提高联盟及其成员馆的资源利用率，进而实现联盟及成员馆的目标；④便于借鉴其他联盟的优秀经验，及时弥补自身的不足；⑤为学术研究提供基础资料。

4.5 积极与各类相关机构开展合作

正如英国大学和研究图书馆联盟战略规划所反复强调的，联盟的目标和宗旨就是通过合作来降低成本、共享服务，从而满足成员和用户的需求。所以，合作与共享是战略规划和联盟工作的重中之重。对我国大学及研究图书馆联盟来说，交流与合作同样重要。目前，我国的图书馆联盟呈现出不断交叉和走向超级联盟的趋势，一些图书馆同时参与了多个联盟，一些图书馆联盟开展了合作，进而结为更大的联盟[15]。例如，CALIS 在三期建设中开展了与上海图书馆的合作，并积极探讨与 NSTL 进行合作的可能性，为联盟间的合作积累了经验。但更多联盟尚未开展联盟间或联盟与图书馆的交流与合作。因此，我国的大学及研究图书馆联盟应在今后的工作中广泛开展与联盟内外组织机构的合作，在资源、服务、人员培训等领域进行深入交流，以使图书馆联盟产生更大的经济和社会效益。此外，还应与学术机构开展合作，为联盟的战略规划寻找理论支撑，在遵循共性的基础上，有针对性地制定符合联盟自身条件的发展战略。

参考文献：

［1］ 何海燕．战略管理［M］．北京：北京理工大学出版社，2009：14.

［2］ SCONUL. SCONUL strategy 2012 – 2015［EB/OL］．［2013 – 01 – 25］. http：// www. sconul. ac. uk/page/sconuls – strategy.

［3］ RLUK. The power of knowledge：The RLUK strategic plan 2008 – 2011［EB/OL］. ［2013 – 01 – 25］http：//www. rluk. ac. uk/content/rluk – strategic – plan.

［4］ SUPC. SUPC organization［EB/OL］．［2013 – 01 – 25］. http：//www. supc. ac. uk/ aboutsupc/aboutus.

［5］ SCURL. Strategy and plan 2012 – 2014［EB/OL］．［2013 – 01 – 27］. http：// scurl. ac. uk/ViewNews/tabid/575/articleType/ArticleView/articleId/586/SCURL – Strategy – and – Plan – 2012 – 2014. aspx.

［6］ M25. M25 strategy plan［EB/OL］．［2013 – 01 – 27］. http：//www. m25lib. ac. uk/ strategic_ plan_ 2010_ 11_ 2012_ 13. html.

［7］ SUPC. SUPC 2011 annual report final［EB/OL］．［2013 – 01 – 30］. http：// www. supc. ac. uk/aboutsupc.

［8］ 王真．图书馆联盟建设研究［M］．天津：天津大学出版社，2011：15.

［9］ CASHL 管理中心．CASHL2005 年度工作计划［J］．CASHL 通讯，2005（1）：23 – 24.

［10］ 肖珑．高校图书馆战略发展规划制定的案例研究［J］．图书馆建设，2011（10）：21 – 24.

［11］ CALIS 内部管理发布中心．陈老师谈 CALIS 项目的战略目标［EB/OL］．［2013 – 04 – 20］. http：//gl. calis. edu. cn/forum. php? mod = viewthread&tid = 5&extra = page%3D1.

[12]　赵益民. 图书馆战略规划流程研究 [M]. 北京：国家图书馆出版社，2011：36.

[13]　武汉大学图书馆. 湖北省高等学校数字图书馆"十二五"发展规划顺利通过专家论证 [EB/OL]. [2013 – 04 – 19]. http：//www. lib. whu. edu. cn/news/view. asp? id = 2004.

[14]　CASHL 管理中心. 建设、发展、宣传——CASHL2007 年回顾与 2008 年工作计划 [J]. CASHL 通讯，2008（1）：2 – 5.

[15]　李秋实. 联合保障，联合服务——TALIS 的探索与发展 [EB/OL]. [2013 – 04 – 20]. http：//www. doc88. com/p – 717936897434. html.

作者简介

高波，华南师范大学经济与管理学院信息管理系主任，教授；

王少薇，华南师范大学经济与管理学院信息管理系 2011 级硕士研究生，通讯作者，E-mail：wangshaov@ 163. com。

印度图书馆联盟战略规划实践及启示

1 引　言

图书馆联盟（library consortia）是指为了实现资源共享、利益互惠的目的而组织起来、受共同认可的协议和合同制约的图书馆联合体[1]。图书馆联盟发展至今，若要始终保持有利的竞争优势，清晰、明确的战略规划必不可少。战略规划对于图书馆联盟的发展具有非常重要的价值，可以更清晰地剖析联盟的内部优劣势以及外部环境，给联盟发展提供明确的目标及方向，帮助联盟更好地迎接未来的挑战。然而无论是在制定还是研究上，图书馆联盟战略规划却未能像近年来图书馆战略规划那样受到重视，因此，有必要对图书馆联盟战略规划进行全面系统的研究。作为发展中国家，印度最早的资源共享活动可以追溯到 1965 年，其标志是印度国家科学文献中心（India National Scientific Documentation Centre，INSDOC）编制了印度科学期刊联合目录（National Union Catalogue of Scientific Serials in India，NUCSSI），并在此基础上开展了馆际互借和文献传递等服务[2]。而同样作为发展中国家，有关印度图书馆联盟战略规划的研究，将对我国有着一定的参考和借鉴作用。

2　印度图书馆联盟战略规划概况

根据 J. Arora[3] 统计，印度约有 470 余所大学和22 064所大学附属机构，有着仅次于美国和中国的世界第三大高等教育系统，如此庞大而复杂的教育系统却始终面临着资金短缺的局面，而图书馆联盟是帮助图书馆摆脱资金困境，实现资源利用最大化的有效途径，这也是印度始终致力于研究和发展图书馆联盟的根本原因。有关印度图书馆联盟的理论研究起步较早，研究成果涉及多个方面，包括对若干联盟进行系统介绍并总结经验以及深入研究联盟的管理机制、发展模式等方面，研究从浅到深，逐步完善，但至今还未有人对印度图书馆联盟战略规划进行系统研究。本文拟对印度目前主要的 7 个图书馆联盟的战略规划进行分析，并总结其对我国的启示。

在实践领域，虽然目前战略规划已经得到印度部分图书馆联盟的重视，并且已经开展了战略规划活动，但这些活动大多作为联盟内部活动而不对外公开，很难获取战略规划的完整资料。通过对印度图书馆联盟战略规划的研究，发现其具有以下特点：①印度图书馆联盟大多受政府支持，因此其战略规划活动的开展受政府政策影响较大。如印度国家科技数字图书馆联盟（India National Digital Library in Science and Technology-All India Council for Technical Education，INDEST-AICTE）的运作得到了印度政府的大力支持，不仅为核心成员的电子资源采购提供全额资助，而且为整个联盟的运作提供经费支持，甚至派遣人力资源发展部（Ministry of Human Resource Development，MHRD）官员直接参与整个联盟的管理运作，因此联盟的各项活动，包括战略规划的制定和实施都是受印度政府直接管理的[4]。②透明度较低，战略规划多作为图书馆联盟内部文件而不对外公开，公众很难知悉其制定与实施的具体情况。在这一方面，一些发达国家就做得非常好。例如，作为图书馆联盟的发源地和兴盛地，美国是最早开展图书馆联盟战略规划活动的，也是目前为止图书馆联盟战略规划发展状况最好的，其图书馆联盟战略规划的公开性也非常规范，直接在 Google 上就可以搜索得到美国，而且战略规划文本大多较规范系统，如 Tampa Bay Library Consortium Strategic Plan 2010—2013[5]、MOBIUS Library Consortium Strategic Plan 2012—2015[6]等。③虽然印度图书馆联盟战略规划的完整性不强，但大多重视联盟目标体系的构建。战略规划的核心是战略目标，只有目标得到有效执行才能真正发挥作用。印度最大的图书馆联盟——印度大学教育拨款委员会－信息网络电子期刊联盟（University Grants Commission-Information and Library Network，UGC-INFONET）的目标体系构建得非常完善，不仅包括联盟的战略目标，还对目标进行了详细阐述，可以将其视为各个具体目标的行动指南，为联盟未来的发展提供了明确的方向[7]。④对联盟战略规划实施情况的反馈不够重视，所调查的印度图书馆联盟均很难获取有关联盟战略规划实施情况的反馈资料，这不利于保证联盟战略规划的连续性及后续完善工作。

3 印度图书馆联盟战略规划实践现状

利用文献调查法和网络调查法，笔者首先查找并阅读分析了一些相关文献，然后利用 Google 作为搜索工具调查国际图书馆联盟联合会（The International Coalition of Library Consortia，ICOLC）网站以及各联盟官方网站，统计出目前印度主要有各类图书馆联盟约 15 个[8-11]。其中，网页链接不到或网页已失效的有 4 个，网站正常但未公布联盟战略规划的有 4 个。最终根据各联盟获取资料的完整性及联盟特性，选取其余 7 个较有代表性的图书馆联盟近年来的战略规划文本进行研究。这 7 个联盟分别为 UGC-INFONET、印度科学和工业委员会电子期刊联盟（Council of Scientific and Industrial Research-National Institute of Science Communication and Information Resources，CSIR-NISCAIR）、INDEST-AICTE、印度通信与信息技术部图书馆联盟（Ministry of Communications and Information Technology，MCIT）、HELINET 联盟（Health Science Library and Information Network，HELINET）、ICICI Knowledge Park 联盟（Industrial Credit and Investment Corporation of India，ICICI Knowledge Park）和 CeRA 联盟（Consortium for e-Resources in Agriculture，CeRA）。

3.1 战略规划体例分析

体例是战略规划长期发展过程中形成的较为系统的战略规划文本的组织结构样式，主要涉及目标、使命、愿景、环境扫描、措施、指标、评价体系等构成要素[12]。目标是战略规划最基本的构成要素；使命是图书馆联盟表述自身社会责任的重要部分；愿景是对未来一段时期发展蓝图的勾勒。大多数战略规划都包含这几项体例，它们是战略规划的核心。根据印度图书馆联盟战略规划的实际情况，本文将战略规划体例从简介、目标、使命、愿景、环境、功能等 5 个方面进行统计分析，其分布情况如表 1 所示：

表 1　印度图书馆联盟战略规划体例构成分布

联盟名称 ＼ 体例	简介	目标	使命	愿景	环境	功能
UGC-INFONET	√	√	√	√		√
CSIR-NISCAIR	√	√	√			√
INDEST-AICTE	√	√				
MCIT	√	√				
HELINET	√		√			
CeRA	√	√				
ICICI Knowledge Park	√	√	√		√	

注："√"代表有，空格表示没有。下表同。

从表 1 可以看出，并不是所有的图书馆联盟都包含全部必备的体例。大多数联盟包含简介、目标、使命等要素，而涉及愿景、环境、功能等要素的联盟则相对较少。在目标描述方面，UGC-INFONET 电子期刊联盟与其他联盟有所不同，它不仅列出了较宏观的战略目标（objective），还详细阐述了具体目标（goal），可以为联盟各项活动的开展指明具体的方向，这也是值得其他联盟学习的地方。印度图书馆联盟的战略规划在体例构成方面虽然有值得借鉴的地方，但并不是十分完善，这与图书馆联盟战略规划所受到的重视程度有关，而且不同联盟的战略规划体例不拘泥于统一标准，各个联盟只揭示自己比较注重的要素，彼此之间有较大差异。虽然战略规划的重要价值在于揭示联盟未来的发展方向，不必过于看重形式，但规范的文本构成更有利于战略规划价值的实现。

3.2 战略规划内容分析

体例是为内容服务的，制定战略规划就是为了解决图书馆联盟发展的战略问题。战略规划的内容可以反映图书馆联盟在不同发展环境下的战略选择，好的战略规划内容可以为其他图书馆联盟在遇到类似问题时提供参考。通过对 7 个印度图书馆联盟战略规划的研究和分析，本文将其所涉及的战略规划内容划分为 7 类，如表 2 所示：

表 2 印度图书馆联盟战略规划内容构成分布

内容 联盟名称	环境分析	经费	服务	资源	技术	管理	合作	人员培训
UGC-INFONET		√	√	√	√	√	√	√
CSIR-NICSAIR			√	√	√			√
INDEST-AICTE			√	√	√			√
MCIT			√	√	√			
HELINET		√	√	√				
CeRA			√	√				
ICICI Knowledge Park	√		√	√	√	√		

3.2.1 资源与服务

从表 2 可以看出，资源与服务是图书馆联盟共同关注的焦点，样本均以较大篇幅阐述这两项内容。众所周知，资源是图书馆的重中之重，那么对于以资源共享和资源利用最大化为目的的图书馆联盟来说，资源同样值得重点关注。对于各联盟可为成员提供的资源，包括联盟的出版物等，各战略规划均重点提及，各个联盟也始终致力于资源的建设和共享。而对于服务这一内容，7 个联盟均在战略规划中详细阐述了各个联盟所能提供的服务以及服务的具体方式和对象等。由此可见，"资源"与"服务"是图书馆联盟战略规划中必不可少的内容，资源是为用户提供服务的基础，而服务是使资源得到有效利用的方式。

3.2.2　联盟的基本保障

经费、技术、管理也是战略规划的重要组成部分，因为它们都是图书馆联盟正常运行的基本保障。只有以充足的经费和先进的技术为基础，并且有条理地采取科学的管理方法来组织和协调图书馆联盟的各项工作，才能确保联盟的可持续发展。印度图书馆联盟也逐步开始将经费、技术、管理等基本保障在战略规划中表现出来，例如，UGC-INFONET 电子期刊联盟在其战略规划中表明了经费的来源、先进技术的开发和利用以及适当的管理手段和策略，对于图书馆联盟来说都是非常重要的影响因素。因此，如何顺利地筹措经费并且妥善分配和使用，合理地开发并利用好相关的技术，适当地采用管理策略已成为各个图书馆联盟战略规划中的重要问题。

3.2.3　环境分析

战略规划中涉及环境分析内容的联盟较少，7 个联盟中仅有 ICICI Knowledge Park 联盟有所提及。如今，对所处环境进行理性分析并据此做出相应的决策是图书馆联盟能在竞争激烈的环境中存活下来的关键，可能现在大多数印度图书馆联盟对此还不太重视，期待其他几个联盟在此方面做出改善。

3.2.4　合作与人员培训

UGC-INFONET 电子期刊联盟、CSIR 电子期刊联盟和 INDEST-AICTE 联盟分别在战略规划中涉及合作和人员培训的内容，可见它们均已意识到合作和人力资源的重要性。通过联盟之间的合作，取长补短，争取实现一个共赢的结果，而通过培训等手段优化人力资源，留住人才，同样也是图书馆联盟战略规划必不可少的内容。总体而言，虽然目前印度图书馆联盟战略规划的内容还有待改进，但就这些不可缺少的内容而言，还算比较齐全，期待未来每个图书馆联盟都能拥有一个完整恰当的战略规划，从而对联盟的发展起到实质性的指导作用。

3.3　战略规划实践中存在的问题

3.3.1　拥有完善战略规划的联盟数量较少

从整体上看，印度图书馆联盟对战略规划文本的制定较为忽视，对其必要性、制定目的、作用等方面也缺乏阐述，并且很少在网站上公布自己的规划文本，即使公布了一部分内容，也不够完善。尽管如此，对我国而言，并非无可取之处。在所调查的 7 个印度图书馆联盟中，虽然战略规划文本并不是十分充足和完善，但对战略规划必备的要素均有所涉及，如 UGC-INFONET

电子期刊联盟虽然没有系统的战略规划文本，但在官网上列出了目标、使命、愿景等要素。

3.3.2 已有的战略规划规范性不够

一份完整规范的图书馆联盟战略规划文本，需要包括目标、使命、愿景、价值观、环境扫描、战略、评价体系等方面[13]。因此，图书馆联盟战略规划应当建立目标体系，进而制定战略、予以实施并且进行评价。而印度图书馆联盟制定的战略规划中几乎没有价值观、战略、评价体系等内容，目标体系也大多停留在一级目标，仅有 UGC-INFONET 电子期刊联盟对二级目标进行了细分和阐述。此外，很多联盟的战略规划均缺乏环境分析，没有根据战略环境的变化而进行修改和完善，难以确保其连续性。总体而言，印度图书馆联盟已有的战略规划规范性不够，还有待于进一步的改进和完善。

3.3.3 对战略规划进行推广和宣传的意识淡薄

战略规划的推广和宣传有助于提升图书馆联盟的知晓度和形象，可以在一定程度上扩大联盟服务的范围。对于图书馆联盟来说，并不是说把战略规划文本发布到网上就等同于做到了很好的宣传。长期以来，很大一部分人认为关乎本机构的规划应作为内部文件，不宜对外发布宣传，其实这正是曲解了规划的本质[14]。在所有调查对象中，规划文本的隶属模块最常见的属于"机构详情"（About Us），几乎所有图书馆联盟均采用浏览方式呈现战略规划，不能从网站上直接下载战略规划文本，部分文本甚至无法从其官方网站上获取。可见，印度图书馆联盟战略规划还需要更广泛的推广和宣传。

4 印度图书馆联盟战略规划对我国的启示

印度和中国作为世界上两个最大的发展中国家，其图书馆学的起源和发展轨迹很相似，但又各具特色。中国图书馆联盟战略规划研究虽然还存在一定不足，但近来也稍有起色。如中国高等教育文献保障系统（China Academic Library Information System，CALIS）于 2011 年筹备制定"十二五"战略规划[15]；国家科技图书文献中心（National Science and Technology library，NSTL）也于2012 年初步形成国家科技图书文献中心的"十二五"发展规划初稿[16]。印度图书馆联盟战略规划的发展虽然称不上十分完善，但在研究其战略规划的过程中，还是会获得很多启发。因为印度图书馆联盟战略规划存在的问题，有些也是我国图书馆联盟战略规划面临的问题，借鉴经验，取长补短，我国图书馆联盟才会得到更好的发展。通过对印度图书馆联盟战略规划进行研究，笔者认为其对我国有以下启示：

4.1 强化战略规划意识，制定适合中国国情的战略规划

目前我国图书馆联盟战略规划无论是制定还是研究，都存在一定的欠缺，究其原因，最基本的就是战略规划意识比较淡薄。若要改变这个现状，当务之急就是要树立科学规范的战略规划理念，并将此纳入图书馆联盟的管理观念中。只有真正意识到战略规划的重要性，才能促进图书馆联盟战略规划理论和实践的发展。

印度图书馆联盟在很大程度上得益于政府部门的大力支持，其成功经验值得我国借鉴，我国图书馆联盟的发展同样需要政府的支持、引导、协调和管理，政府对图书馆联盟战略规划的重视与支持有利于促进和保障其发展。既然需要政府的支持，就必须证明自己的价值，积极地进行自我营销，战略规划就可发挥这样的作用。战略规划不仅可以帮助联盟管理者快速准确地做出决策，也可以作为图书馆联盟向公众及管理部门宣传自身价值，获取经费投入和社会捐赠的重要手段。而且，大量战略文本内容的重复性表明，战略规划具有较大的共性，制定战略规划能够帮助决策者简化复杂问题的处理程序[12]。因此，增强图书馆联盟的战略规划意识，重视其制定，是保障图书馆联盟长期发展的基础。国情不同，图书馆联盟的管理机制与决策方式也有所不同，因此，可以参考印度图书馆联盟战略规划的实际情况，结合中国的国情，形成具有中国特色的战略规划。

4.2 重视战略规划制定团队的专业性及广泛参与性

专业团队以及科学的制定流程可以让战略规划更加科学、系统，契合联盟的实际情况，同时也可以丰富规划内容，更好地实现联盟的自身价值。印度图书馆联盟战略规划的制定流程没有完整公开，笔者调查的 7 个印度图书馆联盟也均没有表明战略规划的制定主体。而通过对中国图书馆联盟网站的调查发现，中国图书馆联盟也存在相同的问题，战略规划的制定主体和制定过程比较模糊。可见，中印两国对此均不够重视，没有公布有关制定主体和制定流程方面的信息。

除专业团队外，不同阶层、不同立场的参与者对战略规划的制定也有一种帮助。战略规划制定得是否适当，能否得到有效实施，以及是否能取得预期的效果，很大程度上取决于对各阶层人群的准确把握。因此，好的战略规划不仅要确保制定团队的专业性，广泛听取多方面意见也是很有必要的。

4.3 保证战略规划文本的规范性

规范战略规划文本可以通过完善战略规划体例和丰富战略规划内容两个方面来实现。体例是战略规划的基本框架，完善的体例是高质量的战略规划

所必备的。经过长期的研究和实践，战略规划已基本形成固定的体例。印度图书馆联盟有不少都具备目标、使命、愿景等核心体例，涉及的内容虽然不能达到英、美等发达国家的标准，但目标等核心内容均包括在内。而从整体来看，我国图书馆联盟战略规划文本规范性差异较大，体例多寡不一，无统一标准[17]。我们应该在借鉴印度图书馆联盟战略规划的基础上，结合中国的实际情况，逐步明确体例构成，不断丰富战略规划的内容，形成对联盟的工作有实际指导意义的有价值的战略规划。

4.4　增强战略规划的公开性

图书馆联盟战略规划是联盟向社会宣传自身价值，提升自身形象，扩大联盟成员以及服务群体的重要依据。可是如果没有良好的宣传策略，即使再完善的战略规划，也无法发挥其作用。图书馆联盟应通过多种途径对战略规划进行宣传，让公众了解战略规划的实际情况，而不应只将其作为内部文件。比如，可以将战略规划文本翻译成多种语言版本，便于其他国家的相关人员获取和阅读；或者把战略规划置于网站的显要位置，便于查找。如今，就中印两国图书馆联盟的战略规划实际情况来看，如果辅以有力的宣传推广策略来增强战略规划的公开性，图书馆联盟的价值可以得到进一步体现，形象可以得到进一步提升。

4.5　注重战略规划的实施反馈及评估

战略规划是图书馆联盟未来几年的发展框架及展望，其重要价值在于揭示联盟的发展方向。大量规范的战略规划文本的形成只是整个战略规划制定与实施过程的一部分，更重要的是具体实施、反馈与评估。目前中印两国都存在一个普遍的问题，就是很难获取与战略规划实施情况相关的信息，从行业整体来看，还未形成良好的战略规划机制，已经制定的战略规划的实施过程与实施效果也不理想。因此，我们在制定联盟战略规划的过程中，要注意对战略规划的实施情况进行详细阐述，并且注重征求反馈意见，根据反馈意见及时进行补充完善和版本更替，保证战略规划的时效性及连续性。在评估方面，首先可以结合国内外经验，建立评估指标体系，进行规范化评估；其次，各图书馆联盟之间可自发成立规划与评估委员会，实行互相评估与监督，主要负责图书馆战略规划的制定与阶段性评估；最后，除同行评估外，还可以与外部机构的定期评价相结合，进行多层次评价，消除战略规划制定的模糊性。只有使图书馆联盟战略规划得到及时有效的实施、反馈与评估，发挥出战略规划的实际作用和价值，才能推进图书馆联盟的发展。

5 结 语

图书馆联盟战略规划，指明了联盟的发展方向和目标，对于联盟来说非常重要。印度图书馆联盟的战略规划实践虽有不足，但与我国相比，还有许多值得借鉴之处。我们应认真学习印度图书馆联盟战略规划的成功经验，提高战略规划意识，丰富战略规划的内容，加大对战略规划的宣传力度，以使我国图书馆联盟健康快速发展。

参考文献：

［1］ 吴慰慈．图书馆学基础［M］．北京：高等教育出版社，2004：102.

［2］ 梁丽君，高波．印度图书馆信息资源共享模式研究［J］．图书情报工作，2010，54（15）：105 – 108.

［3］ Arora J，Trivedi K．UGC-INFONET Digital Library Consortium：Present services and future endeavours［J］．Library & Information Technology，2010，30（2）：15 – 25.

［4］ 郭彩峰．印度 INDEST-AICTE 联盟发展研究［J］．图书馆学研究，2013（11）：94 – 97.

［5］ MOBIUS Library Consortium Strategic Plan 2012 – 2015［EB/OL］．［2014 – 04 – 15］．http：//mobiusconsortium. org/bitcache/cd7a63538163c4e2425293b2934fbc79d9afefbd? vid = 13046&dis position = attachment&op = download.

［6］ Tampa Bay Library Consortium Strategic Plan 2010 – 2013［EB/OL］．［2014 – 04 – 15］．http：//tblc. org/wp-content/uploads/2011/. . . /Tblc-Plan – 2010 – 131. pdf?．

［7］ INFLIBNET．About us［EB/OL］．［2014 – 04 – 14］．http：//www. inflibnet. ac. in/about/.

［8］ Singh K，Rao V B．An overview of the library consortia in India［J］．INFLIBNET Centre，2008（6）：140 – 149.

［9］ Moghaddam G G，Talawar V G．Library consortia in developing countries：An overview［J］．Program：Electronic Library and Information Systems，2009，43（1）：94 – 104.

［10］ Bansode S Y．Library consortia in India：Issues and prospects［J］．Trends in Information Management，2007，3（2）：138 – 152.

［11］ 林芳．印度图书馆联盟研究［J］．图书馆杂志，2007（12）：58 – 61，75.

［12］ 陈昊琳，柯平，胡念，等．美国公共图书馆战略规划制定对我国的启示：一种基于文本分析的研究［J］．图书情报工作，2010，54（15）：11 – 15.

［13］ 盛小平．大学图书馆战略规划的几个基本问题［J］．大学图书馆学报，2009（2）：14 – 18.

［14］ 何颖芳，张文亮，陆晓红，等．我国公共图书馆战略规划的实践和思考［J］．情报资料工作，2013（1）：16 – 20.

［15］ 柯平，贾东琴，李廷翰．关于图书馆"十二五"战略规划的若干思考［J］．图书馆工作与研究，2011（3）：4－11.

［16］ NSTL《十二五发展规划》的思路与建设任务［EB/OL］．［2014－04－16］．ht-tp：//162.105.139.36： 8104/newspublisher/ckeditor/uploader/upload/fileupload/1-NSTL 十二五发展思路与建设任务－袁海波 1333613935226.pdf.

［17］ 高波，王少薇．英国大学及研究图书馆联盟战略规划特点及启示［J］．图书情报工作，2013，57（17）：26－33.

作者简介

陈雪梅，华南师范大学经济与管理学院硕士研究生，E-mail：xuemei.726@163.com；

高波，华南师范大学经济与管理学院信息管理系主任，教授。

国 内 篇

国内图书馆战略规划研究 现状与趋势分析

——基于 CNKI 研究论文的实证分析

1 引 言

我国图书馆战略规划研究始于 20 世纪 80 年代，近几年，随着图书馆所处的政治与文化环境、信息技术、用户需求以及图书馆定位与使命等的变化，图书馆开始重视战略规划的应用，战略规划逐渐成为国内图书馆界的研究热点。李健等对国外公共图书馆战略规划研究状况进行综合分析，探讨了其研究的主要领域、研究特点及研究的发展趋势[1]。赵益民则从学术研究、专业教育、实践运作等方面对国内外图书馆战略规划发展历程进行了比较分析[2]。对国内图书馆战略规划研究文献进行回顾与总结，易于发现其研究现状、动态与发展趋势，有助于推进我国图书馆战略规划研究的深入与创新。但目前对国内图书馆战略规划研究成果进行系统性归纳与总结的专门研究还较少。本研究采用定量和定性分析相结合的方法，对国内图书馆战略规划研究文献进行综合分析，反映国内图书馆战略规划研究的最新进展，以期对我国"十二五"及未来一段时间内的图书馆战略规划研究和实践有所裨益。

2 文献调研

2.1 样本与方法

本文以"中国期刊全文数据库"（CNKI）作为数据来源，以"图书馆"并含"战略规划"为检索词进行主题检索（截至 2012 年 8 月 5 日），共获得190 条检索记录。CNKI 作为目前世界上最大的连续动态更新的中国期刊全文数据库之一，所含信息量巨大，更新速度最快，收录国内 9 100 多种重要期刊，内容覆盖自然科学、工程技术、农业、哲学、医学、人文社会科学等各个领域，全文文献总量截至 2012 年 8 月 5 日已达 4 197 多万篇，且中心网站每日更新[3]。以 CNKI 为来源数据库，以"图书馆"并含"战略规划"为检索词进行主题检索，在一定程度上能够反映国内有关图书馆战略规划的研究现状。本研究将获得的190条数据进行处理，剔除"通知"、"报道"等文献，最后获得172篇研究论文。本研究采用文献计量方法，对年度论文数量、作者分布与研究机构分布、期刊分布等进行了统计分析，以期洞悉我国图书馆战略规划研究现状。

2.2　研究论文历年分布状况

我国图书馆战略规划研究起步较晚，在经历了较长一段时间的计划发展阶段之后，到20世纪80年代之后，才开始关注图书馆战略规划研究，如图1所示：

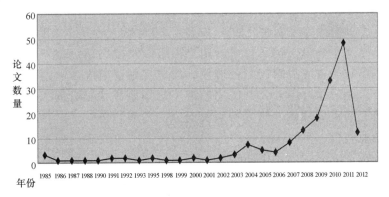

图1　图书馆战略规划研究论文年代分布

较早关注图书馆战略规划的专门研究文献为1985年《图书馆建设》第12期上发表的《黑龙江省图书馆发展战略规划》、《黑龙江省公共图书馆现代化发展战略规划》等一组文章。之后，1985—2007年20年余年的时间内图书馆战略规划研究文献呈现平稳发展态势。2008年图书馆战略规划研究明显增多，论文量达13篇，图书馆战略研究开始引起学界关注。2008年除了有大量研究文献公开发表外，在国家社会科学基金项目中也出现相关选题，如由柯平主持的国家社会科学基金重点项目"公共文化服务体系中的图书馆战略规划模型与实证研究"、由杨海平主持的社会科学一般项目"我国数字内容产业发展战略研究"，这表明图书馆战略规划研究受到理论界的广泛重视。2008年至今，国内图书馆战略规划研究呈现持续上升趋势，2011年发表的文献数量最多达48篇，掀起国内图书馆战略规划研究热潮，这主要是因为2011年作为国民经济"十二五"开启之年，全国各行各业关注"十二五"发展规划的制定，图书馆事业也不例外，本年内出现了大批有关图书馆"十二五"战略规划制定的相关文献。同时，2011 年，国家社会科学基金项目中两项涉及图书馆战略规划，如由朱强主持的社会科学重点项目"面向泛在信息社会的国家战略及图书馆对策研究"和由龚蛟腾主持的社会科学一般项目"公共文化服务体系中社区图书馆发展战略研究"。由于检索时间限制，2012 年统计数据并不全面，仅有 3—4 个月的期刊文献数量（12 篇），按照目前的发文趋势预计，全年的发文量仍会持续超过 2011 年。

2.3　论文的作者及作者机构分布

2.3.1　作者分布

对作者分布情况进行分析，有助于了解该领域作者发文的大体情况，确定该领域的重要研究者，进而实现对该领域的跟踪研究。所获取的 172 篇论文共涉及 283 位作者，其中发表 3 篇论文以上的重要作者共 9 人（占作者总数的 3.18%），而绝大多数研究者只发表了 1 篇相关文献（占作者总数的 89.05%），具体统计数据如表 1 所示：

表 1　论文的著者分布

发文量（篇）	作者数量（个）	占作者总人数比例
12	1	0.35%
8	1	0.35%
5	2	0.71%
4	2	0.71%
3	3	1.06%
2	22	7.77%
1	252	89.05%
总计	283	100%

近几年随着图书馆环境的变化，图书馆亟需通过管理机制创新促进组织的持续、健康发展。战略规划作为一种科学的管理模式，是促进图书馆可持续发展的有效途径和方法。面临新的发展趋势，众多学者纷纷投入到图书馆战略规划研究中来，呈现出百家争鸣的景象。令人欣喜的是，在众多研究者中，有个别学者近几年内专注于此研究，发文较多，成为该领域的核心研究者，如柯平多达 12 篇，赵益民达 8 篇，初景利和陈昊琳达 5 篇。此外，值得关注的是有个别研究者尽管发文数量较少，如于良芝（发表 3 篇）、盛小平（发表 2 篇），吴建中（发表 1 篇），但其文献具有较高的影响力，论文被引频

次位于前列，也成为该领域的重要研究者。

2.3.2　作者机构分布

对论文作者所属机构进行分析，有助于了解当前学术或实践领域内哪些机构或部门更加关注图书馆战略规划研究。本研究对172篇论文作者的所属机构进行统计，发现作者单位共有140个，参与发文频次共为218次，其中研究者最多来自图书馆实践领域，占62.79%，其次是大学院系，占22.33%，再次是专业研究所的实际工作人员和研究人员，占14.88%。通过对研究机构统计发现，目前已经形成两个较为稳定的研究团队：一个是由中国科学院国家科学图书馆和中国科学院研究生院组成的研究团队（参与发文频次共为18次），该团队自2007年开始着力于对国外图书馆战略规划文本的编译，并在《图书情报工作动态》期刊上不定期刊载各国图书馆战略规划文本。同时，该研究团队非常重视基于规划文本的内容分析，对图书馆服务、资源建设、人员、管理等专项战略进行了深入研究，对图书馆发展趋势进行了预测研究；另一个是基于图书馆战略规划项目的研究，由南开大学信息资源管理系师生形成研究团队（参与发文频次为25次），该团队已经从战略规划理论、现状分析、战略规划模型等方面形成大量研究成果。研究团队的形成有利于研究的系统、持续开展，未来的研究中应该形成更多的来自图书馆实践领域或图书馆与大学院系研究机构合作的研究团队，以促进图书馆战略规划研究全面、持续发展。

2.4　载文期刊统计

本研究统计的172篇论文，分散发布在60种期刊上，其中有154篇发表在图书情报类期刊上，占所有论文的89.53%；有10篇发表在高校学报上，占所有论文的5.81%；有8篇发表在其他刊物上，占论文总数的4.65%。可见，图书馆战略规划的研究成果主要集中在图书情报类期刊上，载文3篇以上的高产期刊分布如表2所示：

表2　论文的期刊分布

期刊名称	载文量（篇）	期刊名称	载文量（篇）
《图书馆建设》*	28	《图书馆》*	5
《图书情报工作》*	18	《大学图书馆学报》*	5
《图书馆工作与研究》*	10	《四川图书馆学报》	4
《科技情报开发与经济》	10	《山东图书馆学刊》	4

期刊名称	载文量（篇）	期刊名称	载文量（篇）
《国家图书馆学刊》*	7	《情报资料工作》*	4
《图书馆论坛》*	6	《中国图书馆学报》*	3
《图书情报知识》*	5	《现代情报》	3
《图书馆学研究》*	5	《华南师范大学学报》（社会科学版）*	3
《图书馆理论与实践》*	5	总计	125

注：加 * 的期刊为 2012 版北大《中文核心期刊要目总览》收录期刊。

从表 2 可以看出，刊载图书馆战略规划研究论文的 17 种重要期刊中，有 13 种期刊为核心期刊，其刊载的论文数量占文献总量的 60.46%。此外，据统计所获取的全部论文的 67.44% 都来自核心期刊，可见我国图书馆战略规划研究论文的质量值得肯定，这也表明该领域研究具有起点与研究者素质较高的特点。载文量在 10 篇以上，排在前三名的期刊依次为：《图书馆建设》、《图书情报工作》和《图书馆工作与研究》，三刊均为图书情报领域的核心期刊，起到了良好的领航作用。其中最值得关注的是《图书馆建设》和《图书情报工作》期刊。《图书馆建设》最早在 1985 年就发表了 4 篇相关专题论文，引发图书馆界对图书馆战略规划研究的重视。在 2009 年第 10 期，该刊以"国外图书馆战略规划研究"为主题发表 5 篇专题文章，从图书馆资源战略规划、环境与发展目标定位、图书馆战略规划文本体例、服务战略规划、图书馆战略规划的制定程序与内容框架等方面对国外图书馆战略规划研究进行剖析，通过比较分析对国内图书馆实践提供参考。在 2011 年第 10 期，又以"站在新起点规划大发展"为主题组织 7 篇专题文章，全方位、多角度地对图书馆战略规划展开研究。此外，《图书情报工作》于 2010 年第 8 期以"公共图书馆战略规划研究"为主题，组织发表 4 篇专题文章，集中探讨了公共图书馆战略规划相关问题，以期引发国内对公共图书馆战略规划更大的关注与重视。同时，该期刊杂志社于 2011 年 5 月举办以"图书情报机构战略规划与未来"为主题的学术研讨会，组织理论界与实践界的专家学者，共谋图书情报机构未来的战略发展方向。

3 国内图书馆战略规划研究主题分析

关键词是对文章核心内容浓缩和提炼出的词汇，能有效地反映文章的研究目的、对象、方法和结果等。如果某个关键词在其所在领域的文献中反复出现，可反映出该关键词所表征的研究主题是该时期、该领域的研究热点和发展方向[4]。本研究获得的数据显示，尽管国内图书馆战略规划研究始自 1985 年，但是发展的 20 多年里研究成果呈现缓慢增长趋势，直到最近 5 年研究成果才明显增多。本研究对关键词进行统计，以期展现当前图书馆战略规划研究的热点。在所获得的 172 篇文献中，共有关键词 809 个。借助 Excel 的统计功能进行词频统计处理，其中词频大于等于 4 的关键词分布状况见表 3。

通过对表 3 中的高频关键词进行归纳可知，当前国内图书馆战略规划研究涉及范围较为广泛。从图书馆地域范围来说，既有针对图书馆事业整体的战略规划探讨[5]，也有对各地区图书馆事业战略规划的关注[6]，甚至个体图书馆战略规划的个案分析也成为重点[7-8]；从图书馆类型来说，又具体涉及国家图书馆[9]、公共图书馆[10-11]、高校图书馆[12-13]、科学图书馆[14]、军队图书馆[15]以及图书馆协会[16]等；此外，除了关注整体战略规划的研究外，还重视对图书馆信息资源建设[17]、服务[18]、人才[19]、技术应用[20]等专项规划的研究。本研究在对所获取的 172 篇论文的关键词进行统计的基础上，并结合论文的题目和摘要，发现相关研究文献主要涉及以下几个研究领域：

表 3   词频大于 3 的关键词分布

序号	关键词	词频	序号	关键词	词频	序号	关键词	词频
1	战略规划	78	18	发展趋势	5	35	图书情报机构	3
2	图书馆	44	19	高职院校图书馆	5	36	图书馆联盟	3
3	高校图书馆	20	20	创新	5	37	图书馆国际化	3
4	图书馆管理	16	21	用户服务	4	38	数字图书馆	3
5	战略管理	13	22	图书馆事业发展	4	39	数字参考咨询服务	3
6	公共图书馆	12	23	实证研究	4	40	人力资源	3
7	图书馆战略	9	24	人员发展	4	41	美国图书馆协会	3
8	图书馆服务	9	25	科学发展观	4	42	美国国会图书馆	3
9	大学图书馆	8	26	文献资源	4	43	美国	3
10	图书馆战略规划	7	27	发展战略规划	4	44	国家图书馆	3
11	图书馆事业	7	28	专业图书馆	4	45	国际化人才	3
12	核心竞争力	7	29	资源共享	3	46	广东图书馆	3

序号	关键词	词频	序号	关键词	词频	序号	关键词	词频
13	资源建设	6	30	信息资源	3	47	发展与创新	3
14	信息服务	6	31	新信息环境	3	48	发展规划	3
15	图书馆服务	9	32	西部开发	3	49	电子资源	3
16	图书馆战略管理	5	33	文献信息服务	3	50	澳门大学图书馆	3
17	发展战略	5	34	危机管理	3	51	香港大学图书馆	3

3.1 图书馆战略规划理论研究

图书馆战略规划理论的研究近几年成为研究者们关注的焦点，主要涉及图书馆战略规划基本概念辨析、图书馆战略规划作用、图书馆战略规划研究的必要性与可行性分析、图书馆一般理论基础、图书馆战略规划新的理论视角等方面。柯平提出了在公共文化服务大的时代背景下，图书馆战略规划研究的理论视角和研究框架[21]。此外，柯平系统地对图书馆战略、战略规划与战略管理的相关概念进行辨析，并提出三者的关系模型[22]。柯平还从社会、事业和业务三个层面分析了图书馆战略规划的必要性和重要性，并强调以微观图书馆学的三维空间为基础，重构图书馆管理的理论，将战略管理纳入图书馆管理理论体系[23]。此外，于良芝在辨析规划、战略规划、长期规划相关概念的基础上，分析了战略规划对图书馆的价值[24]。还有些学者将其他研究领域的基本理论应用到图书馆战略规划研究中，形成新的研究视角，以丰富图书馆战略规划的理论研究，如基于危机管理理论的图书馆战略规划[25]、基于新公共服务理论的图书馆战略规划[26]以及基于协同理论的图书馆战略规划[27]。

总之，多元化、多视角的图书馆战略规划理论研究，为今后的研究奠定了一定的理论基础，但是由于图书馆战略规划研究作为一项涉及内容复杂、广泛的研究议题，在今后的研究中需要基于现有理论研究成果进一步调整、完善和深化，形成科学的图书馆战略规划理论研究体系。

3.2 图书馆战略规划实践现状分析

对图书馆战略规划实践现状进行调查与分析，有助于把握实践中不同国家、地区以及各图书馆取得的成就与存在的问题，以供借鉴。图书馆战略规划研究者们也非常重视对图书馆战略规划实践的总结与分析。有些研究者关注从战略规划内容入手，较为具体深入地对国外图书馆战略规划实践进行调研分析，进而为国内图书馆提供参考。如姜晓曦、孙坦通过国外图书馆战略规划文本的调研，对国外不同类型图书馆的资源建设战略进行了深入分析[17]；有研究者采用问卷调查的方式，对国内图书馆战略规划实践状况进行调查。如柯平等采用问卷调查法了解当前国内图书馆战略规划实践人员对战略规划的认识、对制定战略规划的态度倾向以及图书馆制定战略规划的情况[28]；还有些学者主要关注从多角度对国内外图书馆战略规划实践的比较分析，如赵益民采用网络调查法，对国内外图书馆的战略规划发布形态、宣传策略等进行了比较分析[29]。同时，赵益民还对搜集、编译的 283 份国内外图书馆战略规划文本进行内容分析，对规划制定机构、规划时长、量化指标和高频词语、文本的内容要素、版本特征等情况进行调查分析[30]。

　　总之，业界研究者采用各种实证方法对图书馆战略规划现状进行分析，在总结图书馆战略规划成就与存在的问题方面已取得一定成果，但是当前的调查主要集中在图书馆战略规划制定阶段，对图书馆战略规划实施状况、实施成效等方面的调查有待进一步加强。

3.3　图书馆战略规划制定阶段相关问题研究

　　图书馆战略规划一般包括战略规划的制定、实施和评价三个方面。其中图书馆战略规划制定是图书馆战略管理的基础，是研究者们关注的焦点。图书馆战略规划制定工作是一项系统、复杂的实践工作，通过对现有文献的分析与归纳，发现相关研究主要涉及以下研究主题：

3.3.1　战略规划制定主体

　　战略规划制定主体是指直接或间接参与图书馆战略制定过程的个人、团体和组织。战略规划制定主体的明确是战略制定工作顺利开展的重要组织保障。近两年，国内学者也开始涉及图书馆战略规划组织方面。如李健等专门对国外有关公共图书馆战略制定主体的研究进行评析，发现国外图书馆战略规划制定主体呈现多元化发展趋势[1]。陈昊琳等对美国公共图书馆战略规划实践中有关图书馆规划制定主体进行了统计分析[31]。贾东琴等在考察国外图书馆战略规划实践基础上，结合规划文本分析和国内实证调查结论构建了图书馆战略规划组织结构模型，该模型从专职机构设置、组织结构、人员组成及职能等方面对战略规划制定主体进行了较为全面的分析[32]。

3.3.2　战略规划制定流程

　　战略规划制定流程是否科学、规范，直接影响着战略规划的有效性。有学者从战略管理理论宏观视角出发，主张图书馆战略规划制定过程包括启动、战略分析、战略确认、业务规划、实施、反馈与评价等 6 个阶段[33]；也有研究者从战略规划制定的微观视角出发，认为战略规划制定应包括环境状况与

188

趋势分析、制定目标、确定战略重点、制订行动计划和划分阶段、制定实施战略的行动方案及提交中选方案 6 个环节[34]。有学者通过实证调查，提出战略规划制定组织保障、目标确立、方案拟订和文本编制等 4 个主要环节[35]。还有学者为了将复杂、繁琐的战略规划制定流程以简洁、具体的方式呈现出来，构建了图书馆战略规划制定流程模型，主要包括战略准备、战略分析、战略制定与发布几个阶段，并从时间发展角度提出周期演进模式[36]。

3.3.3　战略规划内容的研究

战略规划文本是战略规划活动形成的最重要的纲领性文件。当前国内学者关于战略规划文本的研究主要涉及：

- 有关图书馆战略规划文本体例结构和内容要素的研究。盛小平认为图书馆战略规划框架至少应包含愿景、使命、价值观、目标体系、战略 5 部分[33]。还有学者在分析与研究国外图书馆规划样本的基础上，归纳出图书馆战略规划文本体例结构可分为核心体例要素、特色体例要素和个性体例要素[37]。有学者在综合实证调查的基础上，构建图书馆战略规划文本模型，从外部特征、体例结构、内容要素三个方面，以更为清晰、简洁的方式为战略规划文本编制实践提供参考[38]。有学者通过对国外图书馆战略规划文本形态特征、内容要素、体例结构等方面的剖析与划分，将目标、使命、愿景、措施等所占比例最高的 4 项归纳为略规划文本的核心体例构成，为国内实践提供借鉴[32]。此外，还有学者通过对国外图书馆战略规划文本构成方式的分析，总结图书馆战略规划"总－分馆"、"总－分目标"、"关键领域—评估"等 5 种模式[39]。

- 对图书馆战略规划文本中个别内容要素的专门研究。如张焕敏等对国外部分知名高校图书馆战略规划文本的重要组成部分——使命、愿景和价值观的内容、特征等进行了深入分析[40]。有些学者对图书馆战略规划目标内容进行深入分析，以预测图书馆发展趋势和发展重点，为图书馆实践提供指导。如初景利等结合国外图书馆战略规划文本内容，从环境分析、总体趋势、资源建设和用户、图书馆管理和人员等方面，撰写图书馆发展趋势调研系列报告[41-44]。封薇则通过对国家图书馆的战略规划目标内容的分析，总结出国外国家图书馆重视数字图书馆建设、加强多方位的合作、扩张图书馆的功能等[45]。另外，还有些研究者通过对图书馆战略目标的细化分析，为图书馆资源建设[17]、发展目标定位[46]、用户服务[47]等战略目标的制定提供建议。

3.3.4　战略规划制定工具

国内图书馆战略规划研究者们较为重视 SWOT 分析方法的介绍与研究。

于良芝等通过对国外图书馆战略规划应用 SWOT 方法的实例分析，剖析该方法在图书馆战略规划应用中的优势与局限，为我国图书馆合理使用 SWOT 方法及同类工具提供参考[48]。还有学者以我国集美大学诚毅学院图书馆为案例，具体介绍了 SWOT 方法在图书馆发展战略制定中的应用[49]。除了对 SWOT 的研究，还有研究者试图引入更多的战略工具以辅助战略规划制定。赵丽萍利用价值链工具探讨重塑图书馆的战略目标以及为实现战略目标从业务流程、组织结构方面进行的战略再造[50]。有学者采用案例分析方法，具体介绍了平衡计分卡方法在图书馆战略制定过程中的应用方式[51]。陈灏等则具体介绍了内容分析法在图书馆战略规划制定中的应用[52]。

图书馆战略规划相关研究成果除了上述主题外，还有些研究成果全面分析了图书馆战略规划制定的影响因素[53]，同时还有研究者为了更具有操作性地指导图书馆的战略规划制定工作，开展了图书馆战略规划编制指南的研究[54]。总之，相关研究成果涉及领域较为全面，但是各具体主题都有待进一步深化，并需要广泛开展与实践紧密结合的案例研究。

3.4 图书馆战略规划实施研究

战略规划的实施是图书馆战略管理过程中的一个重要环节，它直接影响着图书馆战略目标能否顺利实现。目前，我国图书馆战略规划研究中战略规划的制定已经受到重视，而对战略规划活动后端的战略规划实施、评价与监测等比较忽视。仅有个别学者专门探讨了图书馆战略规划实施的相关问题，如蒋卉指出当前图书馆战略规划实施中存在目标体系不明晰、战略管理实施体系不完善、战略实施监控不到位、战略实施的文化氛围不和谐等诸多问题，并针对这些问题提出图书馆战略规划实施的若干策略[55]。孔丹借鉴企业战略实施的 7 - S 模型，从战略、组织结构、体制因素、组织文化、人员能力、沟通与协调 7 个方面分析了图书馆战略规划实施的影响因素[56]。但是这些研究大多从理论视角探讨了图书馆战略规划实施过程中应注意的问题，缺乏可操作性。

3.5 图书馆"十二五"战略规划研究

在"十一五"结束"十二五"开始之年，越来越多的图书馆着手制定本馆战略规划，掀起了制定图书馆"十二五"发展规划的热潮。相应地，在2010、2011 两年中涌现出大量关于我国图书馆"十二五"战略规划的专门研究文献，掀起图书馆"十二五"战略规划研究高潮，为我国图书馆"十二五"规划制定提供了参考。这些研究成果具有以下特点：

- 通过理论与实践相结合的方式，对全国图书馆事业、地区图书馆乃

190

至个体图书馆的"十二五"规划制定问题进行研究。关于国家层面的图书馆战略规划研究，如温雪芳[57]对《全国公共图书馆事业发展"十二五"规划》编制的过程、核心理念、发展目标和战略重点以及规划的操作性具体项目和评估指标的提取等情况进行详细介绍，对规划发挥了良好的宣传作用；关于地区图书馆事业发展规划的研究，如谷峰[58]在总结与评价江苏公共图书馆事业"十一五"发展成就与存在问题的基础上，从体现科学发展与两个率先相结合、统筹兼顾、创新发展以及共建共享"4个要求"和兼顾全面与重点、发展与改革、连续性与阶段性、公平和优先"4个兼顾"着手，为江苏省公共图书馆事业"十二五"发展规划的制定提供建议；在个体图书馆战略规划研究层面，大批学者通过案例介绍，对图书馆"十二五"发展规划制定背景、过程、编制思路、文本内容进行具体介绍，以期为其他图书馆战略规划实践提供借鉴。如肖珑[59]介绍了中国高校人文社会科学文献中心（CASHL）中长期发展规划和北京大学文献信息资源体系中长期发展规划制定过程中的相关经验。张国臣[60]和张兵[61]分别以北京工商大学图书馆和武汉商业服务学院图书馆为例，对我国高校图书馆"十二五"发展规划实践进行总结与探索。

- 从理论研究的视角，对图书馆"十二五"发展规划的制定提供指导。如柯平等[62]强调重视图书馆"十二五"战略规划制定主体、流程、组织与文本的科学性，并建议加强对图书馆"十二五"战略规划的分类指导。

- 有些学者具体讨论了图书馆制定"十二五"发展规划的思路、方法以及战略重点，如王世伟[63]指出图书馆制定"十二五"发展规划中要强调情报先行、上下互动、内外结合、突出重点、措施落地、明晰简约等方法的综合使用，以保证战略的科学性。对"十二五"期间图书馆事业战略重点的研究与探讨，有利于为个体图书馆制定发展规划提供宏观指导。王世伟[64]前瞻性地提出"十二五"期间我国公共图书馆发展的六大战略重点，具体包括实现公共文化服务体系从量的发展到质的提升、着力公共图书馆核心层的人力资源建设、注重多元化文献保障体系的建立和完善、以新技术的运用为切入点创新公共图书馆的管理和服务等。

4 研究结论

4.1 图书馆战略规划研究的特点

本研究对我国图书馆战略规划研究做了简要回顾和剖析，从分析结果可以归纳出现有研究主要呈现以下特点：

- 图书馆战略规划研究论文数量呈现快速增长的趋势。尽管1985年至

2007 年图书馆战略规划研究处于缓慢发展阶段，但是从 2008 年起图书馆战略规划研究呈现快速发展势头，将成为图书馆管理学研究体系中的重要分支。

- 图书馆战略规划研究主体呈现多元化，并形成个别较为稳定的研究团队。目前论文研究者来自图书馆实践机构、大学院系与专业研究所等，形成理论与实践界广泛参与的研究主体，并且已出现多个具有重要影响的研究者和两个较为突出的研究团队，对该主题的研究具有引领与导向的作用。
- 图书馆战略规划研究主题广泛。就规划对象来看，对图书馆事业宏观战略和各地区、各类型图书馆的战略规划甚至个体图书馆战略规划都有所涉及。就规划制定工作来看，对战略制定主体、流程、内容、工具、影响因素乃至到指南编制都有所涉及。

4.2 研究趋势

- 逐步完善图书馆战略规划理论体系。图书馆战略规划理论体系需要在当前研究的基础上，在引入战略管理理论对图书馆战略规划进行全方位研究的同时，从更多的理论视角入手开展战略规划研究。此外，需要考虑从基础理论、应用理论、方法论等多个维度构建全面、系统的图书馆战略规划理论体系框架。
- 强化理论与实践的密切结合。图书馆战略规划作为一项实践性较强的研究主题，要紧密结合实践的活动，揭示规律性的东西，丰富图书馆战略规划理论。一方面，理论界与实践界研究者需要进行跨界合作，形成多元化研究团队，将理论研究与实践紧密结合，以实现理论对实践的指导。另一方面，图书馆战略规划理论研究要紧随图书馆事业发展环境的变化，在新的时代背景下，引入新理论对实践进行指导。
- 加强战略规划实施与评价研究。从现有文献来看，当前国内学者较为普遍地关注图书馆战略规划制定的研究，从规划制定的主体、流程、工具等各个方面进行深入分析，期望能够顺利制定符合图书馆性质与要求的、有效的战略规划。然而规划的制定只是战略管理的一个阶段，规划的实施与评价等的共同作用，才能促进战略规划作用的有效发挥。因此，未来研究中战略实施过程、战略成效评价、基于战略的图书馆组织变革等都是值得关注的议题。

参考文献：

[1] 李健，唐承秀，王凤，等. 国外公共图书馆战略规划研究现状及趋势分析 ［J］. 图书情报工作，2010（8）：6 – 10.

［2］　赵益民．国内外图书馆的战略规划发展历程［J］．图书馆，2011（4）：27 -
　　　　31，41.

［3］　中国期刊全文数据库［EB/OL］．［2012 - 08 - 05］．http：//dlib. cnki. net/kns50/.

［4］　王知津，李赞梅，谢丽娜．国外图书馆学研究生学位论文关键词分析［J］．中国图
　　　　书馆学报，2010（6）：116 - 121.

［5］　倪学寨．我国图书馆事业发展的战略思考［J］．中国图书馆学报，1987（2）：36
　　　　- 39.

［6］　王科正，夏洪川．黑龙江省图书馆发展战略规划［J］．黑龙江图书馆，1985
　　　　（12）：60 - 68.

［7］　潘拥军．图书馆规划编制实践研究——以广州图书馆为例［J］．四川图书馆学报，
　　　　2011（5）：21 - 26.

［8］　李敬平．新形势下我国大学图书馆战略目标制定与调整之探讨——以广东外语外贸
　　　　大学图书馆为例［J］．图书馆论坛，2010（10）：156 - 159.

［9］　刘芳．关于美国国会图书馆战略规划研究的思考［J］．图书馆学研究，2012（2）：
　　　　27 - 31.

［10］　赵益民，王孝，王铮，等．关于公共图书馆战略规划模型的思考［J］．图书情报
　　　　工作，2010（8）：16 - 21.

［11］　陆晓红，武晓丽，张伟，等．我国公共图书馆战略规划缺失问题探究［J］．图书
　　　　情报工作，2010（8）：22 - 26.

［12］　熊军洁，邢杰．试论高校图书馆战略规划制定中不可忽视的几个问题［J］．图书
　　　　馆工作与研究，2012（2）：65 - 67.

［13］　郑挺．我国高校图书馆发展战略的构想［J］．中国图书馆学报，1987（2）：29 -
　　　　35，39，5 - 6.

［14］　Lian Ruan．美国专业图书馆的战略规划——个案研究［J］．图书馆建设，2004
　　　　（4）：74 - 78.

［15］　马炳厚．论军队院校图书馆事业发展战略［J］．图书与情报，1988（4）：12
　　　　- 16.

［16］　于迎娣，胡海燕．美国公共图书馆协会战略计划的启示［J］．图书馆学研究，
　　　　2010（4）：94 - 96.

［17］　姜晓曦，孙坦，黄国彬，等．国外不同类型图书馆的资源建设战略规划分析研究
　　　　［J］．图书馆建设，2009（10）：83 - 88.

［18］　张玲．国外高校图书馆服务战略规划的分析与启示［J］．图书馆建设，2009
　　　　（10）：89 - 96.

［19］　徐凤彦．高校图书馆员的"十二五"规划［J］．科技信息，2011（4）：752.

［20］　范并思．图书馆信息技术应用的战略思考［J］．图书馆建设，2011（10）：12
　　　　- 16.

［21］　柯平．图书馆战略规划研究的时代背景与理论视角［J］．图书馆工作与研究，

2010（2）：4-10.

[22] 柯平，陈昊琳．图书馆战略、战略规划与战略管理研究 [J]．图书馆论坛，2010
（12）：52-57，138.

[23] 柯平．图书馆战略研究 [J]．情报资料工作，2010（3）：5-9.

[24] 于良芝．战略规划作为公共图书馆管理的工具：应用、价值及其与我国公共图书
馆的相关性 [J]．图书馆建设，2008（4）：54-58.

[25] 范凤霞．基于危机管理理论的图书馆战略规划 [J]．山东图书馆学刊，2010
（3）：14-17.

[26] 李亚琼．基于新公共服务理论的图书馆战略规划 [J]．山东图书馆学刊，2010
（3）：18-21.

[27] 魏艳霞．基于协同理论的图书馆战略规划 [J]．山东图书馆学刊，2010（3）：22
-25.

[28] 柯平，陈昊琳．基于实证的图书馆战略规划需求研究 [J] 图书情报知识，2010
（6）：25-30，39.

[29] 赵益民．基于网络调查的国内外图书馆战略规划现状研究 [J]．图书与情报，
2011（1）：31-36.

[30] 赵益民．基于内容分析的图书馆战略规划文本编制研究 [J]．图书馆理论与实
践，2011（5）：7-13.

[31] 陈昊琳，柯平，胡念，等．美国公共图书馆战略规划制定对我国的启示：一种基
于文本分析的研究 [J]．图书情报工作，2010（8）：11-15.

[32] 贾东琴，肖雪，柯平，等．图书馆战略规划组织结构模型的构建 [J]．图书情报
知识，2011（4）：11-18.

[33] 盛小平．大学图书馆战略规划的几个基本问题 [J]．大学图书馆学报，2009
（2）：16-18.

[34] 杨溢，王凤．图书馆战略规划的制定程序与内容框架研究 [J]．图书馆建设，
2009（10）：112-113.

[35] 赵益民．基于实证分析的图书馆战略规划流程设计 [J]．图书情报工作，2011
（12）：32-37.

[36] 柯平，陈昊琳，陆晓红．图书馆战略规划流程模型研究 [J]．图书情报知识，
2011（4）：4-10.

[37] 余情，陶俊．国外最新图书馆战略规划体例评析 [J]．图书馆建设，2009（10）：
103-108.

[38] 柯平，李健，贾东琴．图书馆战略规划文本模型的构建 [J]．图书情报知识，
2011（4）：24-31.

[39] 曾翠，盛小平．国外大学图书馆战略规划模式解析 [J]．图书情报工作，2010
（3）：131-135.

[40] 张焕敏，陈良强．国外知名高校图书馆使命、愿景、价值观研究 [J]．图书馆建

194

设，2010（9）：106－108.

[41] 初景利，吴冬曼. 图书馆发展趋势调研报告（一）：环境分析与主要战略［J］. 国家图书馆学刊，2010（1）：3－11.

[42] 初景利，吴冬曼. 图书馆发展趋势调研报告（二）：总体发展趋势［J］. 国家图书馆学刊，2010（2）：21－30.

[43] 初景利，吴冬曼. 图书馆发展趋势调研报告（三）：资源建设和用户服务［J］. 国家图书馆学刊，2010（3）：3－9.

[44] 初景利，吴冬曼. 图书馆发展趋势调研报告（四）：图书馆管理、人员发展及结论［J］. 国家图书馆学刊，2010（4）：3－8.

[45] 封薇. 国外图书馆战略规划的特点与重点［J］. 情报资料工作，2011（6）：106－108.

[46] 金瑛，姜晓曦. 国外图书馆关于环境定位和发展目标定位的战略规划分析［J］. 图书馆建设，2009（10）：97－102.

[47] 李彦昭，陈雪飞，陈朝晖. 图书馆战略规划中的用户研究与服务——对国外图书馆战略规划文本的分析［J］. 情报资料工作，2012（1）：84－88.

[48] 于良芝，陆秀萍，付德金. SWOT 与图书馆的科学规划：应用反思［J］. 国家图书馆学刊，2009（2）：17－22.

[49] 于佳丽. 独立学院图书馆 SWOT 分析与发展对策［J］. 情报探索，2010（7）：112－113.

[50] 赵丽萍. 从价值链角度论现代公共图书馆战略性再造［J］. 情报杂志，2005（8）：93－95.

[51] 赵围，李力. 基于平衡计分卡的图书馆服务战略研究［J］. 情报科学，2008（11）：1659－1662.

[52] 陈灏，柳建华. 如何使用内容分析法做图书馆的"十二五"规划［J］. 现代情报，2011（4）：140－144.

[53] 李廷翰，柯平. 图书馆战略规划影响因素模型实证分析［J］. 图书情报知识，2011（4）：20－23.

[54] 柯平，贾东琴，何颖芳. 关于《图书馆战略规划编制指南》的若干问题［J］. 图书馆工作与研究，2012（3）：4－10.

[55] 蒋卉. 图书馆战略规划实施存在的问题及其对策［J］. 河南图书馆学刊，2011（6）：13－15.

[56] 孔丹. 高校图书馆战略实施影响要素分析［J］. 科技信息，2010（29）：213，200.

[57] 温雪芳. 规划未来五年发展　迎接新的机遇和挑战——《全国公共图书馆事业发展"十二五"规划》课题及进展［J］. 公共图书馆，2010（12）：19－22.

[58] 谷峰. 江苏公共图书馆事业"十一五"发展规划编制研究［J］. 新世纪图书馆，2010（4）：58－59.

［59］ 肖珑．高校图书馆战略发展规划制定的案例研究．图书馆建设，2011（10）：21 － 24.

［60］ 张国臣．转型期高校图书馆"十二五"规划的实践与思考——以北京工商大学图书馆为例［J］．图书情报工作，2011（S2）：20 － 22，109.

［61］ 张兵．科学编制图书馆"十二五"规划　引领高校校园文化发展——以武汉商业服务学院图书馆为例［J］．湖北成人教育学院学报，2011（6）：44 － 46.

［62］ 柯平，贾东琴，李廷翰，等．关于图书馆"十二五"战略规划的若干思考［J］．图书馆工作与研究，2011（3）：4 － 11.

［63］ 王世伟．公共图书馆制定"十二五"规划的思路与方法［J］．图书馆论坛，2010（3）：133 － 134.

［64］ 王世伟．我国公共图书馆"十二五"发展战略重点［J］．国家图书馆学刊，2010（3）：10 － 22.

作者简介

　　邵军辉，男，1972 年生，馆员，发表论文 4 篇。

高校图书馆员对图书馆战略
规划认识的调查与启示

1 引 言

自 20 世纪 70 年代开始，美欧等发达地区的高校图书馆为了应对经济、技术等要素带来的各种挑战，开始学习和效仿企业战略规划的相关成功经验，制定战略规划，以期指导图书馆未来发展。经过多年实践，国外高校图书馆在战略规划制定流程、制定主体、文本编制等方面已积累丰富经验。我国高校图书馆的战略规划研究与实践起步较晚，研究的基础较为薄弱。最近两年，随着理论研究的深入，战略实践的重要性受到广泛的关注，面向国内的需求考察[1]、针对国外的案例分析[2]以及基于专家调查的理想预期[3]等研究成果纷纷涌现。但是这些研究成果中，缺少一种面向全国图书馆员对图书馆战略规划相关工作的认识的调查与分析。图书馆员在图书馆战略规划制定、实施与评价各环节可发挥不可替代的作用，充分了解他们对图书馆战略规划的理解和认识程度，有助于从实践的角度指导图书馆战略规划工作。本文试图从图书馆战略规划制定流程、主体、影响因素、内容等方面对国内高校图书馆员展开广泛调查，为我国高校图书馆制定科学的战略规划提供相关参考与启示。

2 问卷基本情况分析

国家社会科学基金"十一五"重点项目"公共文化服务体系中的图书馆战略规划模型与实证研究"（项目编号：08ATQ001）项目组成员在 2010 年 7—9 月，利用其社会人际网络，主要通过电子邮件、邮寄以及调查者实地走访等方式收集数据，发放问卷 3 500 份，有效回收问卷 2 198 份，回收率为 62.8%，其中回收的面向高校图书馆员的有效问卷为 1 171 份，占 53.27%。本研究主要提取了高校图书馆员调查数据，对其进行分析，以期为我国高校图书馆战略规划实践进行指导。

本次抽样分析的高校图书馆有效问卷的来源地区覆盖北京、吉林、广东、上海、江苏、天津等 29 个省市，具有一定的区域倾斜。根据行政区域划分，华北和西南地区的有效问卷最多，分别占 24.08% 和 22.97%，其次是华东和中南地区，分别占 17.16% 和 16.82%，而东北和西北地区所占比例最低。就有效问卷的来源省市而言，回收问卷（数量和占总数比例）占前 5 位的依次为天津（142 份，12.13 %）、云南（133 份，11.36%）、青海（92 份，7.86%）、广东（76 份，6.49%）和山西（73 份，6.23%）。

抽样问卷中，考虑到不同性别、学历、职务、职称等高校图书馆员数量的均衡，被调查对象的基本信息分布见表1。

由表1可知，被调查对象中女性较多，男性较少，这和当前图书馆从业人员总体性别比例紧密相关；40～49 岁的被调查者最多，占 30.66%，50 岁以上的被调查对象最少；学历较为集中，大部分为本科、大专，其次是硕士及以上学历，这表明我国高校图书馆员整体文化水平较高；职称以馆员和副研究馆员所占比例最高，研究馆员也有一定的比例；职务中普通馆员、中层领导所占比例较高，馆级领导和其他也占有一定比例；

表 1　被调查者的基本信息分布

基本信息	类别	人数	比例（%）	基本信息	类别	人数	比例（%）
性别	男	444	37.92	职称	助理馆员	232	19.81
	女	717	61.23		馆员	75	40.56
	缺省	10	0.85		副研究馆员	337	28.78
年龄	29 岁以下	230	19.64		研究馆员	91	7.77
	30 - 39 岁	346	29.55		缺省	36	3.08
	40 - 49 岁	359	30.66	职务	普通工作人员	645	55.08
	50 岁以上	167	14.26		中层干部	300	25.62
	缺省	69	5.89		馆领导	147	12.55
学历	初中及以下	7	0.6		其他	19	1.63
	高中、职业技术学校	39	3.33		缺省	60	5.12
	大学、大专	745	63.62	工作年限	0 - 10 年	568	48.51
	硕士及以上	358	30.57		11 - 20 年	325	27.75
	缺省	22	1.88		21 - 30 年	199	16.99
					30 年以上	18	1.54
					缺省	61	5.21

工作年限中 0 - 10 年的占据最高比例，其中主要集中在 0 - 5 年，占 60.74%，11 - 20 年次之，而 30 年以上者最少。样本呈现的上述特征在一定

程度上反映了我国高校图书馆从业人员的真实状况，高校图书馆的馆级领导、中层领导、具有高级职称以及有 30 年以上工作年限的馆员的绝对数量较少，问卷的样本正反映了这一特征。

3 调查结果

为了全面深入地了解高校图书馆员对图书馆战略规划的态度及其对战略规划具体工作环节的认识程度，调查主要从图书馆战略规划制定的必要性、制定流程、制定主体、影响因素及规划内容等方面进行分析与研究。

3.1 高校图书馆员对战略规划的认识

3.1.1 对制定战略规划必要性的认识

图书馆员对图书馆战略规划的认可与支持是战略规划实施与发挥作用的基础。随着全员参与图书馆管理意识的提升，馆员对制定战略规划的态度在一定程度上构建了战略规划制定与实施的空间。本次调查将对图书馆战略规划的态度划分为程度不同的 5 个等级供被访者选择，结果显示，在 1 171 份有效样本中，认为制定图书馆战略规划非常有必要的有 580 份，占 49.5%，认为有必要的 531 份，占 45.4%，两者合计占全部样本的 94.9%。而认为没必要或非常没必要的有 15 人，仅占 1.6%，这些数据表明，当前国内绝大部分高校图书馆员已经认识到图书馆实施战略规划的必要性和重要意义，这为高校图书馆战略规划的制定与实施形成了良好的内部环境。

本研究对被调查者的职务与必要性的认识项进行交叉分析，分析结果如表 2 所示：

表 2 图书馆不同职务群体对制定战略规划的态度

职务（统计人数）（百分比）	对图书馆战略规划的意见						总计
	0	非常有必要	有必要	不清楚	没必要	非常没必要	
缺省	0 0%	28 46.7%	29 48.3%	2 3.3%	1 1.7%	0 0%	60 100%
普通馆员	1 2%	281 43.6%	321 49.8%	27 4.2%	12 1.9%	3 5%	645 100%
中层干部	0 0%	164 54.7%	126 42.0%	8 2.7%	2 0.7%	0 0%	300 100%

职务（统计人数）（百分比）	对图书馆战略规划的意见						总计
	0	非常有必要	有必要	不清楚	没必要	非常没必要	
馆级领导	0 0%	97 66.0%	48 32.7%	2 1.4%	0 0%	0 0%	147 100%
其他	0 0%	10 52.6%	7 36.8%	2 10.5%	0 0%	0 0%	19 100%
总计	1 1%	580 49.5%	531 45.3%	41 3.5%	15 1.3%	3 3%	1 171 100%

分析发现，不同职务的调查对象总体上赞同战略规划的制定，但他们之间存在一定差异。馆级领导更倾向于选择"非常有必要"，占馆级领导群体自身的 66.0%，明显高于总体的 49.5%。中层干部群体中持"非常有必要"观点占者 54.7%，而普通馆员群体中持"非常有必要"观点的比例明显降低，而持"没必要"和"非常没必要"观点的调查对象数量明显高于馆级领导和中层干部群体。随着图书馆管理环境的变化与发展，图书馆领导及中层管理者已经充分认识到图书馆的未来长期的发展策划与日常管理工作开展迫切需要制定图书馆战略规划。普通馆员由于没有承担图书馆的统筹管理工作以及当前图书馆战略规划普及程度较低等原因，并没有充分认识到图书馆战略规划的重要性。

3.1.2 图书馆员对参与战略规划制定的态度

图书馆员对战略规划制定的参与态度直接影响其对战略规划的支持与否[4]。在调查的 1 171 位高校图书馆员中，有 411 位非常愿意参与战略规划的制定，占总人数的 35.1%，657 位（56.1%）的调查对象表示同意，即共有 91.2% 调查对象愿意参与战略规划的制定工作，仅有 1.0% 的被调查对象表示不愿意或非常不愿意参与图书馆战略规划的制定。这说明当前在高校图书馆制定战略规划具有可行性，多数图书馆员愿意参与图书馆战略规划的制定工作，这为图书馆战略规划的制定与实施提供了有力的人员保障。

3.2 高校图书馆战略规划制定流程

3.2.1 图书馆战略规划准备工作

充分的前期准备工作是制定科学、有效的战略规划的前提，它不仅可以保障战略规划有序、顺利地进行，还有利于节省物资成本、时间成本。图书馆战略规划制定的前期准备是一项较为复杂的工作，且具有很强的个性化特点。如何确定战略规划制定主体、如何统筹安排战略规划各个环节、如何采取各种措施保障战略规划的制定、如何对制定规划进行宣传、提高全馆人员的积极性等都是准备阶段所必须考虑的事情[5]。调查结果如图1所示：

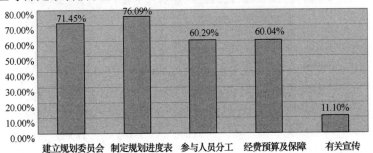

图1　高校图书馆战略规划准备工作

　　图1显示，制定规划进度表是图书馆战略规划准备阶段最重要的工作，占76.09%。制定规划进度表就是各图书馆在战略规划活动开始前对规划的各项具体活动如任务内容、责任人、完成时间、资源利用到规划过程中的管理方式等均做出安排，以确保战略规划制定工作的有序开展。其次，71.45%的被调查者认为建立规划委员会也是战略规划准备工作中应该重视的。战略规划委员会是推动战略规划进行的决策团队，高校图书馆的运作和管理离不开与行政部门、科研部门、教师、学生的交互和作用，涉及较多利益相关者，因此规划委员会的组成人员要考虑利益相关者的代表性。此外，大约60%的被调查者认为，图书馆战略规划准备阶段还要考虑参与人员分工、经费预算与保障。图书馆战略规划的制定与实施涉及来自馆内外各个单位和部门的人员，因此制定明确的人员分工，各参与人员责任明晰，有利于规划的有序开展。图书馆战略规划的制定和实施以及后续的各类战略管理活动，都离不开资金的支持。因此，图书馆在开始进行战略规划时，必须具有稳定的资金支持以保障规划工作的有效开展。仅有11.10%的被调查者赞同在战略准备阶段开展相关的宣传工作。

3.2.2　图书馆战略规划分析阶段的调研对象

　　高校图书馆在战略规划制定过程中，前期调研是基础性的工作。图书馆通过开展规范的调研收集各类有关图书馆环境变化和发展趋势的信息，根据对这些信息的分析才能确定未来的目标和最终行动方案。在调研过程中，调研对象选择的全面性和代表性直接影响了调研结果的科学性、真实性。本次调查主要涉及的调研对象包括上级主管部门、馆员、读者等6类，调查结果如图2所示：

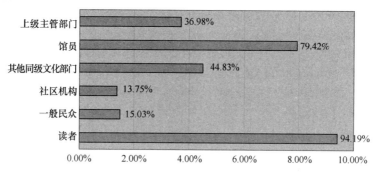

图2　高校图书馆战略规划重点调研对象

　　调查结果显示，94.19%的被调查对象认为读者是最重要的调研对象。读者作为图书馆的服务对象，满足读者需求是图书馆存在的根本价值，因此在战略规划制定中必须重视对读者的调研，了解读者需求。其次，有79.42%的被调查对象认为需要对馆员进行重点调研。图书馆的决策离不开馆员的参与，战略规划的实施也离不开馆员的支持，因此在制定图书馆战略规划时，必须充分听取和吸纳馆员的意见，并对馆员在工作中的情况进行调研。此外，44.83%的被调查对象认为在战略规划制定过程中需要对"其他同级公共文化服务部门"进行重点调研。还有将近四成的被调查对象认为有必要对"上级主管部门"进行重点调研。由于高校图书馆的服务对象主要是本校师生，还没有向广大的一般民众和社区居民开放，很少有被调查对象认为有必要对"一般民众"和"社区机构"进行重点调研。

3.3　高校图书馆战略规划制定主体

3.3.1　图书馆战略规划制定机构

　　当前，国外图书馆的战略规划制定机构较为复杂、多元化。本研究总结图书馆制定、聘请外部机构制定、上级主管部门制定、外部机构和图书馆联合制定几个主要的规划制定方式，请高校图书馆工作者根据自身工作经验做出选择，调查结果如图3所示：

　　图3显示，有47.22%的被调查对象认为外部机构和图书馆联合制定图书馆的战略规划是最佳方式，这种方式是图书馆在充分里了解和把握自身发展

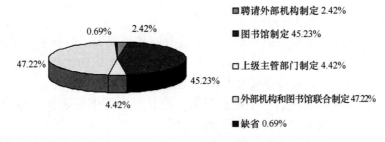

聘请外部机构制定 2.42%

图书馆制定 45.23%

上级主管部门制定 4.42%

外部机构和图书馆联合制定 47.22%

缺省 0.69%

图3　高校图书馆战略规划制定机构

状况的基础上，明确图书馆的总体发展和具体战略目标，然后由专门的战略咨询机构或战略专家给予指导，以加强图书馆愿景、使命的表述效果与规划内容和规划体例的规范性、科学性[6]。同时，也有45.23%的调查者主张图书馆自身是合适的规划制定机构，这种方式主要是由图书馆各部门起草本部门的发展规划，然后经馆领导统稿确定图书馆的整体发展规划。而仅有4.42%和2.42%的调查者赞同由上级主管部门制定或聘请外部机构制定图书馆战略规划。

3.3.2　有无必要成立战略规划委员会

国外大学图书馆战略规划制定过程中，通常会成立专门的战略规划委员会或规划指导委员会负责战略规划的制定。国内大学图书馆的规划大多由本馆编制，但是否需要成立专门的战略规划制定委员会负责战略规划的制定、修改、评估等工作？这成为规划管理需要考虑的组织保障问题[7]。

调查结果显示，超过82%的被调查者赞同成立专门的战略规划制定委员会，其中19.98%的被调查者认为非常有必要成立战略规划制定委员会，62.43%的调查者认为有必要成立。被调查者中仅有大概11%的人认为没必要或非常没必要设立专门的战略规划制定委员会。由此可见，被调查者对成立专门的战略规划制定委员会具有较高的认同度，认为成立专门性的图书馆战略规划制定委员会为战略规划制定工作提供了有力的组织保障，将对战略规划的制定与实施工作的有序开展产生更积极地影响。

3.4　高校图书馆战略规划制定的影响因素

高校图书馆战略的科学制定与有效实施受到内外多种影响因素的制约，因此，在战略分析与制定阶段，图书馆既要深入分析图书馆内部环境的变化，又要关注动态变化的图书馆外部环境。

3.4.1 内部影响因素

内部影响因素主要指图书馆本身所具有的各种资源、服务能力、组织管理模式等。图书馆对内部环境进行分析有助于识别本馆的优势、劣势，以便在制定战略规划时，发挥本馆优势，设定适合馆情的发展目标。同时，针对图书馆劣势，可在战略目标中重点强调，使其成为图书馆未来发展的重点，进而改善图书馆服务[8]。调查结果如图 4 所示：

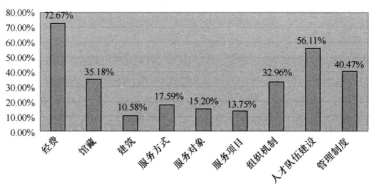

图 4　高校图书馆战略规划内部影响因素

图 4 显示，大部分被调查者（占 72.67%）认为经费是影响图书馆战略规划制定的最主要的内部因素。经费是图书馆各项战略规划有效实施的基础保障，经费充足才能确保战略目标的顺利实现，否则战略规划便会成为一纸空文，没有任何现实价值。因此，在制定战略规划时，图书馆需要充分考虑本馆经费状况，针对规划目标合理分配各项经费以确保规划的有效实施。其次有 56.11% 被调查者认为人才队伍建设影响图书馆战略规划的制定。图书馆员是战略规划制定与实施的重要人力资源保障，从规划的制定到规划的实施与评价都需要全馆馆员齐心协力地工作才能实现。图书馆员的素质、工作能力直接影响着战略规划目标的具体选择，因此，建设一批高素质的、优秀的人才队伍有助于图书馆制定和实施指导未来长期发展的战略规划。此外，超过 3 成的被调查者对管理制度、组织机制和馆藏也非常重视，认为这 3 个因素也影响图书馆战略规划的制定。管理制度与组织机制都从组织管理的角度考察了对战略规划制定的影响因素，而馆藏状况直接影响了图书馆文献信息资源建设和服务目标计划的设定。此外，图书馆的建筑、服务方式、服务对象、服务项目作为影响因素也受到了小部分被调查对象的认同。

3.4.2 外部影响因素

图书馆的外部影响因素主要指图书馆外部的政治、经济、技术、法律、教育等宏观要素和图书馆的行业环境、竞争与合作部门等中观要素及图书馆读者需求、读者满意度等微观要素。在战略分析与制定阶段，图书馆对外部影响因素的有效分析有助于图书馆识别发展机遇与挑战。图书馆在制定战略规划时可根据各种发展机遇，制定切实可行的战略目标，并借助这些机遇推进战略目标的有效实施。面对各种挑战与威胁，图书馆在战略分析阶段可对比分析竞争者的优势与自己的劣势，借鉴竞争对手的发展经验指导本馆战略规划目标的选择，通过战略目标的实现进而提升自己的竞争力。调查结果如图 5 所示：

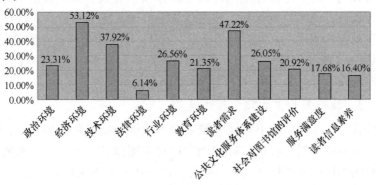

图5　高校图书馆战略规划外部影响因素

调查结果显示，最受重视的外部影响因素是经济环境（受到一半以上的被调查者的认同）。当前对高校图书馆发展制约问题的探讨绕不开经费问题，离不开经济的支持，因此，高校图书馆在制定战略规划时考虑其所属高校、其所在地区等的经费状况具有重要的现实意义。其次是读者需求，读者是图书馆的服务对象，读者需求是推动图书馆持续发展的不竭动力。高校图书馆在制定战略规划时可根据读者的不同类型与级别进行充分调研，根据读者需求制定各项具体发展目标。调查结果还显示被调查对象在考虑外部环境影响因素时，技术因素的影响程度大于教育、行业、政治等因素，法律因素的影响最小。

3.5　高校图书馆战略规划文本的规范

3.5.1　战略规划时长

图书馆战略规划的时长，是图书馆根据自身的发展愿景，为实现战略目标而设定的特定时间段。本次调查尽管提供了多个选项，但被调查对象的观点显得较为集中，4—5年成为一半以上的被调查对象的首选，另有约18.96%和17.25%的被调查对象认为2—3年和6—10年比较合适，选择10年以上的较少，而1年的最少。这主要因为1年的规划时长太短，和年度计划相似缺乏前瞻性指导，不利于图书馆长久发展，而10年以上又会显得时间太长，会使规划落后于图书馆内外环境的变化，不利于规划的有效实施，因此对1年和10年以上的认可度很低。总体调查数据显示，被调查者认为图书馆的战略规划应当与我国国民经济发展规划相适应，适用年限为4—5年。

3.5.2　战略规划中的量化指标

战略规划中的量化指标是指将战略目标以各类数字形式表达出来，使得目标更为具体、清晰，更有利于战略规划的有效实施与评价，是战略文本科学性与客观性的体现[6]。调查结果显示，有77.11%的被调查者赞同在图书馆战略规划中设置量化指标，除了有4.95%的被调查者表示不清楚外，仅有5.89%的被调查者认为在图书馆战略规划中不需要设置量化指标。

3.5.3　战略规划文本体例组成要素

一份科学、规范的图书馆战略规划文本应该包括哪些体例要素，这是在编制战略规划文本时面临的实际问题。针对我国国情，尤其是未来的发展趋势，高校图书馆的战略规划文本应由哪些部分组成？本次调查从愿景、使命、内外环境分析、发展方向、目标等15个方面，调查了解高校图书馆员对图书馆战略规划文本体例要素的认识。调查结果如图6所示：

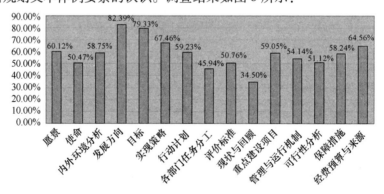

图6　高校图书馆战略规划文本体例组成要素

调查结果表明，"发展方向"和"目标"被认为是最重要的，获得了约80%的被调查者的认可，"愿景"、"实施策略"、"经费预算与来源"也得到超过60%的被调查者的肯定。对于"行动计划"、"内外环境分析"、"使命"、"重点建设项目"、"保障措施"、"评价标准"等，超过一半以上的被调查者给予了肯定，而"现状与回顾"、"部门任务分工"的受认可程度相对较低。

3.5.4 战略规划文本内容组成要素

图书馆战略规划制定过程中除了要考虑战略规划文本的体例构成要素，更要关注规划文本的具体内容要素的选择。规划文本的具体内容要素直接反映了图书馆战略规划所涉及的发展目标。本次调查主要设置了资源建设、内部管理、服务理念等12个要素。调查结果见图7。

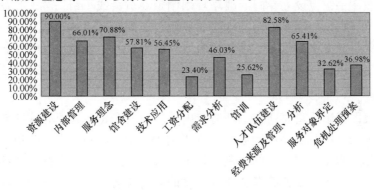

图7 高校图书馆战略规划文本内容组成要素

调查结果显示，"资源建设"受到90%的被调查对象重视，由此可见"资源建设"是高校图书馆发展的最重要部分。"人才队伍建设"和"服务理念"也受到不同程度的重视，分别有超过80%和70%的被调查对象予以肯定。"内部管理"、"经费来源及管理、分配"和"馆舍建设"、"技术应用"也都获得了超过一半的被调查对象的认可。在所有列出的要素中，"工资分配"、"馆训"和"危机处理预案"的重要程度最低，仅获得不足一半的被调查对象的认可。

4 几点启示

4.1 加强馆员意识

馆员中尤其是馆长与中层管理者，已普遍认识到图书馆战略规划的重要性。在图书馆日常管理中，需要开展各项战略规划宣传活动，使普通馆员学习和掌握战略规划知识，充分认识其重要意义。

4.2 制定科学流程

高校图书馆战略规划分析阶段的主要任务是通过各类调研活动获取战略规划研究资料，分析组织的内部环境因素，对资源与能力做出正确判断。在关注内部的同时，也必须重视对外部相关机构的发展趋势的分析与经验借鉴。战略规划制定中就要考察本省市、全国乃至国外高校图书馆的战略规划发展动态，还要对公共图书馆的战略规划加以借鉴。

4.3 创建专门组织

高校图书馆应设立专门的战略规划制定委员会或小组，考虑到需要一定的资金支持和人员编制配给的同时，还需考虑到制定主体的多元化参与：不仅包括馆长、中层管理者、馆员代表等馆内人员，还要邀请主管校长、兄弟院校图书馆馆长、相关专家、读者等外部人士，把他们纳入战略规划主体。

4.4 关注多元因素

高校图书馆战略规划应主动适应内外环境的变化，处理好这些变化给图书馆带来的显性及隐性的问题。内部影响因素中，经费、人才队伍、管理和馆藏的作用明显，图书馆的机制、设施、服务受到广泛的重视。外部影响因素中，经济环境、读者需求和技术环境的影响显著，行业、政治、教育环境等也有一定影响。此外，高校图书馆战略规划还受到国家或上级部门的宏观规划、高校发展规划、本地区其他高校规划及本馆以往战略规划的影响。

4.5 规范编制文本

规划文本是图书馆战略规划活动形成的最重要的纲领性文件，是图书馆长期发展的行动准则和决策依据，它在很大程度上反映着规划活动的程序与效果，因此其内容和形式特征就应该符合一定的规范和要求[9]。

高校图书馆在制定战略规划时，可根据国民经济发展 5 年规划周期，设为 4—5 年，也可结合实际考虑设置年度或 2－3 年短期的行动计划，推进本馆的中长期规划实施，此外，亦考虑制定未来 10－20 年的长期战略发展规划[10]。可考虑设置量化指标将战略规划目标具体化，作为战略规划实施与评价的操作性指标。除了对资金、文献资源、人员等要素进行量化外，还应关注对读者的满意度、员工幸福感、服务绩效评价等隐性指标的设置。就文本体例组成要素而言，战略规划中重要的组成要素依次是发展方向、目标、实施策略、经费来源与保障、愿景、行动规划、重点建设项目、内外环境分析、保障措施，而可行性分析、使命、部门分工的重要程度较低[11]。就文本的具体内容要素而言，最重要的内容要素依次是资源建设、人才队伍建设、服务理念、经费来源及分配、技术应用，而需求分析、危机处理预案、服务对象界定、馆训和工资分配的重要程度较低[12]。

参考文献：

[1] 柯平，陈昊琳．基于实证的图书馆战略规划需求研究［J］．图书情报知识，2010（6）：25 – 30，39．

[2] 陈昊琳，陆晓红，魏闻潇．国外图书馆战略规划制定对我国的启示：以美国为例［J］．图书馆工作与研究，2010（12）：14 – 20．

[3] 赵益民．基于专家调查的我国图书馆战略规划理想预期［J］．图书馆工作与研究，2011（5）：9 – 13．

[4] 曾翠，盛小平．国外大学图书馆战略规划模式解析［J］．图书情报工作，2010，54（5）：131 – 135．

[5] 宋菲，李麟，李力．2012 年国外图书馆战略规划与发展要点［J］．图书情报工作，2013，57（7）：29 – 34．

[6] 盛小平．大学图书馆战略规划的几个基本问题［J］．大学图书馆学报，2009（2）：14 – 18．

[7] 邵军辉．高校图书馆战略规划实施的相关问题研究［J］．图书馆建设，2012（10）：79 – 81，86．

[8] 叶焕辉．加拿大多伦多大学图书馆战略规划及启示［J］．图书馆论坛，2014（3）：144 – 149．

[9] 赵益民．图书馆战略规划模型研究［D］．天津：南开大学，2010：11．

[10] 柯平，贾东琴，李廷翰．关于图书馆"十二五"战略规划的若干思考［J］．图书馆工作与研究，2011（2）：4 – 11．

[11] 贾东琴，柯平，张红岩，等．我国高校图书馆战略规划的实践与思考［J］．情报资料工作，2013（1）：21 – 26．

[12] 邢杰，熊军洁．试析图书馆战略规划的制定——以天津图书馆为例［J］．农业图书情报学刊，2013（10）：66 – 69．

作者简介

邢杰，天津职业技术师范大学图书馆研究馆员，E-mail：tutel@ 163. com；贾东琴，天津工业大学图书馆馆员。

建国后我国图书馆发展战略思想演进特征分析

图书馆发展战略思想是解决图书馆发展过程中具有根本性、全局性、长远性问题的对策，是国家公共文化服务体系的重要组成部分。新中国成立后，我国图书馆发展的战略思想经历了"普及"、"提高"、"转折"和"深化"4个阶段。深入分析和研究各个历史时期图书馆战略思想的演进过程、特征以及相关理论与实践，对于我们解决当下图书馆遇到的新问题，制定切实可行的新发展战略，有着重要的现实意义。

1 战略思想的演进过程

1.1 普及阶段（1949年—20世纪50年代中期）：积极推进，平衡发展

1.1.1 战略思想的背景

建国后，我国的国家性质发生了根本变化，开启了人民当家做主的新时代。在党和国家的指导下，广大人民掀起了学习科学文化知识的热潮。而我国的图书馆虽然性质也发生了变化，成了广大人民的科学文化教育机构，但是当时整个图书馆事业百废待兴，基本上处于停滞和空白状态[1]。为了解决人民群众空前高涨的学习热情与落后的图书馆基础设施之间的矛盾，国家出台了一系列政策，为图书馆事业的平衡发展奠定了基础。

1.1.2 战略思想的标志与影响

1950年2月，《中央人民政府文化部组织条例（草案）》（以下简称"《草案》"）[2]将图书馆事业的管理划归文物局图书馆处，标志着此阶段战略思想的正式形成。这种战略思想深刻地影响了图书馆事业的发展，具体体现在：

- 推动了全国普及图书馆的建设。新中国成立后，我国图书馆的管理体制、服务方向都发生了新的变化。《草案》出台后，在国家文化主管部门的

＊ 本文系国家社会科学基金项目"基于我国文化发展新战略的公共图书馆政策建设研究"（项目编号：12BTQ002）研究成果之一。

指导下，全国掀起了普及图书馆建设的热潮。1950 年 10 月，全国总工会第53 次常委扩大会通过了《关于工会文教部的工作任务与工作范围的规定》，明确指出工会文教部应指导所属各级工会的俱乐部、图书馆及其他文化娱乐场所的工作；与此同时，解放军总政治部文化部也发出指示，要求全军各部队师、团以上单位普遍建立图书馆[3]；其他各行业、部委的图书馆也都开始实现归口管理。我国图书馆"条块分割、各自为政"的管理体制初步形成。

• 加快了对建国前图书馆的接收、接管和改造[4]。建国后，图书馆的性质发生了根本变化，对其进行改造已迫在眉睫。1950 年 12 月文化部出台的《关于 1950 年全国文化艺术工作会议报告与 1951 年计划要点》就曾明确指出："有重点地整理与改革旧有博物馆、图书馆，使其成为进行群众教育的重要工具"[5]。在建国初的前三年，国家主要通过接收、接管和改造的方式，对建国前已有的图书馆进行管理。据统计，期间共接管各类型图书馆 55 所，并将其纳入国家计划的轨道，使之归国家所有。此外，在强调为工农兵服务的基础上，1951 年设立了科学院图书馆；1952 年将文华图书馆学专科学校调整到武汉大学，成立了图书馆学专修科；充实了北京大学图书馆学专修科；设立了西南师范学院图书馆博物馆专修科。

• 完成了我国图书馆服务体系初步的定点布局[6]。随着国家工业化的进展、农业合作化高潮的到来和向科学进军任务的贯彻，以及 1956 年文化部"提高质量，全面规划，加强领导，又多、又快、又好、又省地积极稳步地发展图书馆事业"方针的制定，图书馆事业开始进入建设阶段。至 20 世纪 50 年代中期，我国的图书馆服务体系完成了初步定点布局。据统计，公共图书馆由 1952 年的 83 所增加到 1957 年的 400 所，高校图书馆由 1950 年的 132 所增加到 1956 年的 225 所。

1.2 提高阶段（20 世纪 50 年代中期－改革开放）：资源共享，协调发展

1.2.1 战略思想的背景

平衡发展思想的贯彻实施，虽然促成了我国图书馆服务体系的初步定点布局，但是"条块分割、各自为政"管理体制的确立，使得我国图书馆界至 20 世纪 50 年代中期还没有统一的规划和协调，已很难适应国民经济和科学、文化发展的需要。为了促进科学的发展，我国图书馆事业走向"全面规划、统筹安排、资源共享的道路"已势在必行。这为图书馆界实施协调发展思想奠定了现实基础。

1.2.2 战略思想的标志与影响

为了充分发挥图书资料和科技情报工作在科学研究中的作用，1957 年 6

月在北京召开的"国务院科学规划委员会第4次扩大会议"上，制定并通过了《全国图书协调方案》（以下简称"《方案》"），标志着此阶段战略思想的成型。自此我国图书馆事业走上了全面规划、统筹安排、资源共享的道路。具体的影响表现为：

- 初步建立了我国图书馆网的雏形。《方案》决定在国务院科学规划委员会下设图书小组，由文化部、教育部、中国科学院、卫生部、地质部、北京图书馆的代表和若干图书馆专家组成，负责全国为科学研究服务的图书工作的全面规划、统筹安排[7]。

1957—1967年间，根据《方案》规定，在图书小组的指导下成立了以北京和上海为中心的全国性中心图书馆，确定在武汉、沈阳、南京、广州、成都、西安、兰州、天津、哈尔滨等地设立地区性中心图书馆。此后，湖南、河南、浙江、吉林、山西、青海、安徽、宁夏、新疆等省（自治区）也先后成立了中心图书馆委员会或协作委员会，这样，我国的图书馆网初步形成，各地区、各系统、各类型图书馆之间的协作和协调走上了由国家全面规划和统一管理的道路。

- 首次倡导了资源共建共享的先进思想[7]。我国图书馆事业在"条块分割、各自为政"的管理体制的作用下，长期处于彼此孤立的状态，各种"重藏轻用"、"等客上门"、"本位主义"等旧思想比较严重。《方案》提出的各项规定和措施均体现出了资源共建共享的思想，可以说，它是站在全国科学发展的高度，将我国图书馆事业的指导思想提高到了一个新的层次。

- 为科学研究提供充足文献支持的同时，提高了图书馆的基础业务水平[8]。在《方案》的指导和带动下，全国各类型图书馆积极行动起来，开展了多方面的工作，以为科学研究服务。尤其是中心图书馆成立以后，20世纪50年代末、60年代初，图书馆界在协调发展思想的指引下，各地区、各系统、各类型图书馆之间先后进行了"编制全国图书联合目录"、"图书采购的分工与协调及复本书调拨"、"培养图书馆在职干部"、"组织参观交流"等活动，有力地促进了我国图书编目的规范化进程，支援了新建图书馆和边远地区图书馆事业的发展，推动了各地图书馆的协作和协调活动的开展。可以说，《方案》实行期间的图书馆协同活动以其明确的功能目标，科学、全面的规划，坚强的领导和周密的组织，全国图书馆步调一致的行动，而获得圆满成功，有力支持了全国科学研究工作，为其提供了充足的文献，亦推进了全国各类型图书馆的基础业务工作的发展。

1.3 转折阶段（改革开放－21世纪初）：开放发展，技术优先

1.3.1 战略思想的背景

改革开放迎来了我国图书馆事业发展的春天，也开启了图书馆界开放发展的新阶段。虽然从1957年开始的全国图书馆为科学研究服务的协同协作活动声势大、范围广、时间长，大大改变了过去我国图书馆之间分散经营、缺乏联系和合作的局面，推动了我国图书馆界编制联合目录、馆际互借、图书协调采购等协同活动的广泛开展[8]，但是由于国际国内形势的变化，国家开始实行"改革开放"的基本国策，确立了"以经济建设为中心"的国家发展战略，图书馆事业的发展也必须对过去平衡发展的战略进行调整，以适应改革开放的新形势和新任务。尤其是1978年全国科学大会作出的"向科学技术现代化进军"[9]的战略决策，为图书馆以技术促发展指明了方向。

1.3.2 战略思想的标志与影响

1987年3月《中央四部委关于改进和加强图书馆工作的报告》[10]出台，加快了现代化技术在图书馆的应用，标志着以技术为主导的图书馆发展新阶段的开始，其影响极其深远：

• 加大了与国外交流的力度。建国初期，中国图书馆界就建立了与国外图书馆界的联系。当时对外交流的重点对象是前苏联、东欧和一些第三世界国家，后来逐渐发展了与其他国家的联系。1978年中共十一届三中全会后，特别是1979年7月中国图书馆学会成立，1981年正式恢复了其在IFLA中的国家协会会员地位之后，随着国家对外开放政策的实施，我国图书馆界对外交流的力度更大，范围更广。据统计，到1989年底，我国图书馆界已与世界上120多个国家和地区的图书馆界建立了联系[11]，不仅了解了国外图书馆的现状和发展趋势，对外宣传了我国的图书馆事业，也直接促成了1996年第62届国际图联大会在北京的召开。

• 推广了图书馆自动化技术的应用。我国的图书馆自动化起步于上世纪80年代，当时国内图书馆界在技术应用方面更为注重经验交流及联合开发，主要通过文献获取、走出去到同行单位参观、接受国内外信息技术公司的推介等形式了解技术进展。各地区、各系统还都先后成立图书馆自动化研究会，并组织会员进行各种形式的协作。通过交流学习，大量图书馆创造条件实现了计算机管理，至1992年底，全国应用计算机的图书馆达到了1 500多家[12]，这是图书馆界各显神通引进推广和应用自动化技术的时期，自动化技术开始成为图书馆发展的主要引擎[13]。

- 掀起了数字图书馆建设的热潮。上世纪 90 年代，我国图书馆事业进入了发展的黄金时期，图书馆自动化建设和数字图书馆建设成为这一时期最主要的发展内容。以 1996 年 1 月中国高等学校文献保障系统（CALIS）启动为标志，我国 21 世纪信息资源共享的模式基本确立。此后，随着 1998 年中国数字图书馆工程立项，2001 年国家图书馆二期暨国家数字图书馆基础工程项目和 2002 年中国科学院国家科学数字图书馆项目相继启动，我国新世纪图书馆信息资源共享建设的高潮到来了。

1.4　深化阶段（21 世纪初至今）：以人为本，和谐发展

1.4.1　战略思想的背景

改革开放给我国带来了全新的发展机遇，大大解放了我国的社会生产力，但是我国经济高速发展中暴露出来的自然、经济、社会三大系统之间的不协调和失衡现象也日益严重，尤其是由于地区发展的不平衡，城乡之间、沿海与内地之间的差距不断拉大[14]。为了缓解发展的矛盾，使十几亿人共享改革的成果，营建一种和睦、融洽且各阶层齐心协力的社会状态，中国共产党相继提出了"全面建设小康社会"、"科学发展观"、"社会主义和谐社会"等概念，实现了我国在发展理念和发展思想上的重大转变[15]，2005 年以来，更是将"和谐社会"作为执政的战略任务[16]。在此大背景下，作为社会公共服务体系一部分的图书馆，积极参与了构建社会主义和谐社会的伟大实践。

1.4.2　战略思想的标志与影响

2006 年 9 月，《国家"十一五"时期文化发展规划纲要》（以下简称"《纲要》"）发布，包括图书馆事业在内的公共文化服务体系构建被纳入国家发展的总体规划，标志着以人为本、和谐发展的战略思想开始实施。其影响为：

- 实现了图书馆公平服务理念的回归。图书馆公平服务是实现公平的文化教育秩序的重要方式和内容，既是图书馆发展的需要，也是构建社会主义和谐社会的需要，是社会公平秩序的重要组成部分。不过，在开放发展阶段，由于国家发展战略的改变，图书馆事业的发展受到影响。公平服务的理念一度被搁置，差别化、有偿的服务理念受到追捧。直到 20 世纪末，由于图书馆市场化问题引起的"图书馆精神"大讨论才又一次唤醒了中国图书馆人对图书馆公共与公平服务精神的重视。尤其是 2004 年，图书馆界以"百年图书馆精神"为主题，纪念中国近代图书馆发展百年，把图书馆公共与公平服务精神研究推向了高潮[17]，也标志着图书馆公平服务理念的整体回归。

- 加快了图书馆融入公共文化服务体系建设的步伐。"公共文化服务体

系"概念于 2005 年 10 月提出，但是直到《纲要》发布，"覆盖全社会的公共文化服务体系"的构建才进入到国家战略视野[18]。此后，随着国家一系列文化纲领性文件的出台，全国上下掀起了构建全覆盖的公共文化服务体系的热潮。图书馆界敏锐地抓住了这次机会，加快了融入公共文化服务体系构建的步伐。具体表现为：

- 2007 年由《图书与情报》组织了《国家"十一五"时期文化发展规划纲要》发表一周年纪念专题。一大批图书馆界的专家学者，就全覆盖的图书馆服务体系的构建发表了研究成果，向全社会做出了"均等服务"的庄严承诺。2008 年，《覆盖全社会的公共图书馆服务体系：模式、技术支撑和方案》[2]一书问世，它是由中国图书馆学会资助的研究项目的成果，是对图书馆开展普遍均等服务的思路与方法的一次总结。这些不但标志着图书馆界对覆盖全社会的公共图书馆服务体系构建的认识达到了新高度，而且完善了全覆盖的公共文化服务体系构建的内容。

- 图书馆的免费服务逐步深入。我国图书馆界在经历了市场经济的冲击和阵痛之后，图书馆精神逐渐回归。21 世纪初，相继有一些图书馆开始对所有读者免费开放。不过，那时的免费开放，主要由这些图书馆馆长的开明来维系[19]。2011 年 2 月，文化部和财政部出台了《关于推进全国美术馆公共图书馆文化馆（站）免费开放工作的意见》，其规定：2011 年底之前国家级、省级美术馆全部向公众免费开放；全国所有公共图书馆、文化馆（站）实现无障碍、零门槛进入，公共空间设施场地全部免费开放，所提供的基本服务项目全部免费[20]。这是继 2008 年博物馆、纪念馆实现全部免费开放后推进公共文化服务体系建设的又一重要举措，是国家为公众均等享受公共资源与服务所进行的制度设计。从个人开明到国家行动，图书馆的免费服务有了制度保证。

2 战略思想演进特征的启示

2.1 图书馆发展战略思想的演进深受国家发展战略的影响

我国现有的图书馆都是建立在分级财政基础上的，基本上形成了一级政府建设并管理一个图书馆的格局，深受国家发展战略的影响。建国初期，需要平衡工业布局，建立完整的工业体系来维护国家安全。图书馆则利用为工农兵服务的机会，在多快好省、平衡发展思想的指导下，完成了服务体系的初步定点布局。20 世纪 70 年代后，由于国际形势的变化，我国确立了"以经济建设为中心"的国家发展战略。在此背景下，图书馆不可能再从国家得到充足的财政拨款，图书馆事业逐步滑向谷底，资源共享、协调发展、技术优先等思想逐步确立。进入21世纪，随着国家综合国力的提高，为了缩小区域之间、城乡之间的差距，我国相继提出了科学发展观和建设和谐社会的思想，实现了在发展理念和发展思想上的重大转变，给图书馆事业的发展带来了新的机遇，和谐发展、均等服务的理念渐成主流。

2.2 图书馆发展战略思想的演进与读者的文化需求紧密相连

建国初期，人民当家做主，图书馆成了广大人民学习科学文化的机构，而有限的馆舍与人民无限的学习热情成了此阶段馆群矛盾的突出表现。为了满足人民日益增长的科学文化需求，图书馆提出了"千方百计为读者服务"的口号[21]，此种观念推动了图书馆平衡布局思想的发展。20世纪50年代末，图书馆只重普及、忽视提高的做法弊端日显，虽然国家随后提出了"向科学进军"的口号，但是当时各自为政的图书馆藏书格局，根本无法满足广大科研人员对图书文献的需求，于是统一协调发展的战略思想有了现实的推动力。改革开放以后，经济体制的变革在提高经济增速的同时也促进了实用技术的发展，信息传播的渠道日益增多，通讯设备日益先进，图书馆已不是人们获取信息的唯一通道。加之多年的闭门服务导致思路狭窄，造成了文化、信息等产业的分离，使得整个社会对图书馆的需求大大降低[22]，图书馆的生存出现危机，因此开放发展、变革求新逐渐成了这个阶段图书馆发展的主流思想。进入21世纪后，我国经济在取得了长足进步的同时，也推动了以计算机、网络通讯和数据库为主的现代信息技术的发展。在构建和谐社会的过程中，随着图书馆软硬件建设的加快，服务功能、范围的拓展，图书馆重新赢得了社会关注，和谐发展的思想开始深入人心。

2.3 图书馆发展战略思想的演进突显图书馆事业任重道远

图书馆事业发展的核心理念是平等、免费、无区别。可是在平衡和协调发展阶段，在图书馆服务于政治的年代里，图书馆以其鲜明的政治立场和阶级倾向，通过对读者身份的要求颠覆了自身对普遍均等服务的长期追求；在开放发展阶段，由于对市场观念的盲从和参与，通过对读者经济能力的要求，继续尘封了对普遍均等服务的倡导；和谐发展阶段似乎是实现普遍均等服务的大好时机：在内部，中国的图书馆事业摆脱了极左意识的羁绊，领教了盲从市场经济观念的沉痛教训，终于可以成熟而理性地回顾过去[2]；在外部，经过几十年的改革，我国的经济建设得到了稳定、持续、快速的发展。但是由以经济增长为中心的非均衡赶超战略所造成的图书馆布局不合理、设施不完善、功能不齐全、服务不方便的现状，并非一朝一夕所能扭转，要构建覆

216

盖全社会的图书馆服务体系，困难依旧不小。

2.4 图书馆界应构建可持续的发展战略

图书馆服务属于公共产品种类之一。按照经济学中对公共产品的定义和分析，界定图书馆服务有两个衡量指标，即非竞争性和非排他性。正是这两个特性，使得图书馆服务因"无利可图"而难以由市场和社会稳定、持续地提供[23]，责任主体只能由政府承担。但是纵观图书馆发展战略思想演进的过程，由于缺乏相应的法律保障，政府的决策和活动在促进图书馆事业发展的同时，也给其发展带来了诸多的困扰。如今，随着社会主义和谐社会的发展，图书馆普遍均等服务开始回归，免费服务正在不断向前推进。在仍然缺乏相关法律支持的情况下，图书馆界应努力构建可持续的发展战略，即以政府为主导，以社会化投入为基础，将社会效益与经济效益相结合，实现图书馆事业宏观投入、产出的合理控制，使图书馆事业在社会发展中形成自我发展与完善的运行机制[24]，从根本上解决图书馆事业良性发展的问题。

参考文献：

[1] 李少惠，张红娟. 建国以来我国公共文化政策的发展［J］. 社会主义研究，2010（2）：110 – 114.

[2] 邱冠华，于良芝，许晓霞. 覆盖全社会的公共图书馆服务体系：模式、技术支撑与方案［M］. 北京：北京图书馆出版社，2008（4）：18 – 19.

[3] 陈源蒸，张树华，毕戈辉. 中国图书馆百年纪事（1840 – 2000）［M］. 北京：北京图书馆出版社，2004：111 – 114.

[4] 程焕文. 百年沧桑 世纪华章——20 世纪中国图书馆事业回顾与展望［J］. 图书馆建设，2004（6）：1 – 8.

[5] 中央人民政府文化部. 一九五零年全国文化艺术工作报告与一九五一年计划要点［J］. 文物，1951（6）：11 – 22.

[6] 郑建明，范兴坤. 基于历史分析的中国图书馆事业政策展望［J］. 情报资料工作，2009（3）：1 – 2.

[7] 张树华，赵华英. 新中国图书馆事业发展的一次浪潮——记"全国图书协调方案"及其协作、协调活动［J］. 中国图书馆学报，2009（3）：21 – 26.

[8] 李东来，韩继章. "全国图书协调方案"时期图书馆协同思想指导下的馆际协作的回顾与思考［J］. 图书馆，2009（5）：51 – 55.

[9] 夏雨. 向科学技术现代化进军的两次大会［J］. 党建，1995（5）：44.

[10] 中共中央宣传部，文化部，国家教委，等. 中央四部委院关于改进和加强图书馆工作的报告［J］. 图书馆工作与研究，1988（6）：1 – 4.

[11] 中华人民共和国图书馆事业课件［EB/OL］.［2013 – 09 – 01］. http：//

www. doc88. com/p – 487337587472. html.

[12] 郑建明，范兴坤. 中国大陆地区图书馆技术现代化政策思路研究［J］. 图书与情报，2009，57（5）：32 – 38.

[13] 王世伟. 我国公共图书馆"十二五"发展战略重点［J］. 国家图书馆学刊，2010（3）：10 – 12，22.

[14] 朱选祥. 我国区域经济发展战略思想的演进及走向［J］. 安庆师范学院学报（社科版），2012（4）：79 – 84.

[15] 金乐琴. 中国国家发展战略：30 年变迁及成就［J］. 中共长春市委党校学报，2008（5）：44 – 47.

[16] 社会主义和谐社会［EB/OL］.［2013 – 09 – 01］. http：//baike. baidu. com/view/10891. htm? fromId = 13768.

[17] 郭海明. 社会公平秩序下的图书馆公平服务［J］. 图书馆理论与实践，2011（3）：6 – 9.

[18] 王景发. 图书馆服务体系构建下省级图书馆的作为［J］. 图书情报工作，2013，57（11）：32 – 36.

[19] 周稀银. 不能回避的进步方向［N］. 长江日报，2011 – 02 – 11（1）.

[20] 中华人民共和国文化部. 文化部、财政部关于推进全国美术馆、公共图书馆、文化馆（站）免费开放工作的意见［EB/OL］.［2013 – 09 – 01］. http：//www. ccnt. gov. cn/sjzz/shwhs/whgsy/201102/t20110210_ 86869. html.

[21] 张树华. 我国图书馆服务观念和服务工作的变迁和发展［J］. 北京大学学报（哲社版），1986（4）：44 – 51.

[22] 傅正. 变革时期的中国图书馆事业［J］. 北京图书馆馆刊，1996（3）：43 – 47.

[23] 张良. 政府主导、社会参与、市场配置：农村公共文化服务体系建设的理想模式［J］. 理论与现代化，2012（4）：25 – 30.

[24] 胡昌平. 图书情报事业的社会化发展战略［J］. 中国图书馆学报，2005（1）：5 – 9，20.

作者简介

刘陆军，河南大学图书馆副研究馆员，E – mail：ljliu@ henu. edu. cn。

基于实证分析的图书馆战略
规划流程设计*

自现代图书馆诞生以来，图书馆个体与事业的发展进程经历了从工作计划到长期计划，再到战略规划乃至战略管理的过程。就性质而言，图书馆早期的发展规划受限于独立的视野和静态的理念，而新兴的战略规划则为突破这些局限提供了科学的思维框架。图书馆的规划阶段包括了战略分析和战略制定等功能活动环节，战略分析关注组织的历史背景，确定组织的发展目标；战略制定涉及战略活动的信息输入、匹配、决策等。图书馆事业的科学发展，对战略规划流程的合理化设计提出了更高的要求。

1 相关研究综述

总体而言，在规划的具体实施中，图书馆需要展开从数据采集到需求调查，从方案制定到实施准备的 4 个阶段，并在实践运作中进行大量的评估工作[1]。具体细分，国外学者将规划程序描述为 7 个步骤：发起和同意战略规划程序；识别组织任务；阐明组织使命；任务和价值观；评估外部环境以明确机遇和挑战；评估内部环境以明确优势和劣势；确定战略重点；设计规划方案和实现战略重点[2]。新时期较为著名的是 Bryson 在《公共组织和非营利组织的战略规划》一书中构建的"战略变革周期"（strategy change cycle），包含启动规划过程、明确组织权限、明确使命与价值观等 10 个环节[3]。印第安那大学 Bloomington 图书馆的规划实践证明，该流程的应用的确能实现更为高效率、低成本的管理绩效。

作为整个战略管理总体流程的有机组成部分，战略规划主要涉及环境分析、方案制定等环节，可以形成若干规划模型。Evans 和 Ward 在讨论包括图书馆在内的信息机构的专著中，提出以环境扫描为先导，以任务明确为目的的战略规划模型[4]。其中，环境扫描为总体战略的设计提供基本的决策依据，

　　* 本文系国家社会科学基金"十一五"重点项目"公共文化服务体系中的图书馆战略规划模型与实证研究"（项目编号：08ATQ001）和国家社会科学基金"十一五"西部项目"西南地区图书馆服务体系理论研究（项目编号：08XTQ003）研究成果之一。

使命、愿景和价值观在环境信息、组织能力、资源和上级机构的限定基础上得以确立，这些因素为战略规划的设计奠定了基础。战略规划的制定包括设置一系列的目标和计划，进而明确针对各项计划的具体任务。目前最盛行的图书馆战略管理模型 PDCA（Plan，Do，Check，Act）将以上流程更为简练地划分为：包含确立绩效评价标准的战略规划；会计组织行为的战略实施；针对最初和补充的目标进行实施效果评价的战略检测以及针对人员和其他各类资源进行匹配目标式调整的行动方案[5]。最著名的图书馆战略管理专著之一：《规划与结果：公共图书馆变革过程》将战略管理中的规划环节细分为考察社区（愿景与需求）、考察图书馆（满足需求、明确愿景）、分析资源、选择服务策略、撰写使命、设定目标、制定计划、优选方案[6]。

国内学者从思想体系、目标体系、评价与选择体系、保障体系等方面探讨战略管理的步骤与要素[7]，主张图书馆战略规划流程包括启动、分析、确认、业务规划、实施、反馈与评价等 6 个阶段[8]；也有仅限于规划阶段的划分观点，认为制定战略规划应有 6 个步骤：环境状况与趋势分析、制定目标、制定战略重点、制定行动计划和划分阶段、制定实施战略的行动方案及提交中选方案[9]。

关于战略规划的流程研究为图书馆实践工作提供了参考依据，但指导作用的发挥空间尚有待大力拓展。与国外图书馆的先进经验相比，我国的战略规划现状仍存在很大的差距，用以指导实践的规划理论在科学化、系统化等方面亟需深化和提炼。柯平教授对此总结出的研究不足包括：理论与实践的契合度不高，对于各级各类型图书馆的整体协调研究深入不足，对于公共文化服务体系新环境中的图书馆战略新举措尚未有较深入研究，尤其是缺乏实证基础上的战略模型研究[10]。作为连续而有规律的行动序列，流程既是针对可执行的战略行为的具体计划，也是保障决策、实施正确性的思维模式，具有实务和方法论的双重意义。当图书馆传统形成的思考问题、解决问题的流程作为一种行为范式沉淀下来，在变化的环境中逐渐变成阻碍其战略规划进程的不利因素时，新的流程探索与构建便显得日益重要。时代的发展、环境的变迁以及理论的演进，均体现出以图书馆战略规划流程为对象的系统性认识的重要性，目前这方面的研究显得极为匮乏，亟待加强，这也成为本文要解决的核心问题。

2 图书馆战略规划流程的实证研究

2.1 网络调查与分析

本研究于 2010 年 1 月至 4 月利用搜索引擎、站点聚合、相关链接等途径对全球各大洲的图书馆网站进行大样本的抽样调查，登录各馆网页，对其战略规划基本情况进行全方位的考察。涉及以中、英文为主要官方语言的国家和地区的国家图书馆、公共图书馆、高校图书馆、科学图书馆、工会图书馆、中小学图书馆等各种类型。最终访问 528 个图书馆站点，涵盖 30 余个国家和地区。

从地域划分的角度来看，各大洲的样本包括北美洲 118 个，大洋洲 18 个，欧洲 46 个，亚洲 346 个。由于我国图书馆作为重点考察对象，故亚洲的样本比例较大。具体而言，国外馆 185 个，国内馆 343 个；在国内进一步划分，东部 195 个，中部 76 个，西部 49 个，港澳台 23 个。东部地区由于经济发达，人口密集，图书馆事业随之较为兴盛，机构数量众多，抽取样本数也较多，港澳台地区的图书馆网站有其不同于大陆的特色，故也进行了一定数量的抽样调查。从类型划分来看，高校图书馆（313 个）的比例最高，达 59.28%，其次是公共图书馆 162 个（30.68%），包括国家图书馆、科研图书馆、中小学图书馆等在内的其他类型 53 个（10.04%）。从规划文本的公布情况来看，拥有规划文本的图书馆仅 149 个（28.22%），没在网站上公布的有 358 个（67.80%），另有 21 个（3.98%）图书馆的网页始终无法打开。

本研究按照从外表特征到内容属性的调查思路，设计了发布形态和宣传策略两个维度，包含战略规划文本的链接层次、隶属模块、表现形式、多语种、连续性版本、辅助性文献等若干考察对象。针对不同国家、地区和图书馆类型进行比较、剖析，探求规划现状中的地域和系统差异，以此明确我国图书馆战略规划的发展特点、现实差距和提升空间。

2.2 文本调查与分析

战略规划文本的内容分析是探寻图书馆规划活动特征与规律的很好途径，国内外学者通过客观地辨析文本不同层面的属性，对各自关注的现实问题形成具备实证价值的研究推论。本研究对 2009 年 4 月至 2010 年 4 月收集、整理并翻译的 283 篇国内外图书馆战略规划文本，进行针对外表形态、内容属性和版本特征的全面分析。

就全球范围而言，所有规划文本的规划主体涵盖公共馆、高校馆、其他类型馆和协会（学会）组织。涉及的地区包括：北美洲、南美洲、欧洲、大洋洲、非洲、亚洲以及国际性组织。本研究按照联合国开发计划署 2009 年公布的"人类发展指数"，以超过 0.9 作为判别发达国家的标准[11]，涉及发达国家和发展中国家，分别占 73.1% 和 26.9%。按中外维度划分，国内馆的规划文本占 17.0%，国外占 83.0%。在国内图书馆的 48 份规划文本中，涉及的地区包括：东部（43.8%）、中部（25.0%）、西部（14.6%）、港澳台（12.5%）及全国性组织（4.2%）。

无论国内外地区之间的比较，还是不同类型规划主体之间的剖析，大样本的规划文本均具备了一定的代表性，能够为揭示当前图书馆界的规划现状提供从文本物理形态到战略思维诉求的实证依据。对战略规划文本的考察涉及了制定机构、规划时长、量化指标、高频词语等在内的形态特征，包含了"战略管理路径"和"战略保障体系"两个维度共20个内容要素在内的内容特征，以及针对体例结构、核心理念、规划实践等在内的版本特征。

2.3　专家调查与分析

对战略规划未来理想状态的预期是一个需要综合洞察力的主观综合判断过程，通常要依靠相关专家的知识和经验，由专家对研究对象做出判断、评估和预测。专家调查方法旨在汇集有理论知识和实践经验的相关专家的意见，本研究根据图书馆网站调查和战略规划文本的内容分析结果，结合战略管理理论和图书馆的实际情况，针对图书馆发展的战略环境、管理流程及规划文本框架设计等方面的问题，编制了一份旨在考察战略规划应然状态的专家调查问卷。2010年3月至9月，面向全国范围内的业界领导、教授、资深图书馆员工等实施了问卷调查。调查问卷首先在小范围的专家人群中进行预测试，吸取反馈意见并认真修改完善后，按照重点精选与随机抽样结合的方式向全国专家开放电子或纸版问卷100份，最终回收78份，个别填写有问题的问卷经反复沟通交流，最终获得专家的有效填答，总体有效回收率78%。

从地域上看，本次专家调查涉及北京、广东、福建、天津等10余个省市。从组织类型看，涉及高校馆、公共馆、科学馆、中学馆、军队馆以及教学机构等。从调查对象的身份看，涉及包括馆长、书记、副馆长在内的图书馆领导（含个别学校领导）、教授/副教授、研究馆员（研究员）/副研究馆员等人群（包括武汉大学彭斐章教授、北京大学吴慰慈教授、中国社会科学院黄长著研究员等知名学者）。很多专家的多重身份使不少问卷反映出馆长与教授、部门主任与研究馆员等的综合意见。总之，本次调查涉及各类图书馆和教学、科研机构58个，具备了一定的代表性和权威性。

3　图书馆战略规划的总体流程

本研究为构建符合我国现实国情的图书馆战略规划流程，从多个方面寻求理论与实践的依据。其中：①借鉴国内外的战略管理理论，吸收适合公共部门的原理、方法，以此探索图书馆战略规划的实质和规律；②考察国内外图书馆的战略规划现状，从我国与发达国家、地区之间的差距中寻求发展方向；③分析国内外图书馆的战略规划文本，从体例结构、内容要素、发布形态等层面揭示战略管理指导性文件的属性特征；④通过业界专家的意见征询，明确我国图书馆战略规划的理想预期以及深化、创新管理流程的方略。在此基础上，逐渐形成关于图书馆战略管理活动，尤其是战略规划流程的清晰认识。至此，能够在实证分析的基础上，以框架图形式描绘整个图书馆战略规划的行动序列。本研究提出的图书馆战略规划总体流程框架，如图1所示：

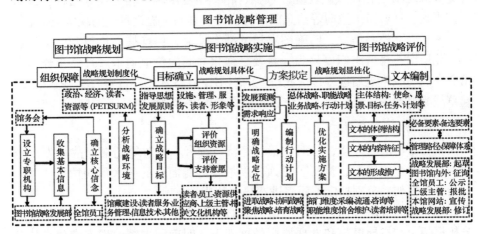

图 1　图书馆战略规划总体流程

　　这一流程框图揭示了战略管理，尤其是战略规划实践的基本运作原理，从组织机构的建制到战略要素的分析，从战略方案的拟订到规划文本的编制，体现出图书馆战略规划活动的一般性发展规律。

　　图书馆战略规划总体流程作为最高层次的组织管理形式，战略管理是图书馆从日常业务管理到未来发展管理的一个思维转变过程。整个战略管理过程划分为战略规划、战略实施与战略评价三个阶段，三者通过运作、监控和反馈机制相互关联，循环递进。赵益民等曾将战略规划阶段细分为战略规划分析和战略规划制定两个环节，前者包括图书馆基本使命的确立以及对内外环境、利益相关者、战略资源和变革预期的分析；后者包括战略定位、计划编制和方案优化等步骤[12]。本研究提出更为详尽的图书馆战略规划环节与步骤的划分方案：整个战略规划流程包含组织保障、目标确立、方案拟订和文本编制等 4 个主要环节。每个环节中包含若干行动步骤，具体如下：

3.1 组织保障环节

* 设立专职机构，组建专门的战略规划部门，争取人员、经费、设施、时间等方面的资源支持，明确部门工作职责和管理制度，为战略规划以及后期的实施与评价的顺利进行提供组织保障。

* 收集基本信息，清查该馆的馆舍、设备、文献、技术、人力等资源，收集、整理历年来包括主管部门在内的相关统计数据，通过对该馆发展历程、各类资源现状、宏观和微观统计数据、相关制度规程、相关规划文件、组织内部观点、社会需求意向等信息的掌握，为规划制定提供科学的现实依据。

* 确立核心信念，明确图书馆的社会使命，提炼核心价值观，提升组织文化层次，打造组织凝聚力，普及、强化共同的价值追求。具体步骤是由馆务会启动战略规划进程，由此设立的图书馆战略发展部负责收集基本信息，起草战略发展的核心信念，向馆务会申报，确立后向全馆员工推广。

3.2 目标确立环节

* 分析战略环境，针对政治、经济、读者、资源等图书馆战略发展的内外部主要影响因素，辨析、明确若干最有可能面临的未来预期情景，并以此为分析框架，分别拟定不同演进态势中的背景选项。

* 确立战略目标，以图书馆的战略使命为宗旨，以主要的社会功能为分析框架，在指导思想和发展原则的框架下，明确图书馆的现实定位，从馆藏建设、读者服务、业务管理、信息技术等主要领域制定图书馆在可预期的未来中的发展目标。

* 评价组织资源，通过对设施、管理、服务、读者、形象等图书馆战略发展所需资源的差距评价，检测基于物质条件预期变革可行性的客观基础，辨析面向该馆发展目标的资源缺口。

* 评价支持意愿，通过对读者、员工、资源供应商、上级主管、相关文化机构等图书馆战略发展主要利益相关者的意愿评价，检测基于社会认知的预期变革可行性的主观基础，对图书馆的主要利益相关者面对预期变革的意愿反应进行评价，厘清发展进程中来自各方的支持与阻力。使命确立和环境分析为图书馆发展愿景的形成提供前提条件，合理、可行的理想发展预期通过愿景展望得以描述。同时，图书馆发展现状与理想预期在战略资源和利益相关者意愿层面表现出的差距又通过可行性分析反作用于组织愿景的修订与完善，最终的分析结果为战略规划制定奠定科学决策的基础。

3.3 方案拟订环节

* 明确战略定位，旨在确定战略规划的主要指导思想和策略方针，根

据战略发展的内外部环境分析结果，确定竞争与合作的发展定位，选择适宜的进取、协同、聚焦、培育等战略模式，以促进核心竞争优势与能力的高效构建。

- 编制行动计划，通过图书馆内外部发展要素的相关匹配，在趋势预测和需求响应的基础上，制定战略行动计划，划分战略实施领域，将战略目标细化、具体化为可操作的实践举措。

- 优化实施方案，通过图书馆组织功能与战略行动计划的衔接，以提高战略绩效水平为目标，从业务部门和社会职能的交叉维度以及总体战略、职能战略、业务战略、行动计划等纵向维度，对行动计划的实施顺序和取舍调整做出科学判断，为高效地实施战略规划进行策略性的重组与优化。战略定位、行动计划和实施方案是战略规划制定的主要内容，三个步骤将图书馆的战略目标具体化、可操作化，将战略意图明确化、书面化，以此保障战略蓝图的科学绘制，促进战略方案的协同实施。

3.4 文本编制环节

- 草案拟定，旨在将规划分析与制定的结果明确化、书面化，即依照规范的文本结构框架，拟定用以指导实践的纲领性文件。

- 通过获得各利益和权力团体及个人的修改意见，谋求各方的支持、认同。

- 修改定稿，通过促进馆内管理层的战略思想的高度统一，完成纲领性文件的编撰，获得全馆（代表）大会通过。

- 宣传推广，通过在馆内外公示战略文本，扩大影响，促进实施、监督与评价，以此推进战略目标和实施方案的广泛理解与认同。此外，图书馆编制的战略发展纲领性指导文件还应向上级主管部门呈交、报批，并具备定期修订、补充的更新机制。除了基本的编制工作步骤，就战略规划文本自身而言，有一个从体例结构到内容要素的丰富、完善的构建过程。体例结构涉及使命、愿景、目标、任务、计划等主体模块，内容要素分管理路径和保障体系两大类，共同形成核心的必备要素与次要的备选要素。

以上从组织保障、目标确立、方案拟订到文本编制的主要环节体现了图书馆战略规划的制度化、具体化和显性化过程。整个流程涉及的对象具有开放性、复杂性和不确定性的特征，必须以结构与功能均统一为整体的全局性思维考察流程中的各活动要素，辨析其相互制约和依赖的关系。尽管各工作步骤中的方法更具操作性，但整体性优化和求解的原则应该贯穿始终，系统思维的流程设计能够将活动要素有机地组织起来。

在组织结构、功能和运行机理的作用、影响下，图书馆战略规划流程表现出若干鲜明的特性：①目标的价值性——流程追求战略绩效的提升，强调社会职能的实现；②系统的均衡性——流程两端的输入与输出总是在图书馆的组织运作中表现出一定的均衡状态；③时序的动态性——流程中的环节、步骤是以时间顺序展开的，通常不会静止不前，停止流转；④结构的层次性——嵌套的概念使得"子流程"的现象随处可见，大的管理程序往往能够被分解为小的操作步骤，如战略规划文本的形成推广步骤即可细分为起草、征询、公示、报批、宣传、修订等具体操作程序；⑤方向的多样性——串联、并联、反馈现象时常出现，如馆务会与图书馆战略发展部之间的工作交接、流转，确立战略目标与评价组织资源、评价支持意愿之间的支持、反馈等多种流程导向的表现形式会对图书馆战略规划的输出效果带来很大的影响。

4 图书馆战略规划流程的行动方案

流程框架是以框架图的形式表现图书馆的战略规划行动序列，静态的图示尚不具备足够的操作性，需要从部门分工、时间安排等方面予以管理程序上的明确，从更加贴近实践的角度设计行动方案。

为确保战略规划活动的顺利开展，本研究根据广泛参与、积极调动的原则，进行图书馆战略规划的任务分工；同时，根据各环节、步骤的工作量及难易程度，制定图书馆战略规划时间进度，以此明确规划人员及相关组织、个人的规划工作参与环节，并划定各项任务的起止时间（见表1）。

表1 图书馆战略规划工作分配及时间进度

环节	步骤及工作时长	战略发展部	馆领导	部门主任	员工代表	其他员工	图情委员	主管领导	咨询顾问	其他
组织保障	设立专职机构（第1周）		★	√					√	
	收集基本信息（第2周）	★	√	√					√	
	确立核心信念（第3周）	√	★	√	√	√	√		√	
目标确立	分析战略环境（第3周）	★	√						√	
	确立战略目标（第3周）	★	√						√	√
	评价组织资源（第4周）	★	√						√	√
	评价支持意愿（第4周）	★	√						√	√

环节	步骤及工作时长	战略发展部	馆领导	部门主任	员工代表	其他员工	图情委员	主管领导	咨询顾问	其他
方案拟订	明确战略定位（第4周）	★	√						√	
	编制行动计划（第5周）	★	√	√	√				√	
	优化实施方案（第5周）	★							√	
文本编制	草案拟定（第6周）	★							√	
	意见征询（第7-8周）	★	√	√	√	√	√	√		√
	修改定稿（第8-9周）	√	★	√					√	
	宣传推广（第10周）	★								

表1中每行的"★"符号代表该步骤的负责人（部门），承担组织开展具体规划工作的任务。"咨询顾问"是通过提供配套的管理工具来引导、协助规划活动的专业人士，"其他"类型的参与者包括图书馆的读者和相关的友邻部门、机构，这些群体或个人对战略规划的参与程度虽然不高，但在规划分析和文本编制的意见征询等环节中的重要性不容忽视。员工代表、其他员工和图情委员（常见于高校图书馆，公共图书馆则以相应的文化部门专家为代表）在该馆核心信念确立的过程中也担负着重大的责任。战略发展部作为承担图书馆战略规划分析与制定任务的专职部门，从创建之初便全程参与，负责各项议题的组织开展、规划结果和加工、整理。

各参与部门和人员仅为举例，特定的图书馆可视具体情况进行增减。任务分工并非绝对的职责划定，实际操作中，图书馆应遵循参与度的最大化原则，促使读者、员工等核心群体以不同形式参与到不同的战略规划环节中，以此体现图书馆的公共服务实质和战略价值导向。

表1中的总体时间安排以10周为一个完整的战略规划周期，文本编制环节因涉及工作步骤和相关人员较多，历时最长。具体的图书馆应视自身的前期基础、条件配备、规划能力等影响因素而定，如设立专职机构由于涉及规章制度、人员经费等诸多保障因素，或许需要更长的筹备时间；分析战略环境、编制行动计划等步骤需要的战略规划技术因馆而异；确立核心信念和宣传推广战略规划文本等程序也在不同图书馆之间存在着较大的差异，完成的时间各不相同。

时间进度表是规范战略规划进程的标尺，认真地遵循是确保规划质量的前提条件。尽管能够根据特定图书馆的具体情况进行调整，但在尽可能的条件支持下，应该保证充足的时间开展战略规划流程，预留一些时间是比较明智的选择，因为很多时候会出现应对紧急环境变化的临时会议以及反复修改战略规划文本等方面的需要。

参考文献：

[1] Wilson S. Saint Paul's strategic. Library Journal, 2005, 130 (15) (9): 34 – 37.

[2] Bryson J M. Strategic planning for public and non-profit making organizations. San Francisco: Jossey-Bass, 1988: 46.

[3] Bryson J M. Strategic planning for public and nonprofit organizations: A guide to strengthening and sustaining organizational achievement. San Francisco: Jossey-Bass, 2004: 23.

[4] Edward E G, Layzell W P. Management basics for information professionals. New York: Neal-Schuman Publishers, Inc, 2007: 150.

[5] Matthews J R. Strategic planning and management for library managers. Westport: Libraries Unlimited, 2005: 65 – 66.

[6] Ethel H, William J W. Planning for results: A public library transformation process. Chicago: American Library Association, 1998: 26 – 78.

[7] 蒋永福. 中国图书馆发展战略研究初探（论纲）. 图书馆建设, 1987 (S1): 8 – 14.

[8] 盛小平. 大学图书馆战略规划的几个基本问题. 大学图书馆学报, 2009 (2): 14 – 18.

[9] 杨溢, 王凤. 图书馆战略规划的制定程序与内容框架研究. 图书馆建设, 2009 (10): 109 – 114.

[10] 柯平. 图书馆战略规划研究的时代背景与理论视角. 图书馆工作与研究, 2010 (2): 4 – 10.

[11] 百度百科. 发达国家. [2010 – 09 – 02]. http://baike.baidu.com/view/35122.htm.

[12] 赵益民, 王孝, 王铮, 等. 关于公共图书馆战略规划模型的思考. 图书情报工作, 2010, 54 (14): 6 – 11.

作者简介

赵益民，男，1971 年生，副研究馆员，博士，发表论文 60 余篇，出版专著 1 部，合著 6 部。

非用户视角下的研究型图书馆
变革路径探析

1 引 言

　　为了深入推进变革，人们往往会对自己行动赋予更高的意义及热情，而且在这些变革活动一开始，人们就会提出"我们想创造什么"这样的问题，以便促进实现自我超越和达成共同愿景。随着变革的深入，这样的问题会越来越细致而深入。当前研究型图书馆不得不面临着这样的挑战，传统用户大量流失、目标定位不明确的研究型图书馆除了在传统领域不断改进工作方式、提高工作效率以外，并没有好的方法来适应不断变革的学术信息交流模式[1]。正如一些专家学者所断言的，在技术或范式发生大转折的时候，在错误的方向上跑得越快，就将被甩得越远。越是高效，后果越是灾难性的。图书馆的现有服务模式已经越来越不能有效地满足新的学术交流模式下的用户信息需求。

　　实际上，文献情报工作所面临的发展环境与销售一般商品的自由市场类似，当用户怀疑图书馆所提供的服务的价值时，那么不管图书馆所提供的服务实际价值有多么的大，都会变得毫无价值。当前信息环境下，出版商、数据库商、学术团体、互联网公司等全方位进入信息服务市场，所提供的服务与图书馆的服务展开直接竞争，用户可以轻易地选择其他可以满足其需求的服务提供者。

　　当图书馆的传统用户大量流失，造成非用户数量徒增，研究型图书馆面临的挑战实质上不是工作的努力程度问题，而是方向性的。从某种程度来说，图书馆未来发展是一个渐进的过程，而未来充满了不确定性。不论是信息环境的变化，还是用户需求的变化，都将迫使图书馆重新审视自我，寻求新的生存空间和发展机遇。重新思考图书馆定位是当前最重要的事情[2]。这种重新思考，不应仅仅从图书馆员工角度，更重要的是从用户角度出发。图书馆必须提供与用户需求相匹配的服务，而不是期待用户改变以适应图书馆。

　　的确，用户行为的新特征给图书馆带来了众多的挑战[3]，图书馆界一直在高度关注，然而却很少将我们的目光投向问题的另一面——非用户的大量存在。从现有的研究来看，从非用户视角来考虑图书馆变革的研究很少，在当前图书馆大变革的时代，从一个特别的角度研究图书馆战略问题，或许可以为图书馆下一步走向何方提供参考。

本研究将从多个角度分析研究型图书馆非用户大量存在的原因，以此来探讨其可能的变革路径，希望可以为研究型图书馆的战略定位提供参考。

2 研究型图书馆用户大量流失的原因分析

2.1 破坏性技术成为驱动主要用户向非用户转变的主要因素

越来越多的事实证明，破环性技术[4]的出现和存在成为研究型图书馆用户向非用户转变的主要动因之一。在原有的竞争环境下，众多的参与者激烈竞争并持续发展。其中的一些领先者不断地改进技术与方法，以提高已有服务的价值。但是，在很多时候，此种原有战略思想指导下的所谓的持续性创新并没有增加新的价值，也没有创造出新的市场，因为其提供服务的焦点依然是以原有需求为基础的服务机制，往往难以适应不断变化的用户需求，相反可能与之越来越远。与此同时，针对新的价值、新的用户需求的技术开始涌现，这些技术可以很好地适应新的用户群以及陷于原有市场但其需求无法得到满足的用户群的新需求，能创造新的价值，创造出新市场。因此，图书馆的价值、人力资源及技术将肯定面临危机[5]，而且可能带来巨大的影响。

已有的数字图书馆模式依然是传统图书馆模式的延伸，主要是依靠本地化的资源来提供检索与获取服务，整个运营模式依然高度依赖传统的以商业出版为基础的学术交流体系[6]。当前研究型图书馆的服务模式是不断地创新和改进原有服务，并没有增加新的价值和创造新的市场，导致用户流失，非用户数量大量增加。例如，美国 Ithaka 研究所发布的研究报告[7]中指出：在对教职工的调查中发现，用户对图书馆作为信息门户的认同感逐步下降，对图书馆作为"采购者"的认同感逐步增加。而图书馆对教学和科研的支持服务并没有得到普遍的认同，此种情况将严重影响图书馆的地位与作用。与此同时，"采购者"的角色似乎也在受到出版与传播模式之变革的挑战。

因此，图书馆不能仅仅依赖或局限于这些资源与服务，应该持续关注可能影响我们的基本技术、机制和能力的破坏性技术。例如技术发展已经带来教育科研信息的内容形态变化、用户利用信息的基本方式变化和运营环境的变化[6]。这些破坏性技术都成为驱动主要用户向非用户转变的主要因素。

2.2 开放获取运动的发展是图书馆用户大量流失的重要原因

越来越多的事实证明，开放获取运动正在将学术图书馆从传统服务中驱离，第三方在线关联检索和语义知识发现系统的飞速发展正迅速地填补着新型科学研究和学术信息交流体系的需求空白，逐步侵蚀着学术图书馆服务创新的空间。

随着开放获取资源的迅速增长[8]，政府和资助机构对开放获取运动的支持力度不断加强，展现了学术开放信息环境不可避免的趋势[9]。即使是传统出版社在积极施行开放出版政策[10]，科研服务机构（包括研究型图书馆）通过机构知识库等自存档方式提供服务的学术资源数量将超过购买的资源[11]。在开放获取的数字信息环境中，图书馆作为信息门户的地位继续弱化，谷歌等搜索引擎将会持续对图书馆造成威胁。

在传统思维方式的影响下，仅仅看到开放获取使图书馆可以得到更多的免费资源，这个认识显然远远不够。这种认识指导下的许多作法依然是图书馆传统发展模式的延伸，与即将到来的开放信息环境存在不可调和的冲突。即便在目前大力推进数字化的时代，许多研究型图书馆的主要功能依然是通过采购的资源（包括数字资源）提供检索服务。这一观点在 ITHAKA S + R 发布的调研报告中也得到一些印证，如越来越多的人认为图书馆主要是资源的购买者，而不是信息门户[7]，而根据 P. Binfield 等预测[12]，"到 2016 年，约 100 种超级开放获取期刊就能覆盖全球近 50% 的科技文献，另外的文献则由 100 种中高质量传统期刊收录"。许多图书馆目前提供信息的解决方案似乎偏离了学术信息交流的市场解决方案，也偏离了开放信息科研环境下的科研变革之路[8]。

总之，开放获取信息环境成为图书馆用户大量流失的一个重要原因，大量非用户的存在，使图书馆在思量用户的需求行为的同时，还要将图书馆的战略放到新型学术交流体系的背景下去思考。如果失去主要用户的信赖，图书馆也就失去了存在的意义。

2.3 图书馆传统服务的同质化、中心化对用户产生了巨大影响

数字图书馆带来图书馆馆藏的非本地化以及服务的无差别化，图书馆联盟、开放获取资源等因素更加加剧了这一趋势。这一趋势致使图书馆的传统服务业务向具有优势地位的中心馆集中，许多中小图书馆通过合理的机制与模式也可能拥有与大馆几乎同等量级的馆藏和基础服务能力。

这种同质化与中心化的发展对不同规模的图书馆都会产生不同的影响。对大型图书馆来说，其在文献检索与服务获取层次上依然保有优势，馆藏资

源也得到了更充分的利用，从而会促使其进一步加大资源建设投入，增加保障能力。但是从整个行业发展形势看，传统模式下的各种业务将快速地向具有优势地位的中心馆集中。这一趋势进一步发展会产生两方面的影响：一方面，在传统的评价体系下，中心馆的优势得到进一步的提升，会得到更多的投入，与此同时，中心馆的用户群范围也扩展到了整个体系中的具有相关需求的机构用户，中心馆的组织结构与人力资源配置大多向此类服务倾斜，导致更高层次的服务无法得到保障，从而进一步加剧用户的流失（特别是那些具有"弱信息"和"战略性阅读"需求的用户），造成在为一些用户提供服务的同时却流失了大量的自身用户。另一方面，大型图书馆再也不能仅仅靠自己的馆藏量来说明自己的服务内涵和能力水准了，而必须要用自己的服务来证明自己与众不同，而且通过特色化的服务机制、促使用户群范围继续扩大，甚至将直接服务拓展到具有相应需求的全球用户。

对中小型图书馆来说，同质化在加强用户信息获取方便性的同时，使得本图书馆在文献检索与服务获取层次上的供给量下降，由于用户需求是富有弹性的，而图书馆的供给则在一定程度上是缺乏弹性的，这就更加大了用户对外界的依赖程度，同时降低了对本图书馆的服务认知；馆外信息用户需求缺乏弹性，而图书馆的供给同样缺乏弹性，从而造成对机构外用户提供服务的变化不大，总体利用率没有大幅度的提升，因而很难能够争取到更多的支持，投入很难有明显增加。因此，中小型图书馆的组织结构、人力资源结构等都必须快速做出调整，以在此基础上提供具有更高附加值的独特性服务。变革与转型，对中小型图书馆而言，将是一个不可错过的机遇。

2.4　图书馆面临的价值危机使图书馆的大量传统用户变为非用户

研究图书馆已经开始面临价值质疑、技术落伍、人员队伍不适应未来需要[5]和组织结构僵化等重大灾难性危险。Ithaka研究所的报告[7]指出，传统用户逐步弱化图书馆的信息门户作用，图书馆仅仅被定位为保存机构和资源采购部门，同时图书馆对教学与研究深度支持的能力同样遭到质疑。这就导致了众多的研究机构和大学重新审视图书馆的价值、与机构目标的关联性以及在机构预算中的位置[13]。这种质疑主要体现在3个方面[6]：①任何图书馆都必须用事实而且是使用户直接受益的事实来证明自己的价值；②真正的价值或贡献在于"贡献差"，即通过图书馆所提供的这种服务要比利用相同投入从别处获得的服务节省用户的时间与精力；③证明这个价值或贡献只能通过图书馆来实现，而不能通过外包或众包来实现。在馆藏和基础服务可以非本地化的特殊环境下，如果一个图书馆不能在上述 3 点中的任何一点上证明自己的价值，被边缘化或者被替代将是一种必然的结果。

此外，数字范式将彻底地改变组织文化、组织结构及其工作方式、传统的学术交流模式以及支撑它们的系统与服务[14]。数字范式将导致图书馆的性质、理念、模式、服务产生根本性变革。如果图书馆不提出与未来数字化发展相适应的新的战略，图书馆将面临被废弃的风险[3]。

总之，正是上述诸多缘由致使图书馆的大量传统用户变为非用户。如果没有清晰的目标定位，或者目标定位不能适应不断变换的信息环境与需求变化，研究型图书馆的大量用户将会流失，去选择更好的替代者。如何使非用户重回我们的服务模式，取决于图书馆如何处理和应对这种种日益复杂的变化。而这种种变化更多意义上是范式变革，图书馆需要在新的基本前提下，重新思考变革与转型问题，探讨自身未来的价值，以及为实现相应价值应建立的各种机制保障。唯有实现图书馆的战略转型，非用户才会回流，才可以构筑起图书馆与用户之间协同利益相关者的良好关系。

3 研究型图书馆变革的可能路径

针对日益复杂多样的需求，图书馆应该将那些可以更充分和更经济地由第三方提供的服务坚决外包或众包，从而将有限的服务资源配置到能为用户创造重要价值的专业性服务方面。图书馆的变革与转型需要我们不断地去思考图书馆的战略、服务和价值。研究型图书馆需要摆脱主要用户对图书馆的传统认知，设计、开发和推广支持研究和教育创新的服务，并争取主要用户的认可。

如图 1 所示，当前用户需求日益复杂化，整体需求的层级向二、三层转移。从这里边可以看出，研究型图书馆运营体系存在的基本前提已发生改变。传统图书馆提供的服务是为了解决用户的一个重要需求——信息稀缺问题。尽管现在查找和获取高价值知识仍然困难，但许多用户似乎并不这样认为，他们通过自己的信息交流体系（包括个人社会网络）查找获得高价值、高信赖度知识的能力已经大幅度提升，并且对这种前景抱有充分信心。

3.1 大力推进以用户为中心的专业化领域知识环境建设

当前用户需求虽日益个性化，在一定程度上也表现出群组化的倾向，从而需要图书馆设计提出相应的服务机制来适应。在这种情势下，建设学科领域专业知识环境就成为许多服务正在被边缘化的图书馆，特别是中小研究型图书馆的优先选择战略。

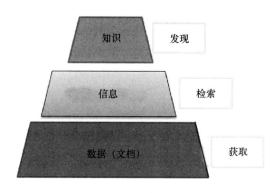

图1　用户的需求层次[15]

　　研究型图书馆应该成为研究者与信息的桥梁[16]。要努力构建以用户为中心的新型的和适变的信息环境，并作为研究与学习者的合作伙伴来帮助用户组织、管理其个性化、专业化的知识环境。越来越多的事实表明，用户驱动的数字信息环境是未来的主要场景。因此，研究型图书馆应该致力于数字化和个性化的知识组织和分析服务，创建集成化专业数字知识环境建设机制，并构建新的用户信息环境。

　　例如，中国科学院文献情报中心、中国农业科学院农业信息研究所在领域知识环境构建[17-19]、理论研究[20-21]、专业领域组织模式[22-23]、技术与工具[24]等方面进行了有益的尝试，在介绍国外最新进展的同时，也将研究成果应用到实践当中，其中中国科学院专业领域知识环境[25]、中国农业科学院的水稻知识服务系统[19]是国内较为成型的产品。在服务转型中，专业图书馆员面向学科领域，围绕创新团队、课题组、重点实验室、科学家个人科研信息过程，构建嵌入用户工作流程的领域科研信息环境，实现图书馆资源、虚拟科研环境和服务的综合集成，成为密切与一线科研人员交流与反馈、把信息服务嵌入到用户科研过程、实现服务创新、支撑科技创新的有效途径。这种专业领域知识环境的愿景[18]就是面向科研一线，支持融入科学研究过程的用户自主灵活地构建个性化的知识环境，支持知识资源和知识服务的动态聚合和智能发现，支持对领域知识资源的集成化、个性化组织。

　　3.2　及时将核心工作的重心从低层次的资源保障服务向提供高附加值服务转变

　　在传统图书馆传统业务模式的范式下，不断地探索和创新，行业的"生产率"会不断地提升，那些"生产率"较高的图书馆会在核心领域不断地扩

234

张，成为区域或领域服务中心。例如，国家图书馆的图书编目中心。

区域服务中心的出现，为研究型图书馆提供了更多的空间来满足用户的多样化需求。图书馆联盟和公司构成了传统业务模式的成熟产业链。图书馆主要用户的大量流失，主要原因应该归因于图书馆服务一直停留在较低层次，尽管一直在探索与创新，但在传统范式下的努力将图书馆导向了区域或领域的服务中心模式。图书馆不断创新的服务机制一直停留在满足已经基本饱和的用户需求层次，这对自身来讲是灾难性的。

现在许多图书馆愿意放弃订购纸质期刊，但是仍然不愿意放弃订购纸质图书。从区域性或国家层面做出合理的馆藏分工规划，将会是最佳的选择。在大的战略环境下，可以促使单个图书馆从容地放弃传统印本资源服务从而重新设计高附加值的服务，将核心工作的侧重点从购买资源向建设学科领域或专业领域知识环境转变，从购买资源的角色向内容策划与组织的角色转变。

3.3 积极推进建立面向高层次用户的知识服务范式

知识服务的本质在于，以用户解决问题为中心，嵌入解决问题的过程，支持对问题解决方案的探索、构建等服务机制[26]。应积极挖掘用户的高层次需求，努力满足在不确定环境下用户构建知识框架的"弱信息"需求[27]、支持用户梳理领域发展及结构和趋势的"战略性阅读"需求[28]，支持用户跟踪和阅读海量文献，辨析、组织相关内容，鉴别和分析领域的结构和趋势以建立宏知识[29]。

针对用户需求日益复杂化、高级化的新趋势，研究型图书馆需要大力推进建设基于合作交互型知识服务的服务范式[30]。正如张晓林教授所言，传统的孤立、单向、线性、被动的信息利用机制正在向基于网络、集群、交互、自组织的知识学习、分析和重构机制转变，融汇图书馆、实验室、教室、报告厅和网络社区的集成交互服务模式已经开始显现。合作交互型的服务机制不再是多个信息资源、多样化分析工具简单的集合，也不仅仅是一个技术平台，更像是一个面向问题解决方案的、分析驱动的信息发现机制和面向知识创造、动态交互激励、动态知识构建的合作机制。

4 结语

研究型图书馆的转型与变革是一个复杂的过程，本文试图从非用户的视角对研究图书馆可能的变革路径进行分析，希望可以打开一个新的思路，为进一步的研究提供参考。用户大量流失的原因中，外部相关因素和内部相关因素并存,从某种程度上讲,两者越来越难以区分。在可选的变革路径中,研究型图书馆可根据自身的服务优势进行选择。在开放信息环境下,整个行业的生态链正在重新整合,研究型图书馆如何进行战略定位,重构业务和重塑自身在生态链中的角色,从而实现转型和变革将成为图书馆管理层面临的重要挑战。

参考文献:

［1］ Hurd J M. The transformation of scientific communication:A model for 2020 ［J］. Journal of the American Society for Information Science,2000,51(14):1279 – 1283.

［2］ Tyrni J. It takes courage to make mistakes-How to get the staff involved in making the future libraries ［Z］. Espoo:Espoo City Library,2011.

［3］ Law D. "As for the future,your task is not to foresee it,but to enable it"(Antoine de Saint Exupéry)［J］. IFLA Journal,2011,37(4):269 –275.

［4］ Bower J L,Christensen C M. Disruptive technologies:Catching the wave ［M］. Boston:Harvard Business School Pub ,1995.

［5］ Michalko J,Malpas C,Arcolio A. Research libraries,risk and systemic change ［OL］. ［2014 – 12 – 20］. http://www. oclc. org/research/publications/library/2010/2010 – 03. pdf

［6］ 张晓林. 颠覆数字图书馆的大趋势 ［J］. 中国图书馆学报,2011,37(5):4 – 12.

［7］ Long M P,Schonfeld R C. Ithaka S + R library survey 2010:Insights from US academic library directors ［OL］. ［2014 – 12 – 26］http://www. sr. ithaka. org/sites/default/files/reports/insights-from-us-academic-library-directors. pdf.

［8］ Boulton R,Campbell P,Collins B,et al. Science as an open enterprise ［R］. London:Royal Society,2012.

［9］ Lewis D W. The inevitability of open access ［J］. College & Research Libraries,2012,73(5):493 –506.

［10］ 李麟,张晓林. 传统出版社的开放出版政策 ［J］. 图书情报工作,2013,57(1):26 –31.

［11］ Lewis D W. A strategy for academic libraries in the first quarter of the 21st century ［J］. College & Research Libraries,2007,68(5):418 –434.

［12］ Binfield P,Rolnik Z,Brown C,et al. Academic journal publishing ［J］. The Serials Librarian,2008,54(1 –2):141 –153.

［13］ Havens A,Storey T. ROI 2020:How valuable can libraries become ［J］. Nextspace,2010(17):4 – 10.

［14］ Carnaby P. Connecting the knowledge networks:Reimagining academic libraries to 2020 ［OL］. ［2014 – 12 – 20］. http://conference. ifla. org/sites/defauh/files/files/papers/ifla77/122 camaby-en，pdf.

[15]　孙坦．走向数字知识服务——数字图书馆的发展与变革［R］．北京：中国科学院文献情报中心，2014.

[16]　Nagarkar S. Web based Reference Services to Bioinformaticians：challenges for librarians［OL］．［2014 - 12 - 23］．http：//conference. ifla. org/past-wlic/2011/111-nagarkar-en. pdf.

[17]　黄金霞，宋文，刘毅，等．中国科学院专业领域知识环境的建设与应用［J］．图书情报工作，2010，54（S2）：337 - 341

[18]　宋文，刘毅，黄金霞，等．院所协同机制下的专业领域知识环境建设［J］．图书情报工作，2010，54（14）：116 - 120.

[19]　寇远涛，赵瑞雪，鲜国建，等．水稻领域知识服务系统的设计与实现［J］．数字图书馆论坛，2012（12）：44 - 48.

[20]　张士男，宋文．专业领域知识环境建设的理念与实践［J］．图书馆理论与实践，2012（1）：30 - 33.

[21]　寇远涛．面向学科领域的科研信息环境建设研究［D］．北京：中国农业科学院，2012.

[22]　刘峥，翟爽，鲁宁，等．专业领域知识组织模式研究（青年基金研究报告）［R/OL］．［2014 - 12 - 20］．http：//ir. las. ac. cn/handle/12502/5990? mode = full&submit_ simple = Show + full + item + record.

[23]　刘峥．国外专业领域知识组织模式研究［OL］．［2014 - 12 - 20］．http：//ir. las. ac. cn/handle/12502/3435? mode = full&submit_ simple = Show + full + item + record.

[24]　汤怡洁，杨锐，刘毅，等．专业领域知识环境中数据摄取工具设计与实现［J］．图书情报工作，2012，56（23）：103 - 107.

[25]　中国科学院文献情报中心．中科院专业领域知识环境［EB/OL］．［2014 - 12 - 25］．http：//www. las. ac. cn/others/institute_ kn. jsp.

[26]　张晓林．走向知识服务：寻找新世纪图书情报工作的生长点［J］．中国图书馆学报，2000，26（5）：32 - 37.

[27]　Palmer C L. Research practice and research libraries working toward high-impact information services［OL］．［2014 - 12 - 15］．http：//www. powershow. com/view/13b18d - MzZmO/Research_ Practice_ and_ Re - search_ Libraries_ Working_ toward_ HighImpact_ In - formation_ Services_ flash_ ppt_ presentation.

[28]　Renear A H, Palmer C L. Strategic reading, ontologies, and the future of scientific publishing［J］．Science, 2009, 325（5942）：828 - 832.

[29]　Evans J A, Foster J G. Metaknowledge［J］．Science, 2011, 331（6018）：721 - 725.

[30]　张晓林．研究图书馆2020：嵌入式协作化知识实验室？［J］．中国图书馆学报，2012（1）：11 - 20.

作者简介

高士雷（ORCID：0000 - 0002 - 0153 - 806X），馆员，硕士；

吴新年，研究员，博士，通讯作者，E-mail：wuxn@ lzb. ac. cn。

新型城镇化背景下公共图书馆的服务策略

1 引 言

城镇化（urbanization）这一理论由西班牙巴塞罗那工程师、城市规划师衣勒德丰索·塞尔达于 1867 年在《城市化基本理论》一书中首次提出。此后，不同国家的学者在不同阶段，对"城镇化"做出解读。

城镇化这一概念在中国诞生于改革开放之后，根据《中华人民共和国国家标准城市规划术语》，城镇化的定义为，人类生产与生活方式由农村型向城市型转化的历史过程。随着我国城镇化进程的逐渐深入，农村人口大量涌入城市，极大地超出城市承载能力，快速扩张的城市规模和人口规模，给资源环境和社会运行带来巨大压力，一系列"大城市病"接踵而至，资源环境承载能力趋近极限；随着城镇化的进一步发展，中心城市过度集聚的状况非但没有得到缓解，反而愈加剧之，城镇化的发展遇到瓶颈。在这一阶段的城镇化进程中，进入城市的农民即使是成功者也更多的是完成了"人口的城镇化"，即实现了职业与身份（户籍）的双重转换。

美国人类学家所提出的"就地城镇化"理论[2]为我国突破现阶段的城镇化发展瓶颈提供了一条可能的解决途径。其内在要求是在地区从农村到城市的所有层次上更加城市化，而不是农村人口向现有的大城市、特大城市大量集中的简单城市化。就我国而言，便是在统筹城乡的同时，带动农村人口的"就地城镇化"。

在我国，党的十八大以来，新型城镇化问题引起社会各界的广泛关注。2014 年 3 月 16 日，中共中央、国务院正式公布《国家新型城镇化规划（2014—2020 年）》，在 3 月 19 日举行的新闻发布会上，国家发改委副主任徐宪平提出了"培育发展若干新的城市群，吸纳 1 亿人就地城镇化"。新一届政府反复强调，当下推进城镇化的核心是人的城镇化，关键是提高城镇化质量，目的是造福百姓和富裕农民。也就是说，城镇化发展要从要素驱动转向创新驱动，当前创新驱动的核心就是人的城镇化[1]。人的城镇化是农民生活方式、行为方式、思维观念彻底转变的城镇化进程，是物质形态与意识形态高度统一的过程。这种意识形态方面的提升无疑需要文化职能部门发挥作用。简言之，面对新型城镇化（人的城镇化、环保的城镇化、文化传承的城镇化），公共图书馆要在理解新型城镇化要义的基础上，明确传统使命及新时期社会和人民的新要求，借鉴国内外先进经验，拓宽服务领域，研究进一步落实"人的城镇化"[2]的途径，发挥图书馆在新型城镇化中不可或缺的作用。

2 新型城镇化突显文化要义

我国要实现新型城镇化，正是要通过增加城市因素而改变农村农民及已进入城市的农民的生活方式、行为方式和思维观念，从而实现人的城镇化。

一方面，就地城镇化的农村居民要完成生产生活方式的城镇化，即农村居民在生活方式、行为方式、思维观念以及生活习惯等方面与城市居民接轨。应该说"人口城镇化"是可以通过物理层面的转移农村人口数量、促进不同产业间人口流动来考量的；而"人的城镇化"尽管因就地城镇化免去了地理的迁移，但是生活方式、行为方式、思维观念的城镇化，既无法量化考量，也无法一蹴而就。若基于人口转移、身份转变的"人口城镇化"尚可通过经济、政治手段调控来基本实现，那么，实现"人的城镇化"则是一个长时间潜移默化的过程，其中文化的引领和熏陶作用也是不可或缺。

另一方面，大量转移到城市的农村人口虽然已经完成了由农民角色向市民角色的转换，但依然保持着旧有的农村生活方式、行为方式和思维观念，"人的城镇化"尚未完成，他们依然从事低附加值、低报酬、高劳动强度的劳动，很难从真正意义上融入城市生活，因而成为城市中地理上和文化上的"孤岛"、成为城市中的"农村社区"，长此以往，便成为城市矛盾的隐患，极大地制约着城市的进一步发展。显而易见，仅凭"人口城镇化"的完成，无力解决这些深层次问题。要帮助这些农村人口在地理上和文化上从城市的边缘走向城市的中心，文化的引领和熏陶是必然的。

公共图书馆作为公共文化服务体系的核心元素、知识的"殿堂"、"终身的社会大学"，在"人的城镇化"进程中，理应肩负文化引擎的重任，充分发挥其社会教育职能的作用。而针对农村地区和城市中的两类农民群体，公共图书馆应该在利用新技术拓展普遍服务范围的基础上，根据其不同特点和需要，提供专门化服务。

3 新型城镇化进程中公共图书馆的作用

公共图书馆作为人类信息的集散地，承载着城市的文明与发展的记忆。无论是文化引擎角色，还是其社会教育职能，公共图书馆过去、现在、未来都将发挥重要的作用。然而，从现实情况看，公共图书馆在履行社会文化教育功能方面与社会的期望还存在一定的差距，图书馆员、公众和政府的认识也需要进一步的提高。

早在 19 世纪末，美国马里兰州巴尔的摩 Enoch Pratt 图书馆馆长便将图书馆给予所有读者需要的图书这一过程视为"民主的典型范例"。他指出："（在图书馆）无论富贵贫穷，无论社会地位高低，无论肤色种族，无论任何其他社会区分，都不会赋予人在法律面前的特权"[3]。约一个世纪后，《联合国教科文组织公共图书馆宣言1994》开篇也宣告"公共图书馆是地区的信息中心，它向用户迅速提供各种知识和信息。每一个人都有平等享受公共图书馆服务的权利，而不受年龄、种族、性别、宗教信仰、国籍、语言或社会地位的限制。对因故不能享用常规服务和资料的用户，例如少数民族用户、残疾用户、医院病人或监狱囚犯，必须向其提供特殊服务和资料"。公共图书馆以自身的服务诠释平等、保障读者平等享有知识和信息权利的这一定位，在中国新型城镇化进程中，更加需要且必须被唤起。它对于促进农村人口和城市人口的平等，对于解决城乡二元结构矛盾，对于推动农村向城市转移的人口在城市中平等地享有城市生活、平等就业，以及对于辅助农村人口的就地城镇化、共享改革开放释放的红利意义非凡。

近年来，我国公共图书馆的公益性逐步得到加强。2011 年，文化部、财政部共同出台了《关于推进全国美术馆、公共图书馆、文化馆（站）免费开放工作的意见》。公共图书馆免费开放是进一步提高政府为全社会提供公共文化服务水平的重要举措，是实现和保障人民群众基本文化权益的积极行动。这一举措为城市的低收入群体、农民工等免费享用文化盛宴带来福音。但我们不得不承认，长期以来，因为在获取知识和信息的渠道方面，农村人口因与城镇人口间存在着事实上的不平等，故极易为城市主流文化所孤立，因文化素质、思维观念以及知识储备方面的劣势，很容易被排斥在高报酬、高社会地位的就业机会之外。这一点仅依赖学校教育来解决是非常不现实的，特别是农村成年人口因年龄大、工作时间长等方面的限制，已经丧失了重新回到学校接受教育的机会。在这样一背景下，公共图书馆的社会教育职能不仅仅作为学校教育的辅助，而且肩负着比学校教育更大的责任和历史使命。国家图书馆前馆长周和平先生曾指出，"图书馆所提供的教育是面向全体社会成员的，教育的目的是提高人的整体素质，促进人的全面发展，并且这种教育贯穿于每一个社会成员的一生，在学习范围上更具广泛性，在学习方式上更具灵活性，在学习内容上更具个性化"。而做好这一工作，绝不仅仅是"免费开放"这么简单，它亟待图书馆人树立新的认识，加强自身的责任感，为国家新型城镇化建设战略贡献力量，为农民的市民化发挥更加积极的作用，通

241

过提升"新市民"的文化水平，推动社会平等，彰显图书馆的作用和价值。

4 公共图书馆服务于城镇化发展方式的思考

古语道："仓廪实而知礼节，衣食足而知荣辱"。近年来，随着我国经济发展取得举世瞩目的成就，全国从上至下越来越将目光聚焦文化建设。党的十八大更是提出要"丰富人民精神文化生活……坚持面向基层、服务群众，加强推进重点文化惠民工程，加强对农村和欠发达地区文化建设的帮扶力度，继续推动公共文化服务设施向社会免费开放"以及要"开展群众性文化活动，开展全民阅读活动"。在新型城镇化与文化大发展的背景下，公共图书馆必须充分地履行为新型城镇化进程中"人的城镇化"服务的功能。基于我国城镇化发展遭遇的瓶颈以及就地城镇化的要求，当前公共图书馆应致力于建立立体辐射模式，融入城镇社区，打造数字服务平台，完成服务于新型城镇化的使命。

4.1 立体辐射模式

在文化大发展、大繁荣的背景下，公共图书馆事业蒸蒸日上、方兴未艾，一座座现代化图书馆，如深圳图书馆、重庆图书馆、杭州图书馆、上海浦东图书馆、天津图书馆文化中心馆、武汉市图书馆、郑州市图书馆、广州市图书馆等新馆相继落成，并向社会开放。随着 RFID 技术、自助借还书机为这些公共图书馆广泛使用，"高效、开放、透明、自主"的一种全新的图书馆运作模式给传统图书馆带来新的变革。读者服务"零约束、全开放"的理念，技术手段、操作模式"全自助、人本化"的革命性变革，开放式阅读环境、RFID 自助式借阅系统的引入，使公共图书馆进入新的历史发展阶段。

遗憾的是，现阶段公共图书馆的发展模式依旧没有跳出"精英模式"，过分倚重硬件设施和技术层面的国际接轨、阅读体验和阅读环境的提升，这些固然无可厚非，但是不能忽略的是，文化大厦并不是空中楼阁，若只满足精英群体的需要而失去一个稳固的根基，图书馆的价值就没有得到充分的发挥，很可能非但不能带来文化信息获取以及教育的平等，反而进一步扩大"精神上"的"贫富差距"。这种现象在杭州图书馆部分读者投诉拾荒者、农民工进入从而打扰"文化天堂"这一新闻事件便可见一斑。公共图书馆所承担的"推动平等、民主"的责任是永恒的。杭州图书馆馆长褚树青所作出的"我无权拒绝他们入内读书，但您有权利选择离开"获得近 1.6 万次的微博转发，杭州图书馆更被誉为"史上最温暖图书馆"[4]。这种回应方式的确捍卫了公共图书馆的形象，从舆论层面有效地缓和了先进的现代图书馆与处于城市底端、文化孤岛上的农民工之间的矛盾。杭州图书馆仅仅是基本践行了《联合国教科文组织公共图书馆宣言1994》，是对美国一个多世纪以前关于图书馆所彰显的公共图书馆精神在一百多年后的回应。"史上最温暖图书馆"这一称谓正体现出平民（包括外来务工人员）对公共图书馆这一公益性文化机构的呼唤和期待。

这种只面向中高端群体的扁平化辐射模式应该顺应城镇化发展的需要，而"落地"接地气，不应再一味追求"向上"，而应适时地"向下"，形成立体辐射模式。向城市外来务工者辐射应作为当前阶段大城市、特大城市公共图书馆的发展要义。天津图书馆外借部在2013年国庆七天长假期间向读者发放1 400份调查问卷，回收1 023份。调查显示，参与调查的读者中，外来务工人员仅9人，占比约0.88%，这一比例与当年天津市统计局发布的《2013年天津市国民经济和社会发展统计公报》[5]所显示的全市外来人口占比约29.94%之间34倍的差距足以引发我们深刻反思。当前，馆舍如此现代化、设施如此先进的公共图书馆，是否真的履行了它的使命？对此，可能广大公共图书馆工作者会感到不平，抱怨"图书馆大门开着，外来务工者就是不来，我们也没有办法，难道让我们拉他们来"？差别化服务并非只是你来了，而我不让你进来，更多无形的差别化服务是——你来了，却发现没有你想要的，你想体验一下，炫目的新技术却让你无从下手。

故此，笔者认为公共图书馆应针对外来务工人员的阅读兴趣、知识技能的需求以及时间、场所的需求，加大为他们服务的力度。外来务工人员在城市大多从事高劳动强度的工作，很难有时间真正走入图书馆，享受书香茶茗、闲情雅致的文化味觉，尤其是对越来越现代化的图书馆硬件设施，如自助借还书机的正确使用，对受教育程度相对偏高的城市居民都是个不小的挑战，对于受教育程度普遍偏低的外来务工人员则足以使之望而生畏。由于城镇化后的外来务工人员和被城市化的新市民生活在城市的各个社区，他们对图书的借阅受居住地点和开放时间限制，公共图书馆应把服务延伸到社（街）区的范围，借鉴如深圳的"图书馆之城"模式、上海的总分馆制模式、天津的"社区分馆、行业分馆"模式、苏州的多元化社区图书馆（室）模式等，让社（街）区居民特别是城市新居民更方便地借阅图书，使得图书馆更广范围地提供服务成为可能。图书馆可以定期深入社区和外来务工人员相对集中的就业场所提供办证服务，开办如何使用、利用图书馆的讲座，调研外来务工人员的读书兴趣或者对诸如就业、卫生健康、职业技能、计算机及网络知识的受训需求，进而有针对性地举办相关讲座、展览、读书活动，将外来务工人员吸引进图书馆，让图书馆成为外来务工人员接受新知识、学习职业技能、吸收文化营养、了解科普知识等的社会学校，成为闲时消遣的一个必不可少的目的地。只有这样，才能增强外来务工人员对图书馆的归属感，增加他们到馆的比例，提高图书馆的服务水平。

4.2 融入城镇社区

城市公共图书馆服务延伸至城镇社区，主要依赖"流动图书馆"这一形式，即定期专车搭载图书前往地理位置较远、城乡结合部的地区，为读者提供图书借阅服务。"流动图书馆"并非中国原创，这种图书馆将其部分图书以借阅的形式送往特定社区的传统，最早可见于17世纪英格兰。20世纪初，出于对彼时工业化、城镇化发展负面影响的担忧，美国纽约州的杜威（M. Dewey）在美国首创了"流动图书馆"的模式，随后被德克萨斯州州立图书馆采用。20世纪冷战期间，出于阅读可以武装公民与前苏联开展技术竞争的想法，"流动图书馆"这一形式从个别州扩展至全国。"流动图书馆"在美国推行主要有两个目的：①通过流动图书馆提供的图书激发农村及偏远地区成年人和孩子对阅读的兴趣；②作为对当地落后图书馆的一种暂时性补充，最终目的并非取代这些地区的图书馆，而是扶持该地区图书馆的建设。随着偏远落后地区人们的阅读兴趣被激发及其对图书馆重视度的提高，农村社区性图书馆如雨后春笋般建立，与此同时，"流动图书馆"这一形式在德克萨斯州也就逐步走向消亡[6]。换言之，依靠"流动图书馆"来输出图书只是临时性的、受现实条件所限的不得已的方式，与此相比，输出图书馆理念、输出阅读理念的意义远大于图书本身，推动一个地区长期的文化建设、彰显教育职能，还是需要该地区建立永久性、有固定场所的图书馆，逐渐增加藏书量、增加其多元化的服务功能，进而促进该地区的文化发展。

流动图书馆在我国也已不再是新鲜事物，面对城镇化发展需要，越来越多的"流动图书馆"正逐步兴起。2003年广东流动图书馆挂牌揭幕，迄今已建立了新兴、紫金等79家分馆，其他省市图书馆也相继向区县、偏远地区提供汽车图书馆进社区服务。该举措在中国城镇化特别是就地城镇化的今天，意义深远。广东省的这种模式值得全国各地区广泛借鉴，在现阶段我国农村读书理念尚未形成的情况下，流动图书馆不仅不该被忽略，反而应得到足够的重视。流动图书馆要更多地走到新型城镇社区去，传递新思维，改变新市民生产、生活方式、思维观念，培养阅读习惯，进一步降低文盲率，将图书馆所引领的阅读文化功能作为学校文化教育的有力补充，宣传科学思想，弘扬社会主义核心价值观，以流动图书馆这一模式打造新型城镇社区的文化交流平台，最终通过根深蒂固的阅读文化扩大新市民对阅读的需求，带动其生活方式全方位实现市民化。更加重要的是，在区县、农村图书馆建设仍然滞后这一现实情况下，输出城市先进的现代公共图书馆管理理念的意义同样不可小觑，输出理念要求我们服务偏远、贫困地区图书馆建设，提供硬件、技术、人员支持，最终通过"流动图书馆"这一过渡形式，突破旧有的图书馆管理体制，成立由地方政府、文化职能部门和公共图书馆组成的管理委员会，管理、监督地区的图书馆工作，使公共图书馆真正成为所在地区的文化心脏，从而助推"人的城镇化"。

4.3 打造数字服务平台

在信息化时代，一切都通过依附于强大的网络信息平台而获取源源不断的生命力，"信息共享"俨然成为当前的热门话题和流行趋势。数字化发展是近年来备受国内外图书馆关注的重要发展方向。据《大西洋月刊》报道，大英图书馆将斥资 5 500 万美元更新新闻档案，未来 3 年，3 000 万份报纸、10万段新闻录像、10 万份广播、150 万网页将被数字化[7]。据中国国家图书馆最新公告，为进一步丰富"数字图书馆阅读平台"的资源，满足读者多样化阅读需求，数字图书馆移动阅读平台（m. ndlib. cn）推出"又见文津"专题阅读栏目，在原有 4 万余册图书的基础上，新上线 500 余种数字期刊杂志及 2万余册优质中文图书，读者可通过手机、平板电脑等移动终端免费阅读历届文津图书奖的获奖和推荐图书全文及平台新增电子资源内容[8]。近年来，随着信息资源的广泛应用，公共图书馆数字化进程日益加快。作为信息资源服务与传递的中心，公共图书馆数字化的共享与服务走出馆门，逐渐向基层扩展，积极构建"数字化社区"，即通过文化信息资源的共享、整合和利用，搭建融文化传播、技术交流为一体的公共文化数字新平台。

城镇化进程中，城市中的公共图书馆要服务进入城镇社区，开展具有特色的图书馆服务，而数字化方式则可成为图书馆服务的重要手段。互联网无国界，更无城乡分界。以多种形式开办数字图书馆，更能打破经济、民族和社会地位的隔阂，为用户提供平等服务。据英国广播公司（BBC）报道称，联合国有关机构调查显示，到 2014 年底，世界上移动通信设备用户总数将首次超过世界总人口数。国际电信联盟预测，在 2014 年初，手机用户将超过 70 亿[9]。就我国来说，据通信世界网讯（CWW）全球技术研究和咨询公司 Gartner 最新调查报告，中国手机用户总数在 2013 年首次超过10 亿。Gartner 分析师预测，2014 年，中国市场上使用中的手机将超过10. 75 亿部。中国消费者首选智能手机，其次为平板电脑[10]。因受地理位置局限或工作时间所限，农民和进城务工的农村转移人口在享有信息、获取文化知识方面面临后天不足，而互联网的出现，正在快速消灭这些局限。先进的城市公共图书馆未来应进一步推广线上应用，利用诸如官方微博、微信公共账号等社交网络平台发布图书馆最新讲座、沙龙、培训、展览、上架书目、社区图书馆及流动图书馆活动的最新信息，同时搜集整合读者需求和意见反馈，也可发布读者书摘书评以及热门书目情节概要和章节节选，在移动数据终端提供电子阅读文档。

综上，在中国城镇化发展转型的大背景下，公共图书馆要加强文化自觉意识，践行文化中心角色，切实履行社会教育职能，为推动社会公平、民主、正义，构建和谐社会发挥应有的作用。面对城镇化，公共图书馆应针对城市、农村特点有的放矢地提供特色服务，并利用移动互联网和数字化技术的新突破，超越空间、时间之局限，提高图书馆的社会渗透力，既要帮助农村已向城市转移的人口更好地从生活方式、文化视野、思维观念上转化为"市民"，也要在帮助农村人口完成城镇化的过程中，更好地履行图书馆在社会文化教育方面的使命。

参考文献：

［1］ ［EB/OL］. ［2014 - 05 - 02］. http：//paper. people. com. cn/rmlt/html/2013 - 07/01/content_ 1264428. htm.

［2］ 周和平. 我国城市化进程中的图书馆建设 ［J］. 中国图书馆学报，2010 （11）：4 - 8.

［3］ Marcum D B. The rural public library in america at the turn of the century ［J］. Libraries and Culture, 1991, 26 （1）: 87 - 99.

［4］ ［EB/OL］. ［2014 - 05 - 02］. http：//www. cpd. com. cn/n10216060/n10216158/c19090428/content. html.

［5］ ［EB/OL］. ［2014 - 05 - 02］. http：//www. stats - tj. gov. cn/Article/tjgb/stjgb/201403/24063. html.

［6］ Cummings J. "How can we fail?" The Texas state Library's traveling libraries and book-mobiles 1916 - 1966 ［J］. Libraries and the Cultural Record, 2009, 44 （3）: 299 - 325.

［7］ ［EB/OL］. ［2014 - 05 - 02］. http：//live. kankanews. com/c/2014 - 04 - 30/0044438858. shtml.

［8］ ［EB/OL］. ［2014 - 05 - 02］. http：//www. nlc. gov. cn/dsb_ zx/zxgg/201404/t20140423_ 84054. htm.

［9］ ［EB/OL］. ［2014 - 05 - 02］. http：//news. xinhuanet. com/info/2013 - 05/14/c_ 132379975. htm.

［10］　［EB/OL］．［2014 － 05 － 02］．http：//www. fpdisplay. com/news/2014 － 01/info －
166157 － 331. htm.

作者简介

刘群，天津图书馆副研究馆员，E-mail：13072236395@ sina. cn。

大学图书馆发展变革的走向探析

1 引　言

千百年来，图书馆一直是人类文明中的一颗璀璨明珠，是知识的集散地，它传承知识，启迪智慧，催生新的思想，而"图书馆是大学的心脏"这句镌刻在美国耶鲁大学图书馆大门一侧石壁上的名言则充分揭示出图书馆在大学中所占据的重要地位。

然而，以计算机、互联网、无线通信为代表的信息技术的快速发展使一切都在快速的变化中，处在变化漩涡中的大学图书馆迎来了前所未有的严峻挑战：网络已经发展成了"世界上最大的图书馆"，越来越多地成为人们获取信息的首选工具[1]，人们获取知识的途径变得更加多样和便捷，借助于网络及 Google 等搜索工具的帮助，人们可以随时随地获取知识、传播知识、创造知识。图书馆已不再是人类唯一的知识集散地，宽敞舒适的环境、排列有序的馆藏已不足以吸引读者的到来，图书馆不再像以前那样门庭若市了，仅仅能提供传统文献借阅服务的图书馆日益被边缘化，它的存在价值不断被质疑。甚至美国 Alfred 大学的用户培训馆员 B. T. Sullivan 在其《2050 年高校图书馆尸检报告》中写到："可以预见，高校图书馆将会独自消亡，并且其作为高校心脏的作用也将被世人遗忘"[2]。

迄今为止，大学图书馆的未来仍是一个众说纷纭、扑朔迷离的议题。但唯物辩证法认为，事物的产生、发展和灭亡都是内因和外因共同作用的结果，既是由它本身所固有的内部原因所引起，又同一定的外部条件密切联系。外因是事物变化发展的必要条件，内因是事物变化发展的根据，事物发展的性质、方向和趋势是由内因决定的，外因必须要通过内因才能起作用[3]。大学图书馆必须要直面日益临近的威胁，积极、勇敢地变革，以实际行动巩固自己的地位，谋求永续发展。

2 大学图书馆所处外部环境的变化

现代信息技术改变了人们获取信息的方式与阅读习惯，从根本上改变了

248

图书馆生存的外部信息环境[4]。图书馆面临着来自两方面的巨大压力：一方面，信息在网上应有尽有[5]，图书馆已经不是唯一拥有和提供信息资源的机构，图书馆的信息资源中心的地位逐渐被架空，并存在被取代的风险；另一方面，网络"攻城掠地"的速度仍在加快[6]。

2.1 文献载体发生了天翻地覆的变化

随着数字技术的迅猛发展，数字文献异军突起并表现出了强劲的发展势头，每种图书都将拥有数字版，传统的物理馆藏变得无足轻重，读者不但可随时在网络上浏览数字版图书而且还可以随时将其下载到便携式阅读设备上[7]。

2.2 网络阅读成为潮流

文献的数字化、网络化产生了一种新型阅读方式——网络阅读。人类正在逐渐步入一个崭新的读书时代即"读网时代"。电子读物的出现已经开始挑战传统的纸质书籍，并悄然改变大学生的阅读方式，电子阅读正在慢慢成为大学生读书的新风尚。

2.3 搜索引擎不断扩张与渗透

图书馆所面临的挑战是前所未有的：网络资源呈指数级增长，搜索引擎大行其道，以 Google 为代表的搜索工具冲击着图书馆传统信息服务中心的地位，图书馆行业与其他信息服务行业的界限日渐模糊。2005 年底，OCLC 在《对图书馆与信息资源的认知：给 OCLC 成员的报告》中揭示，84% 的学生用户使用搜索引擎开始信息检索，1% 的学生从图书馆网页上开始信息的检索。以 Google 为代表的众多网络信息服务机构正在不断向知识服务方向延伸，凭借他们自身拥有的强大技术优势，吸引了越来越多的图书馆用户。图书馆实体馆藏资源的利用率不断下降，读者大量流失，搜索引擎和网络成为人们信息检索的首选[8]。

2.4 开放获取运动开创了新的学术交流模式

开放获取（open access，OA）是一种全新的学术信息交流和共享模式，它基于"自由、开放、共享"的理念，依托网络技术，使科学研究成果能够在全球范围内实现自由传播。随着开放获取的渐入人心，网上已经有大量的开放获取资源，OA 资源能使用户以最少的中间环节、最短的流通时间、最快的速度免费获得最新的学术成果，越来越多的科研人员钟情于 OA 资源获取。开放获取使用户减少了对图书馆的依赖，对图书馆传统的信息中介职能产生了巨大的冲击[8]。

总之，大学图书馆所处的外部环境发生了巨大的变化，如果图书馆员鲁莽地拒绝面对当前出现的严峻问题，不能主动适应外部信息环境的变化，不能主动适应用户需求与行为的变化，大学图书馆所面临的形势将进一步恶化，最终将被社会所抛弃，而走向消亡。

3 大学图书馆变革策略

1859 年达尔文在《物种起源》中就明确提出了适者生存的进化论思想——"能够存活下来的物种并非那些最强壮的，也不是那些最聪明的，而是最适应变化的"。这一规律不仅适合自然界，同样也适合图书馆[4]。

实际上，自大约公元前 2500 年世界上最早的图书馆在古巴比伦的苏美尔发祥地美索不达米亚南部的最高学府里诞生以来[9]，图书馆就一直作为"为人们利用知识提供便利的机构"而长期在人类社会中发挥着不可替代的作用。为了能给处在不断变化的外部环境中的人们利用知识提供最切实有效的"便利"，图书馆在不同的历史时期会随着社会政治、经济、文化和科学技术的发展不断吸收社会进步所产生的新技术、新思想，它为人们利用知识提供"便利"的方式和内容也在不断地发展变化着，印度图书馆学家阮冈纳赞在图书馆学五定律中也指出"图书馆是一个生长着的有机体"[10]。因此，适应环境而主动变革也是图书馆能长存至今的最高生存法则。

由于"新技术即将扩大也将限制人们对信息的获取"[11]，因此，在 20 世纪 80 年代图书馆危机论的提出者兰开斯特虽然大胆地预测图书馆实体在未来会消亡，但同时他仍然认为图书馆员这个职业依旧兴旺。这也充分说明，即便所有的信息都能在网上得到，用户在利用知识时却仍然渴求帮助。面对用户需求和信息环境的巨变，大学图书馆必须回答以下三个问题：大学图书馆在新的信息环境中还能够继续为用户提供切实有效的便利吗？大学图书馆到底能提供什么样的便利？大学图书馆应如何变革才能够确保它所提供的便利是用户所真正需要的？这些无疑是大学图书馆在与 Google 等其他信息服务机构的竞争中获胜的关键点。

3.1 大学图书馆变革的指导思想

图书馆是为用户利用知识提供便利的机构，为用户服务是图书馆的灵魂和宗旨。而大学图书馆是为学校教学和科研服务的学术性机构，大学图书馆变革的指导思想是始终坚持为师生服务的宗旨，将最大限度地满足师生的需求作为大学图书馆一切变革的出发点和归宿。

3.2 创新服务理念，工作重点从"资源为王[12]"向"用户为王"转变

大学图书馆变革的关键在于创新服务理念。图书馆要适应技术和用户需

求与行为的变化，以用户为中心，以用户需求为导向，积极引入并利用最新信息技术，为用户利用知识提供其所需要的一切便利。图书馆的所有服务都应秉承以用户为中心的原则[13]，图书馆工作重点要从传统的"以馆藏资源为中心"转变为"以用户为中心"。大学图书馆必须坚持用户需求驱动的服务理念，适应用户个体需求与行为的变化，尊重用户，体现图书馆的人文关怀，肯定和尊重人本价值，吸引更多潜在的新用户。

3.3 资源建设从"为我所有"向"为我所用"转变

网络信息环境下，由于用户习惯于从虚拟网络中获取信息，他们并不介意图书馆有多少自有资源，而关注和在乎图书馆能提供多少资源供其利用，因此，大学图书馆文献资源建设的原则应从"为我所有"向"为我所用"转变，将馆藏实体资源和网络虚拟资源作为图书馆服务的文献信息源和知识库。

大学图书馆要继续加大馆藏实体资源建设力度，不但要使自有馆藏资源更加丰富、独具特色，而且要通过对现有纸质馆藏进行数字化和不断加大数据资源的购入比列，使数字馆藏资源最终成为馆藏资源的主体；同时大学图书馆还要通过不断加大对网络学术信息资源的收集整合力度，为全校师生利用网络学术资源提供切实有效的帮助。

3.4 服务方式从"固定服务"向"移动服务"转变

大学图书馆要以网络为平台将图书馆服务融入网络，全力消除师生利用和获取图书馆资源的障碍，促进信息民主公平，保证人人可以获取信息，使"用户在哪里，图书馆和服务就在哪里，图书馆无处不在，图书馆没有障碍"的理念变成现实。大学图书馆应努力普及移动服务，解除用户在利用馆藏资源时所受到的 IP 限制，确保任何师生在任何地方、任何时间都可以检索和获取到他所需要的图书馆资源与服务，实现师生利用图书馆无时空限制。

3.5 服务内容从"文献信息服务"向"个性化的数字知识服务"转变

关注师生的个性需求，为师生提供个性化、人性化的最优质的专业知识服务，体现图书馆的专业服务水平。为师生量身设计服务或者嵌入用户教学研究环境，主动为师生提供专题研究、课题分析的高层次知识服务（包括该领域的前沿研究动态和最新进展资料）。

3.6 服务场所从"仅限图书馆内"向"融入教学科研一线"转变

随着电子信息变得无处不在，到 2015 年，更多的图书馆员和信息专家将在图书馆以外的"情景"（context）中发挥作用。大学图书馆员必须从物理图书馆中走出来，深入到用户之中，嵌入到用户的教学科研过程之中[4]。图书馆员应深入到学校的各个院系，融入到教学和科研队伍中，在师生所在的教学和科研地点提供服务；图书馆员还应嵌入用户工作流程，随时随地与用户合作，更快地回答用户的问题，更有效地满足用户的信息需求，努力成为用户在教学和科研团队中的信息专家[14]。

3.7 图书馆工作人员从"普通的图书馆员"向"网络信息专家"转变

由于读者更愿意通过网络进行信息查询等操作，因此大学图书馆员与读者面对面接触的机会将大大减少。大多数馆员将被网络化，从台前走到幕后成为"虚拟馆员"[15]。

大学图书馆员将主要从事网络导航、网络咨询、网络信息资源采集与组织管理等工作，他们充当知识与需求者之间的桥梁，也可以称作"善于交流的知识经纪人"和"博学敏捷的知识咨询师"，他们所担负的工作在大学教学、科研中发挥的作用将越来越不可小觑。大学图书馆员如果成为"受到多方面训练的专家（cross – trained specialists）"，他们所从事的对信息的挖掘、跟踪、分析、深度加工的知识服务所创造的价值是搜索引擎无法与之相比的。

《国际图联（IFLA）2013年趋势报告》对依赖搜索引擎寻找答案提出如下质疑："大多数的学生都求助于搜索引擎来寻找问题的答案，但是当自动搜索技术限制了基于我们搜索习惯、语言和地理位置的信息的范围和多样性时，搜索引擎所返回的结果真的可以被相信吗？图书馆和教育者应当确保学生和用户正在获取他们所需要的信息，而不只是他们所寻找的运算法则的合并数据的信息"[11]。实际上，如果大学图书馆员都成为网络信息专家，那么学生搜索信息时就会更愿意依赖大学图书馆员，而不是依赖网络搜索引擎。

3.8 图书馆建设主体从"图书馆独自建设"向"图书馆与用户共建"转变

师生不再仅仅是图书馆信息服务的享受者，还应该成为图书馆资源建设、服务开展的参与者。图书馆通过多种技术方法和应用形式为师生需求表达和应用体验提供便捷工具和通道，邀请用户参与图书馆建设并贡献智慧，重视图书馆与读者的互动，鼓励双向交流。邀请用户共同参与创建自己所期望的内容建设和服务[16]，以互动的方式交流，开展学术创新，双方互相影响、相互塑造，共同提升图书馆的管理和服务。

为了增加大学图书馆的核心竞争力，吸引更多的师生利用图书馆的各项服务，各大学图书馆纷纷依托图书馆的文献资源优势、用户资源优势和用户社会网络，创建开放、互动、共享、协同的学习和创新知识交流社区，主动吸引更多的潜在师生用户。越来越多的大学图书馆已经成功地将圈子、好友群、短信中心、BBS、Wiki 等功能嵌入图书馆的服务系统中，从而使用户可以采用短信、BBS、Wiki 等方式进行交流，促进协同写作、学术交流和学术讨论[17]。大学图书馆知识社区将成为一种不可忽视的用户生产、获取、交流、共享信息与知识的环境，使大学图书馆与读者的沟通更加密切。

3.9 图书馆建筑实体从"藏书中心"向"学习中心和交流中心"转变

随着图书馆馆藏纸质资源的减少，书库面积也在不断减少，为了充分发挥大学图书馆建筑实体的作用，可将其建设成师生思想交流的理想空间和学习中心。近年来，"无书图书馆"越来越多，在这些图书馆中，纸质文献被大量移除，甚至完全消失；图书馆转而更加关注良好的学习环境、快速的网络接入和丰富的技术设备，图书馆建筑实体逐渐演变成信息共享空间，鼓励师生在图书馆进行学术讨论，为师生进行讨论提供专门的场所、设施和设备。2010 年斯坦福大学将其物理学和工程学图书馆改造成"无书图书馆"，新的图书馆依靠网络平台，向学生提供了各种先进的信息设备和大量的数字资源供学生利用[18]，将实体图书馆打造成学生进行多功能实践的学习中心和交流中心。

3.10 图书馆服务从"各自为政单兵作战"向"搭建图书馆联盟协同作战"转变

文献资源共享一直是图书馆人的梦想。依托计算机网络，各图书馆之间馆际分工协作更加普遍，大学图书馆联盟建设应日益加强。信息资源的联合共建共享既可以降低各成员馆的运营成本，使大学图书馆特色互补，提高各图书馆满足用户信息需求的能力，还可以促进全社会信息资源的有效利用，保证全社会成员均等地享有图书馆服务。

大学图书馆在文献资源、智力资源和读者服务方面具有得天独厚的优势，只要大学图书馆坚持正确的改革指导思想，进行科学的变革管理，就一定能全面升级大学图书馆的服务。大学图书馆服务升级路线如图 1 所示：

4 结 语

图书馆要在历史的长河和不断变化的环境中继续生存并且保持旺盛的生命力，就必须与时俱进，不断创新，以优良的服务巩固自己的地位。

无论外部环境如何巨变，只要大学图书馆的服务创新永在，图书馆就会永远充满生机和活力。通过大学图书馆员的不懈努力，师生对图书馆服务的需求只会更加强烈。大学图书馆和图书馆员将成为学校文献信息服务至关重要的服务主体，成为学校师生科研与学习中不可或缺的重要部分，大学图书

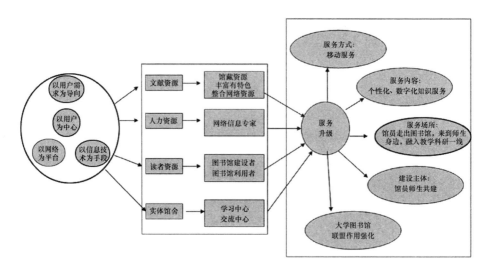

图 1 大学图书馆服务升级路线图

馆所提供的优质的专业服务无疑是 Google 等所望尘莫及的，大学图书馆的明天一定会更加美好！

参考文献：

［1］ OCLC. Perceptions of libraries and information resources（2005）［OL］．［2007 – 12 – 15］．http：／／www. oclc. org／reports／2005 perceptions. htm.

［2］ Sullivan B T. Academic library autopsy report, 2050［OL］．［2013 – 09 – 04］．http：／／chronicle. com／article／Academic – Library – Autopsy /125767／.

［3］ 砀红艳．高职院校图书馆动态发展矛盾的辩证思考［J］．技术与教育，2012（2）：31 – 35，57.

［4］ 初景利，杨志刚．物竞天择，适者生存——图书馆新消亡论论辩［J］．图书情报工作，2012，56（11）：5 – 11.

［5］ Darnto R. 5 myths about the 'information age'［OL］．［2011 – 05 – 21］．http：／／chronicle. com／article /5 – Myths – About – the – Information /127105／.

［6］ 刘丽伟．新信息环境下高校图书馆未来发展走向初探［J］．中国科技信息，2012（2）：168 – 169.

［7］ 冯佳，张丽，陆晓曦．《2050 年高校图书馆尸检报告》解读［J］．图书馆建设，2011（2）：13 – 15.

［8］ 赵晨．开放获取环境下高校图书馆的信息服务［J］．牡丹江教育学院学报，2011（4）：166 – 167.

［9］ 吕柏金．世界最早的图书馆［J］．阿拉拍世界，1981（5）：31 – 32.

［10］ 阮风纳赞．图书馆学五定律［M］．夏云，杨起全，王先林，等译．北京：书目文献出版社，1988.

［11］ Riding the waves or caught in the tide? Navigating the evolving information environment：Insights from IFLA trend report［OL］．［2013 – 09 – 04］．http：／／rends. ifla. org／insights – document／／

［12］ 程焕文．资源为王　服务为妃　技术为婢［OL］．［2013 – 09 – 04］．http：／／blog. sina. com. cn／s／blog_ 4978019f0100hjob. html.

［13］ 杨新涯，彭晓东．馆人合一［M］．北京：知识产权出版社，2010.

［14］ 杨志刚．Welch 医学图书馆建设实践及启示［J］．图书馆工作与研究，2011（6）：35 – 37，57.

［15］ 曹娟，刘永胜．未来 10 年高校图书馆员发展趋势探析［J］．图书馆建设，2011（1）：102 – 104.

［16］ 魏群义，杨新涯，彭晓东．图书馆 2.0 的理论研究与实践［J］．图书与情报，2009（4）：16 – 21，46

［17］ 李梅．图书馆 2.0 视角下的大学图书馆信息共享空间研究［D］．上海：复旦大学，2010.

［18］ 李恺．图书馆没有单数的未来——近年美国图书馆的"无书化"趋势［N］．中国社会科学报，2012 – 04 – 11（B05）．

作者简介

陶颖，哈尔滨商业大学图书馆研究馆员，馆长，E-mail：libtaoy @ 163. com；周莉，哈尔滨商业大学图书馆副研究馆员。

城市图书馆加强运营管理的探索与思考

我国目前正处于城市化建设从快速扩展转为内涵式发展的新时期，城市化的快速发展给城市图书馆事业带来了新的发展需求。城市图书馆是公共图书馆体系的一部分，在本文中主要是指市级公共图书馆。城市图书馆是城市文化和文明的重要标志，是公共文化服务体系的重要组成部分，是一个城市的知识中心、学习中心和文化中心，对当地城市发展的重要性不言而喻。因此，在国家重视城市化建设但对城市图书馆投入有限的时期，需要高度关注和重视城市图书馆的发展问题，通过强化运营管理促进城市图书馆可持续发展具有十分重要的意义。

1 加强运营管理是解决当前城市图书馆发展瓶颈问题的重要手段

运营（operation）指的是使一个机构有组织地开展各项工作的一种状态，运营管理（operations management）则是保障和推进机构有效运转所采取的各种手段和策略。在企业界，运营管理是关系企业运行和发展的重大战略，是整个企业健康和可持续发展的核心推动力量。但在图书馆界，关于图书馆的运营管理的研究较为薄弱，实践上的创新不够，理论上缺乏总结。

目前，我国城市化正在从快速扩张向内涵式发展转变，与此相对应，城市图书馆事业的发展也步入到内涵式质量提升的发展阶段。近20年来，城市图书馆的发展主要是一种外延式规模扩张，表现为新馆大楼如雨后春笋般拔地而起，建筑面积不断创出新高，城市图书馆正在成为一座城市的新地标和新名片，成为城市文化和文明的最重要的标志。但也应该看到，一些城市虽然投入巨资建起了体量庞大的城市图书馆，但图书馆持续运营所需的资金、管理和服务等问题并没有得到很好的解决，缺乏图书馆运营所需要的配套条件和措施。这种外延式规模扩张的发展思路在当前的城市图书馆中广泛存在，表现为城市图书馆大多缺乏长期的运营发展规划，系统运营水平偏低，追求表面上的"高大上"，管理效率不高，服务能力有限，城市图书馆服务距离真正的普遍均等的公共服务目标仍然有一定差距。

加强运营管理是解决城市图书馆发展中的这些问题的重要手段。在企业界，"运营管理包括高效生产、转换、配送产品或者服务的整个过程"[1]。在图书馆界，运营管理涉及从资源建设到用户服务的整个过程，因而广泛地存在于图书馆的各项工作中。加强资源保障、降低运行成本、提升服务质量、提高服务效能、优化人员素质、强化人文精神是城市图书馆加强运营管理的重要策略。通过运营创新，可以切实解决城市图书馆发展过程中出现的各种问题，促进城市图书馆事业不断向前发展。

2 强化城市图书馆运营管理的主要策略

2.1 加强资源保障

馆藏资源是图书馆提供服务的物质基础，资源的内容、结构以及资源建设策略都会对服务的效果产生影响，加强资源保障应该是运营管理首先要考虑的问题。目前，就资源建设工作而言，城市图书馆面临着3个方面的挑战：①随着信息技术和互联网技术的发展，数字资源的种类和数量急剧膨胀，进行数字阅读的读者数量也越来越大，由此对图书馆资源的数量、结构产生了深刻的影响，城市图书馆面临因时而变、满足不同读者需求的挑战。②图书馆经费紧缺。虽然最近几年随着政府对公共文化事业投入的增加，城市图书馆的经费状况有了很大程度的改善，但经费状况的改善与资源需求的增长不相适应，前者的增长并不能赶上后者增长的幅度。城市图书馆的经费总是处于一种相对紧缺的状况。这种情况下，城市图书馆加强资源保障主要有如下途径：一是通过制定科学合理的馆藏资源建设规划，努力加强本馆的馆藏资源建设，并保证其可持续发展，这是主要途径；二是通过图书馆间的合作或联盟、国家相关数字文化工程建设等方式共享馆外资源，这是城市图书馆在经费紧张的情况下加强资源保障的一个有力补充，也是拓展资源种类和数量的有效办法。

2.1.1 加强本馆的馆藏资源建设

图书馆资源建设是一项长期、持续性的工作，正确的资源建设政策对于资源建设工作成效有着非常大的影响。要通过分析图书馆自身的发展环境、办馆理念以及读者和社会需求，就本馆一定时期内的资源建设应该达到的目标、原则、任务、工作方式、步骤和具体措施做出明确的规定，有目的、有次序地加强馆藏资源的建设。制定资源建设政策要特别注意避免急功近利，要着眼长远，保证资源建设工作的可持续发展。一般情况下，城市图书馆都会面临四年一度的评估定级工作，这个时期的资源建设工作尤其要注意避免各种短视的行为，为了达到评估定级所需要的藏书册数，不惜大量采购与图书馆馆藏规划相悖的资源，或大量购置副本，甚至以次充好，这些做法都是不可取的。此外，城市图书馆制定资源建设政策时不仅要着眼于本馆的具体情况和发展需求，而且还要着眼于整个城市图书馆系统的资源分布格局和发展需求，通过调研、协调、规划和沟通，形成一种优势互补、避免重复的资源建设局面，确定采购政策时要充分利用城市图书馆系统、图书馆联盟的集团优势，形成资源共建共享的合作优势，降低采购成本。

赤峰市图书馆由于长期经费短缺，书刊陈旧，种类少，电子资源更无从谈起，无法满足读者需求。2011 年迁入新馆后，我馆制定了 5 年的馆藏建设规划。通过调研读者需求，在现有资金的条件下，制定了优化纸质馆藏，持续增加电子资源，建设地方特色文献，满足市民学习、文化休闲、学术科研基本需求的方针。在具体建设中，考虑到中老年读者的阅读习惯，在原有纸质馆藏的基础上，更新替换了部分陈旧、流通量小的图书；增加了外借期刊种类，内容以市民休闲为主、学术科研为辅；另外还增加一些考试类用书，满足市民求职考试、儿童教育的需求。电子资源由于可在馆外访问，可有效拓展服务范围，满足年轻读者的需要。这方面的投入以逐年增加的方式，不断增订新的数据库，内容涉及休闲期刊、学术期刊、电子图书、职业技能培训、高考指南等。此外，赤峰是红山文化的发源地之一，也是中华龙的故乡和龙文化的发祥地，我馆搜集和建设了红山文化特色数据库。经过 4 年多的建设，目前，已拥有 50 多万册馆藏图书、期刊、报纸，25 万册电子图书，10 000 多种电子期刊，数千集的视听资料，各种职业资格考试试题、高考报考指南、红山文化特色数据库等文献，建立了丰富而完善的馆藏体系，并且还在持续发展中。

2.1.2 共享资源建设

图书馆应加强与省级图书馆、高校图书馆或区域图书馆联盟的合作，实现馆际互借和资源共建共享；充分利用国家推广的数字文化工程的资源，对馆藏资源进行有效的补充。目前，很多地区的省级公共图书馆的数字资源可部分地与省内下级图书馆进行共享，当然这有赖于省级公共图书馆的充足的资源建设经费。与高校图书馆开展合作共享，可有效弥补公共图书馆的学术资源的不足。区域图书馆联盟的资源共建共享，不仅能增加文献数量和种类，还可节约一大笔资源购置经费。国家推广的数字文化工程，如文化信息共享工程、数字图书馆推广工程、公共电子阅览室建设等，这些工程的资源不仅贴近百姓生活，而且数量大、种类多，对馆藏资源的补充作用不可小觑，应对这些资源进行充分宣传和利用。当然，在条件许可的情况下，将本馆馆藏与区域内的其他图书馆共享，也可有效提高馆藏资源的利用率。

赤峰市图书馆一直注重寻求与区域内各类图书馆的合作，例如与区图书馆和高校图书馆进行合作。但由于地理位置所限，赤峰市距离呼和浩特市较远，给共享工作的联络带来了不便。此外，赤峰当地高校数量较少，因此，我馆目前在这方面的工作重点放在对国家数字文化工程共享资源的宣传利用上，如努力让文化共享工程的资源活起来，提高其利用率。我们也大胆地走出去，通过积极联络和争取，2013 年与国家盲人图书馆签约，成为被帮扶的民族地区盲人支馆，可共享其部分盲文资源。通过不断加强资源建设，推进共建共享，赤峰市图书馆的资源已基本能满足市民学习、休闲、娱乐、探究的需求。

2.2　降低运行成本

做任何事情都是需要成本的，如时间成本、人力成本、资源成本、空间成本、设备成本、交通成本、通信成本等。城市图书馆自从其产生那一刻起，就需要用巨大的成本维持其正常运营。因此，成本是城市图书馆运营必须要考虑的问题。

作为一个非营利的公益性机构，城市图书馆向其读者和用户提供的服务是免费的，这些服务所需的成本由财政投入来逐年持续弥补。正常情况下，即使城市图书馆次年获得财政投入与前一年的数额一样，由于通货膨胀等因素的影响，次年的财政投入也是不能弥补前一年的成本的，更不必说投入减少了，在这种情况下，城市图书馆实际上是在亏损状态下运营的。为了维持运营，图书馆所能做的，或者是缩减业务范围，或者是自己创收。从成本角度看，现在一些城市图书馆有面向读者和用户收取费用的现象，其原因往往在于财政投入不足，不收费则无以为继。因此，要实现城市图书馆"平等、自由、免费、开放"的核心价值，不仅要加强政府对城市图书馆的财政投入，图书馆还要运用低成本的运营战略，从战略的高度认识成本管理和成本控制。这就要求城市图书馆及其政府主管部门和领导树立起成本意识，同时加强宣传和引导，在图书馆内部和全社会营造提高成本意识的氛围，推动低成本运营战略的实施。

在各级政府对于城市图书馆的平均财政投入水平还处于较低水平的情况下，设法扩大服务范围、提高服务数量、降低单次服务运营成本是一个可行的低成本运营战略。由于通货膨胀、人员薪资等因素的影响，城市图书馆的总体运营成本每年都会有所增长。正常情况下，城市图书馆获得的财政投入也应每年有所增长，如果有大的项目运作，财政还应另有投入。而城市图书馆的总体运营成本由馆舍维护费用、物业费用、人员费用、设备维护费用、资源采购费用、服务费用、运营费用等组成，其中刚性成分居多，不太可能有大的减少。这种情况下，通过增加持证读者数量及服务数量来摊薄单次服务成本是一种非常有效的低成本运营战略。在目前我国城市图书馆居民持证率普遍偏低的情况下，降低单次服务成本的运营战略显然具有相当大的发展空间。

基于这样的战略考虑，为提高持证读者数量及服务数量，赤峰市图书馆提出并实施了以下举措：①通过开展大量的读者阅读宣传活动，提升图书馆的社会知晓度。考虑到现在大部分家庭是独生子女，家长对儿童的教育都非常重视，赤峰市图书馆开展了一系列少儿阅读推广活动，并形成品牌效应，带动更多的家长走进图书馆，利用图书馆。在少儿活动的策划中，我馆不仅注重开展一些少年儿童喜欢的活动，还注重增加有关家庭教育培训、心理咨询、孩子与家长互动的寓教于乐的活动等，引发了较大的社会反响，受到家长的欢迎，提升了居民的图书馆意识。②广泛与社会机构合作，降低宣传成本。我馆本着互惠互利的原则，与社会机构合作举办活动，既为社会机构作了宣传，也为自身节约了宣传所需的资金。如我馆与一些少儿教育机构、少儿艺术培训机构、家庭教育机构合作，推出的阅读推广活动，内容丰富、质量高，受到家长和孩子欢迎，同时也扩大了这些机构的社会知名度，可谓双赢。③与媒体合作，加强宣传。如与电台、电视台、当地报纸等合作，利用图书馆资源，策划了一批内容丰富、积极向上的互动节目，在宣传图书馆的同时，也为这些媒体提供了丰富的节目内容，社会反响良好。

因此，看上去轰轰烈烈的阅读推广活动，实际上也是从运营管理的战略高度精心策划的。经过 4 年的持续推广，赤峰图书馆的读者办证率直线上升，取得了良好的社会效益，引起了相关主管部门的高度关注，其在图书馆运营经费方面给予了更多的支持。

2.3　提升服务质量

质量运营战略是指通过不断提升和改进产品与服务的质量来赢得客户满意的战略。产品质量直接影响顾客的购买行为和满意度，不同质量的产品，其生产工艺和成本也会各有不同。质量包含很多方面的内容，其中一致性质量和优异的质量是两个关键方面。"一致性质量意味着以高可靠性满足产品标准及顾客承诺。产品质量不见得一定比别的产品好，但顾客必须有很强的信心认为他们购买的产品能够像承诺的那样"[1]。类似麦当劳、肯德基这样的连锁快餐企业，就是以一致性质量作为竞争中的取胜法宝的。麦当劳和肯德基的汉堡不一定是质量最好的，但在世界各地购买的麦当劳和肯德基的汉堡的大小、配料和味道几乎一样。对城市图书馆来说，现在的总分馆制的体系化服务就是一种一致性质量的竞争策略。赤峰市图书馆于 2013 年实施了总分馆制，即以赤峰市图书馆为总馆和中心馆，以 12 个旗、县、区图书馆和赤峰市图书馆分馆为整个服务体系的分馆，形成了覆盖全市城区与农村的公共图书馆服务体系，读者可就近选择任何一个图书馆（室），享受到与总馆同样内容和水平的优质服务，还可以通过赤峰图书馆提供的 VPN 服务与移动图书馆服务，便捷地使用总馆的高品质数字资源。

一般情况下，城市图书馆除了开展借阅等基础服务之外，或多或少会开展一些面向政府机构、企业或者其他机构的参考咨询工作，这实际上就是一种优异的质量的运营战略。提供优异的质量的产品和服务意味着需要更大的成本投入，无论对财力、物力还是人力，它的要求都比一致性质量的产品和服务更高，并非有钱就可以办到。如果图书馆要向一个企业提供某个领域的竞争情报服务，则需要相关的人员对企业所在的领域有相当程度的研究，否则就不能胜任这项工作。基于以上考虑，赤峰市图书馆目前正在规划为市民提供一些特色服务，例如家庭教育咨询、高考指南、职业指导等，以提供基于优异质量的服务。目前赤峰市图书馆已经进行了相关内容的馆藏资源建设，开展了初步的咨询服务，效果非常好。下一步还要进行馆员的专门培训，使这些服务项目逐步成熟起来。

2.4 提高服务效能

所谓效能，就是办事的效率和工作的能力。对城市图书馆而言，提高服务效能首先涉及服务的时效性，例如资源的获取时间、新书上架时间、流动书车循环时间、服务响应速度、网站反应速度等。时效性要求准时服务和服务响应时间快。在保持准时的情况下，应尽量缩短服务送达的时间，只有这样才能拥有更强的竞争力。以一个读者到图书馆借阅一本关于环境保护的图书为例，来说明关于提高服务效能策略的重要性：到图书馆之前，这位读者首先要通过图书馆网站对图书馆的馆藏书目进行检索，他首先会对图书馆网站的反应速度做出评价，如果速度太慢甚至打不开，读者有可能会放弃从图书馆获取这本书的计划，转而去考虑其他的获取方式；如果网站反应速度正常或者较快，读者接着会去检索馆藏书目，这时会出现 3 种情况：①图书馆没有这本书，则读者会考虑其他的获取方式；②图书馆有这本书，但是已经借出了，这种情况下读者有可能向图书馆提出预约借阅的请求，这时图书馆就面临着能否如期满足这位读者预约要求的问题；③图书馆有这本书，且没有被借出，在这种情况下，这位读者准备去图书馆借出这本书。如果图书馆实行的是开架借阅制度，读者可以自己到书库找到这本书并办理借阅手续。如果图书馆没有实行开架借阅制度，则需要图书馆的工作人员帮助读者把这本书找到再借给读者，这里有一个服务响应的速度问题。另外，如果这位读者要找的是一本新书，虽然他从馆藏书目中检索到图书馆有这本书且没有被外借，但这本书仍然处于加工流程中，仅完成了计算机编目，还没有被上架，读者依然无法借书。因此，能否准时或者及时提供服务，关系到读者的感受，图书馆需要从运营战略的角度考虑这些问题。

提高服务效能运营管理的策略的第二个方面涉及不断对图书馆的服务进行优化。虽然图书馆有些基础服务不一定像有形产品那样可以明显地持续更新换代，但其服务形式、细节仍然有相当大的改善空间。网站现在是图书馆的名片和门户，许多时候读者都是通过图书馆网站来使用图书馆的。图书馆网站一旦推出，就需要在适当时候进行必要的改版升级。这一方面是出于对网站本身的完善，另一方面则是出于改变读者对于网站的审美疲劳。不管出于哪种目的，改版总是可以进一步增强图书馆网站对读者的吸引力。此外，图书馆根据社会发展和读者需要，将某些资源重新进行组配，开辟一块区域，形成某个专题馆藏，也属于服务升级。

提高服务效能运营管理策略的第3个方面涉及尽可能为更多的读者提供服务。现在我国城市图书馆持证读者比例普遍偏低，要通过大量的工作，使尽可能多的居民走进图书馆，享受图书馆的服务。只有服务的量达到一定的程度，服务效能的提高才能显现出来。

2.5 优化人员素质

在图书馆的诸多组成要素中，馆员素质是影响图书馆发展的关键要素，图书馆的服务和产品需要有高水平、高素质的员工来提供，图书馆的可持续发展建立在员工队伍的可持续发展基础之上。因此，在图书馆外部环境和内部环境多变的今天，城市图书馆人力资源工作也要因时而变，不断进行创新。人力资源工作涉及岗位设计、员工招聘、员工培训、员工职业生涯规划、志愿者、薪酬体系与绩效评估等方面，其中，员工招聘和培训是直接影响图书馆馆员整体素质的主要因素。

首先是员工招聘工作。根据岗位需求，发布招聘广告进行公开招聘，是从一开始对人员素质进行控制的最好方法。城市图书馆的招聘一般由行政办公室来具体负责。为保证招聘工作的顺利进行，还应成立招聘委员会或者招聘领导小组，负责制订招聘政策、招聘岗位确定、招聘广告审定、初试和复试人员的遴选、录用员工的确定等工作。招聘委员会由馆级领导、办公室负责人等组成，招聘委员会主任由馆长担任。人员需求由图书馆的相关部门提出，招聘委员会根据本馆的现有人员编制情况以及政府相关主管部门给予本馆的编制，确定是否招聘、以何种用工方式进行招聘。根据岗位需求，撰写招聘广告。招聘广告的发布媒体包括图书馆专业媒体和大众媒体以及图书馆网站。对于收到的应聘简历，应经过初选、二选、三选、面试等几个环节决定是否录用。

其次，应加强员工培训。城市图书馆正处于一个发展环境不断变化的时代，为了向读者和用户提供高品质的服务和产品，图书馆招聘和录用的员工具有多样的学科背景和工作背景，而很少具有图书馆学、情报学学科背景和在图书馆工作的经历。因此，对员工进行业务培训是必不可少的环节。培训内容通常由3个部分组成：上岗培训、业务培训、个别培训。上岗培训是新入职员工或者所有员工都参加的培训，内容主要包括本馆情况、办馆理念、发展战略、行业发展状况、图书馆的各项规章制度等。业务培训指的是各个部门针对本部门员工开展的培训，例如技术部对新入职员工就技术部的技术规章、技术工作规范等开展的培训。个别培训指的是针对每个岗位、每个员工开展的个性化培训，培训内容会因岗因人而异。无论哪种培训，培训目标都是着眼于提高员工对于图书馆的认同感，提高员工的素质和技能，使其胜任所在岗位现在以及未来发展的要求。培训目标要具体、可量化，这样才能对培训结果进行评估。此外，参加图书馆行业内举办的各种学术研讨会、馆际互派员工交流等也是有效的培训方法。需要注意的是，员工培训是一个持续的过程，新入职的员工需要培训，工作多年的老员工也需要培训，这样才能跟得上环境变化对岗位的要求。长期培训计划就是针对老员工开展的培训计划。

赤峰市图书馆从2011年就开始着手打造一支年轻化、知识化、专业化的人才队伍。首先通过人事部门申请增加编制，通过公开招聘的方式引进了一批高学历的年轻人。对于新入职的年轻人，不管其所学专业、学历如何，都要先进行上岗培训和业务培训。对于全馆人员，通过走出去、请进来的办法，一方面把馆员派出去学习、培训、考察，另一方面把业界的知名专家学者请进来讲学，使馆员开阔眼界，提高业务水平，增加学术成果。馆员人均每年至少出去参加各类培训和学习1次，多的达5-6次，每年派馆员外出学习的经费大约在20-30万元，这对于一个西部的地级市图书馆来说，已经是相当大的一笔经费了，但馆员素质整体提高后给图书馆带来的社会效益，却是无法用30万元来估量的。

2.6　强化人文精神

人文精神是图书馆内涵式发展不可或缺的基础性要素，没有人文精神滋养的图书馆不过是一堆物理设备设施的堆积。伟大的图书馆总是浸透着保存文化、传承文明、服务人类的人文精神的。在如今这样一个以人为本的时代，强化图书馆人文精神建设，具有十分重要的意义。

人文精神的核心就是以人为本。而以人为本包括两个方面的含义：以读者为本和以馆员为本。进一步拓展服务形式、深化服务内容、提高服务质量，尽可能为最广大的读者服务，是以读者为本的内在要求。重视馆员、尊重馆员的首创精神、培养馆员、爱护馆员是以馆员为本的具体体现。以馆员为本与以读者为本并不矛盾，以馆员为本是以读者为本的基础，以读者为本是以馆员为本的目标。吴建中馆长指出[2]，现在欧美广泛采用"利益相关者"来指称图书馆的服务对象，这一指称改变了图书馆的范式，开拓了图书馆工作的视野；从服务馆内读者到服务广大利益相关者，以用户为导向，激活潜在读者，激发馆员自身活力，从书的图书馆到人的图书馆的变化是图书馆以人为本理念的重要体现。

平等是人文精神的必然要求。图书馆大门要向所有的人敞开，同样地对待每一位读者，不因其身份、阶层、地位、财富、种族、性别、信仰而区别对待，这是平等的真实内涵。图书馆应该取消一切限制人们走进自己的障碍，使人们进入图书馆像进入超市那样方便、轻松。"图书馆是否提供平等服务，主要取决于图书馆服务是否体现无身份歧视原则和关爱弱势群体原则[3]"。只有坚持平等的理念，才能将公共图书馆的普惠性服务真正推广下去。

多元是人文精神的重要支撑。多元文化的理念受到国际社会与图书馆界的高度重视和推崇。根据国际图联的《多元文化图书馆宣言》，多元的含义是指："我们全球社会中的每一个人都有权获得全方位的图书馆与信息服务。为解决文化和语言多样性问题，图书馆应：为社区全体成员服务，而不应有基于文化和语言遗产的歧视；以适宜的语言和文字提供信息；开放各种反映所有社区及其需要的资料和服务；聘用的员工要反映社区的多样性，并接受过与不同社区的人一起工作并为其提供服务方面的培训。多元化文化与语言环境里的图书馆和信息服务既包括为各种类型的图书馆用户提供服务，也包括专门针对文化和语言弱势群体提供图书馆服务。应特别关注多元文化社会中常常被边缘化的群体：少数民族、寻求庇护者和难民、持临时居留证者、移民工人以及土著群体[4]"。

普惠是图书馆人文精神的重要体现。服务的普惠性是公共图书馆社会职责的必然要求。城市图书馆提供的基本公共服务面向的服务对象应该是全体人民。《国家"十二五"时期文化改革发展规划纲要》提出，基本建立"覆盖全社会的公共文化服务体系"，"以全体人民为服务对象，加快城乡文化一体化发展"。《国家基本公共服务体系"十二五"规划》提出"基本公共服务均等化"理念。因此，广东省立中山图书馆刘洪辉馆长认为，"现阶段，中国都市图书馆的最重要的使命是推动图书馆服务的均衡发展[5]"。"以全体人民为服务对象"、"图书馆服务的均衡发展"内涵的理念就是普惠服务的理念，即让公共图书馆的服务普遍地惠及全体人民。这一理念应该被深入地贯彻到城市图书馆的理念体系中，并付诸图书馆服务的实践之中。普惠服务理念的建立，对于社会转型时期流动人口的文化服务工作的深入开展具有十分重要的意义。坚持普惠服务的理念，无论是否为常住人口，凭身份证即可享受任何一个公共图书馆提供的基本服务，这应该是每一个人都向往和期盼的，这也是每一个公共图书馆都须为之努力奋斗的目标。

公益是人文精神的基础。面向所有的利益相关者提供免费的基本服务是城市图书馆公益性的重要体现。由于历史原因，我国不少城市图书馆获得的财政拨款严重不足，为了维持最低限度的运营，一些图书馆不得不采取一些创收的措施，向读者收取办证费、上网费以及高价的文献复制费。最近几年，随着财政拨款的增长，图书馆向读者收费的情况有所减少，但由于多年来形成的惯性和思维，这个问题解决得仍然不是很彻底。公共图书馆向其利益相关者提供的文献保障、借阅等基本服务，是人们的一项基本权利，关乎信息与知识的自由获取，而收费行为会对其造成严重的损害与障碍，尤其是对一些弱势人群，所造成的伤害会更大。在建设社会主义文化强国的进程中，城市图书馆作为公共图书馆的主体组成部分，坚持基本服务的公益性具有十分重要的意义和作用。

城市图书馆要将图书馆人文精神根植于每一个馆员心中，以实际行动践行这种精神，以这种精神作为图书馆运营要达到的终极目标，才会带来源源不断的创新活力与动力。

3 赤峰市图书馆加强运营管理成效分析

赤峰市图书馆从 2011 年 7 月开始实施运营创新战略，通过加强运营管理，不断推动图书馆的发展，促进图书馆服务效能的提升。经过 5 年来的持续实施与推进，赤峰市图书馆取得了很好的发展成效。对于基础比较薄弱的城市图书馆，可以从规模和效能两个方面来衡量其发展成效，其中规模主要体现量的增减，是表征外延式发展状态的参数；效能主要体现质的变化，是表征内涵式发展状态的参数。发展初期阶段,规模也就是量的增长,具有更重要的意义;发展到一定程度,效能或者质的提升具有更重要的意义,而规模或量的增长的重要性相比效能或者质的提升退居第二位。这也是符合事物质量互变发展规律的。赤峰市图书馆 5 年来加强运营管理的发展实践也生动地证实了上述结论。

3.1 赤峰市图书馆的规模变化

5 年来,赤峰市图书馆的办馆条件发生了很大的变化,这种变化主要体现在馆舍面积、馆员队伍、办馆经费、纸本资源、数字资源、计算机设备等物质条件、经费与人员方面(见表1)。这三方面的条件是城市图书馆开展工作、进行创新的基础,特别是在办馆条件比较薄弱的情况下,有针对性地提升和强化上述 3 个方面的条件对于图书馆的发展具有十分重要的意义。正是基于这样的考虑和认识,赤峰市图书馆在过去 5 年中为改善办馆条件做出了相当大的努力,取得了积极的成效。

表1　赤峰市图书馆物质条件一览(2011—2015 年)

项目	2011 年	2012 年	2013 年	2014 年	2015 年
馆舍面积(平方米)	4 200	7 800	7 800	7 800	7 800
计算机设备(台)*	4	33	123	138	162
纸本资源(万册)	19	25	50	53	59
数字资源(T)	0	12	15	20	30

注:＊计算机设备含服务器、存储设备、计算机、自助服务终端等

由表 1 可知,5 年来,赤峰市图书馆在办馆的物质条件方面发生了很大的变化。2011 年馆舍面积为 4 200 平方米,2012 年以后新馆投入使用,面积增加到 7 800 平方米。硬件设备在 2013 年度有了较大的增长,满足了图书馆未来若干年提供服务的基本要求,因此,2014 年与 2015 年增长幅度不是太大。而纸本资源和数字资源的增长比较明显,纸本资源 2015 年比 2011 年增长了 2.58 倍;数字资源的容量从 2011 年的零增长到 2015 年的 30T。显然,在具备了一定规模的馆舍与硬件设备的情况下,资源对于提升图书馆的服务效能具有相当重要的作用。因而随着时间的推移,资源的增长率将会大于其他物质条件的增长率。

经费的重要性不言而喻,条件再好的图书馆如果没有与之相应的办馆经费,也是不能很好地运行起来的。几年来,赤峰市图书馆充分利用国家和地区的各项文化政策,积极进行财务工作创新,着力开发经费来源,努力争取

各级政府的资金支持，使得办馆经费从 2011 年的 3 万增加到 2015 年的 791 万，增长了 262.7 倍（见表 2）。充裕的办馆经费为赤峰市图书馆插上了腾飞的翅膀。

表 2   赤峰市图书馆办馆经费一览（2011 - 2015 年）   单位：万元

项目	2011 年	2012 年	2013 年	2014 年	2015 年
办馆经费	3	476	409	208	791
纸本资源采购费	0.5	13	23	33	143
数字资源采购费	0	140	195.3	38	206
硬件设备采购费	0	260	106	78	235
运营费用	2.5	63	84.7	59	107

注：办馆经费指的是除人员薪酬之外的其他费用之和。办馆经费 = 纸本资源采购费 + 数字资源采购费 + 硬件设备采购费 + 运营费用

人是一切因素中最关键的因素，因为所有的工作都是由人来推动的。为促进图书馆的发展，从 2012 年起，赤峰市图书馆就着手进行人力资源工作的创新，积极争取政策，努力引进人才，不断改善和优化职工队伍的年龄结构、学历结构，逐步建立了一支知识结构合理、作风优良的中青年队伍（见表 3），为图书馆的快速发展奠定的了坚实的人力资源基础和组织基础。

表 3   赤峰市图书馆人员情况一览（2011—2015 年）

项目	2011 年	2012 年	2013 年	2014 年	2015 年
职工总人数	33	35	40	42	51
职工平均年龄（岁）	45	44	42	36	32
职工中本科（含）以上学历人数	17	19	24	26	35

3.2   赤峰市图书馆的效能变化

如前所述，图书馆发展到一定程度，效能是衡量图书馆发展水平、发展状况的首要指标。而持证读者占图书馆所在地区总人口的比例、图书馆分馆数量、年度到馆人次、年度文献借阅册数、年度活动数量、单次服务成本等又是衡量图书馆服务效能的重要指标。简单来讲，效能就是用一定的投入或成本为尽可能多的居民提供尽可能多的一定质量的服务。效能并非是指成本

越低越好，也并非服务量越大越好或服务质量越高越好，而是三者相互均衡、形成的一个最佳状态。赤峰市图书馆的持证读者情况如表4所示：

表4　赤峰市图书馆持证读者情况（2011－2015年）

项目	2011年	2012年	2013年	2014年	2015年
持证读者人数	4 692	6 379	98 526	210 374	315 791
持证读者占赤峰市主城区人口比例*	1%	1.4%	21%	46%	69%
分馆数量（个）	0	2	13	20	22
年度到馆人次	6 953	16 300	55 204	81 570	104 620
年度文献借阅册数	5 625	69 400	140 650	119 217	226 259
年度活动数量（次）	4	15	46	57	59
服务次数**	6 085	79 400	151 250	122 917	237 698
单次服务成本（元/次）***	4.1	7.9	5.6	4.8	4.5

注：＊根据2006年赤峰市人口普查统计结果，赤峰市主城区人口数量为46万人，最近10余年，赤峰市主城区人口基本保持在46万左右，因此2011—2015年均以此数计算

＊＊为方便统计，服务次数＝纸本文献借阅册数＋所有活动参加人数＋电子阅览室使用人次

＊＊＊单次服务成本＝运营费用/服务次数

考虑到数字资源使用情况统计的不确定性和不准确性，在计算服务效能指标时没有将数字资源纳入进来。因为数字资源的使用情况统计大多数由厂商提供，数据的准确性与可靠性不如图书馆对于纸本文献利用情况的统计强。

从上述指标可以看出，实施运营创新5年来，赤峰市图书馆的效能在逐年提高，图书馆服务的覆盖面、成本、效益均有显著的改善。单次服务成本从2012年起逐年降低（2011年的低成本是建立在服务规模很小情况下的低成本，不具有可比性）。如果将数字资源使用量纳入到服务量来计算单次服务成本，则单次服务成本还会进一步下降。当然，这里仍然存在着相当的改善空间，改善的方向就是进一步扩大图书馆服务的覆盖面，扩大图书馆的持证读者数量，增加图书馆的服务量，在总体成本保持适度增长的基础上，通过增加服务数量、提高服务质量来进一步摊薄单次服务成本，从而实现服务效能的不断提高。

4　强化城市图书馆运营管理的一些思考

城市图书馆运营管理是一个系统的、从软件到硬件、从内涵到外延的全

面的管理过程。而要强化这种管理，获得更大的社会效益，达到城市图书馆运营的终极目标，体现图书馆的存在价值，就要将资源保障作为基础性战略，把用户服务提升放在优先地位，并且通过管理挖掘图书馆的潜能。

4.1 将资源保障作为基础性战略

资源保障是图书馆提供服务的物质基础，是解决"用什么"来服务的问题。脱离了这一基础，服务也就无从谈起。因此，要将资源保障作为城市图书馆运营管理的基础性战略。一个缺乏资源的图书馆，馆舍再漂亮，环境再优美，服务再细致，也不能称其为好的图书馆。资源保障相当于解决图书馆服务的"温饱"问题，这个问题解决了，才能图谋更高的发展。

4.2 将提升用户服务放在优先地位

解决了"温饱"问题，下一步就是如何发展。用户在图书馆能够享受到最基本的服务后，图书馆不能停滞不前，因为环境在不断变化，用户的信息行为和习惯在不断变化，技术在不断更新，这个时候如果图书馆的服务还停留于基本服务，满足于有书可借，有资源可查，用户在图书馆体验不到区别于互联网或其他信息服务机构的服务，就可能"抛弃"图书馆。因此，这一阶段，要将用户服务提升放在城市图书馆发展的优先地位，通过对用户服务的不断改进、优化和拓展，提高用户对图书馆的忠诚度，让用户主动为图书馆说话，为图书馆争取更多的支持。

4.3 通过管理挖掘图书馆的潜能

要通过有效的管理方法和手段，充分挖掘图书馆馆舍、设备、软件、资源与馆员队伍等方面的潜能，使图书馆的办馆效能在现有条件下能够有所提高，为图书馆争取更好的发展环境。其中要特别注意关心馆员的心理及其成长，因为人是第一生产力和发展要素。在引导馆员进行职业规划、培训馆员技能的同时，也要关心馆员的生活和理想，让所有的馆员凝集在一起，打造一支积极向上的馆员团队，为图书馆的发展做出积极的贡献。

5 结语

城市图书馆的发展已经得到了国内学界以及社会上越来越多的关注，这对城市图书馆的发展来说是一件幸事。随着我国城市化进程的不断推进，城市图书馆所担负的职能将更加重要，图书馆服务也将更加丰富，而图书馆运营也将得到更多的关注。这对城市图书馆的管理人员以及广大馆员来说，既是压力，也是动力。我们要抓住图书馆事业发展的关键战略期，有所作为，努力推动图书馆的发展，为社会进步做出更大贡献。

参考文献：

［1］ 维尔马，博耶．运营与供应链管理：理论与实践［M］．霍艳芳，李秉光，徐刚，等译．北京：清华大学出版社，2010：6－7.

［2］ 吴建中．转型与超越：无所不在的图书馆［M］．上海：上海大学出版社，2012：1－29.

［3］ 蒋永福．现代图书馆的五大基本理念［J］．图书情报工作，2009，53（21）：11－16.

［4］ IFLA. Multicultural communities：Guidelines for library services［EB/OL］．［2015－08－01］．http：//www. chinalibs. net/ArtInfo. aspx？titleid＝387162.

［5］ 刘洪辉．新起点 新气象 新使命——寄语广州图书馆新馆［C］//方家忠．"大都市的公共图书馆事业"国际学术研讨会论文集．广州：中山大学出版社，2013.

作者简介

刘淑华（0000－0002－9431－9025），馆长，副研究馆员，E-mail：liushuhua168@163. com。

图书馆开放创新战略的研究与实践

数字信息环境下，图书馆作为重要的创新支撑力量，正面临着巨大的转型压力。2011 年，OCLC 研究报告《研究图书馆：危机与系统化变革》[1]中指出，研究型图书馆已面临价值受到质疑、技术落后、人员队伍不适应未来需要等重大的灾难性危险。图书馆为求生存，必须适应时代和社会，融入创新元素。

1 开放创新概述

开放创新（open innovation），也称为开放式创新，最早出现在企业管理中，由加州大学伯克利分校哈斯商学院的切萨布鲁夫教授在 2003 年出版的《开放式创新：新的科技创造盈利方向》一书中提出[2]，它强调由于开源企业和周围环境之间的界限变得越来越模糊，创新可以在公司以内和公司以外同时进行。2005 年，切萨布鲁夫教授在《开放创新：一种理解产业创新的新范式》[3]一文中将开放创新定义为企业充分利用外部伙伴、知识、专家和机制来解决内部难题和创建新产品、新市场的机制，进一步强调开放创新建立在开放的姿态的基础上，要勇于并善于借用外部资源，创新内部机制，开发新的产品和服务。

尽管开放创新的概念在最近几年才被正式提出，许多公司企业早已经开始通过推行众包、合作研发、群体协同创新等模式来推动企业创新，并取得了不错的效果。如宝洁公司早在 2000 年前后便提出：要利用公司外部资源辅助开展自身研发工作的工作理念，并成立了专门负责开放创新联络的部门——联系与发展部（Connect + Develop）[4]，致力于通过内外部研究力量的合作攻克研发难题，在解决实际问题的同时，不断吸收外部力量壮大自身的研发力量，从而实现内部研发力量与外部研发力量以及研发资源供应商的对接。美国通用电气公司也曾发起"绿色创想挑战"（Ecomagination Challenge）的竞赛活动[5]，通过创建专门的网络平台，向公众广泛征集实现低碳社会的优秀创意。

2 图书馆开放创新的主要观点

开放创新以其独特的资源运作方式和双赢的创新效果，在企业界得到了广泛的推广。图书馆作为社会信息资源的枢纽，在社会创新发展中扮演着相当重要的角色。近年来，图书情报领域的学者也对开放创新的理念予以了关注，并将其与图书馆的服务创新相结合，开展相关的研究和探索。通过对调研的文献进行梳理发现，目前学术界关于图书馆与开放创新的研究主要基于以下视角。

2.1 基于众包机制视角

众包（crowdsourcing）这一概念由美国学者 J. Howe 提出，其定义为："组织机构将过去由员工执行的工作任务以自愿或非自愿的方式外包给大众群体完成的做法"[6]。近年来图书馆界的学者们也在积极研究将其引入图书馆服务领域的可能性。J. Janes[7]曾在《图书馆 2020：当前对未来图书馆的远见性描述》一书中写道，图书馆在未来将作为促进所有年龄段人们学习与发展的催化剂，未来的图书馆馆员将是心理学家、社会学家，其作用是推动公民的参与。J. Colaco 和 H. Moraa 则认为[8]，可以在数字图书馆的基础上引入众包的工作原理，建立开放平台、智慧分享平台，提供对科技信息的免费开放获取，最终促进创新文化氛围的形成。

国内方面，盛芳等认为，众包能够有效地吸引用户资源回流图书馆，其之于图书馆的主要优势表现在：激活大众热情、激发无限创意、有效降低成本、提高工作效率、突破组织边界、拓展人力资源、树立良好形象和赢得忠诚用户[9]。众包机制的引入不仅能够改变图书馆与用户之间的关系模式，更能推动图书馆内部组织管理模式发生变革[10]，使原本固定死板的组织结构变得灵活多变，在服务中更加以用户为中心。对于业务领域，众包制度使用户参与到图书馆资源和服务的生产环节中，从而改变传统的图书馆参考咨询[11]和资源建设[12]等工作的业务方式，既节约成本，又能提高效率。

2.2 基于创新 2.0 视角

创新 2.0 是一种适应知识社会、用户广泛参与的创新形态，是技术进步与应用创新共同演进的社会产物，具有大众创新、开放创新和共同创新等特点[13]。部分研究者从创新 2.0 的角度阐述了图书馆如何通过开放创新升级传统服务。张峥嵘[13]等认为，数字信息环境下，图书馆不可避免地遇到了用户流失的情况，可利用创新 2.0 理念，从服务表现层、服务支持层和服务资源层 3 个层次，系统搭建开放创新平台，从而推动读者参与，实现共同创新。

作为从 Web 2.0 引申而来的概念，创新 2.0 理念强调公众的参与，倡导利用各种技术手段让知识和创新共享和扩散。相较于众包机制提倡发挥公众作用，集众人之智为图书馆创造价值和利益，创新 2.0 更强调以用户为中心，以嵌入式、移动式等方式全面支持用户创新[14]。

2.3 基于阵地服务变革视角

数字信息环境下，图书馆信息服务的内容与方式有了极大的改变。传统的基于物理空间的阵地服务受到很大的冲击，出现了明显的"空化"现象[15]。在此背景下，不少研究者结合开放创新的理念对图书馆阵地服务的转型提出了自己的见解。

OCLC 副总裁 L. Dempsey 在《图书馆与信息未来的一些笔记》[16]中写到，当前图书馆需要围绕广泛的教育和研究需求，而非纸质馆藏的管理，并对空间进行重置。有研究者提出，20 世纪的图书馆是消费的图书馆，是一个体现了媒介展示的机构，而 21 世纪的图书馆是造就新的社会关系，创造、探索和分享知识的地方[17]。中国科学院文献情报中心在阵地服务的转型探索中，经历了信息共享空间、学习共享空间、研究共享空间和开放创新空间的尝试和实践。目前中国科学院文献情报中心正在探索在开放创新和协同创新模式下，如何集成开放信息资源、"社会创新资源"和开放创新平台等，构建支撑公益性学术信息服务，支持科技创新与创业，支撑群体智能和广泛社会创新的专业图书馆阵地服务模式[15]。可见融合用户智慧，推动用户智慧创新是图书馆阵地服务转型的潮流。

2.4 基于开放科研视角

M. Nielsen 在《重新发明发现机制》[18]一文中，指出科研活动正朝向开放化和社交化方向发展。该文分析了包括数学、医学、生态环境和天文学等方面的诸多的开放科研和民众参与项目，其中特别提出了开放技术创新市场，即利用开放解题、开放研究竞赛、研究众包、研发众筹、社会化科学观察分析的创新机制，有效地突破传统研究团队的思维、知识和技能局限，充分利用网络化、社交化的潜在力量解决科研难题。欧洲多国科学院也联合发表声明，呼吁推进开放科研[19]。

在国内，张晓林教授指出[20]，图书馆可以作为开放知识服务支持平台，从 Information Commons、Knowledge Tools Commons、Research & Creation Commons 和 Knowledge Services Support Commons 4 个层次递进服务体系，从而使图书馆成为用户在开放科研环境中的使能者和支撑者。

3 国内外图书馆开放创新的实践探索

3.1 引入众包合作机制

2013 年美国《图书馆杂志》评选了图书馆十大技术倡议（10 Great Technology Initiatives），其中就包括了利用众包手段充实图书馆馆藏资源和创新服务模式的建议[21]。引入众包机制，吸引用户服务于图书馆业务工作成为当前国外图书馆服务转型的热点。例如美国国会图书馆在整理图片资源的过程中，选择了 3 115 幅没有版权的馆藏照片，上传到图书馆网站，并同时在 Flickr 社区上发布，鼓励社会公众对这些照片进行分类、标注和评论[22]。信息发布 10 天后，这批照片获得标注 13 077 条、评论 2 440 条、注解 570 条。纽约公共图书馆的古籍善本工作组为了将馆藏的 1 900 年以来的 4 万多份菜单图片转换为可供检索的文本，在网站上发起了 "what's on the menu" 活动，鼓励公众帮助参与摘抄古籍善本中的餐馆菜单[23]，截至 2011 年 9 月 18 日，热心用户已经将 9 669 份菜单中的 553 192 个菜名摘录下来。众包合作在缓解了图书馆员自身工作压力的同时，也激发了公众参与的热情。

3.2 构建创新协作平台

丹麦的罗斯基勒大学图书馆（Roskilde University Library）是较早在图书馆服务中引入开放创新的概念[24]，又率先建立创新合作平台的机构，致力于为学生、研究人员、企业、政府提供开放的合作、科研的空间。通过该平台，不同的机构、组织和个人可以根据自己的需要开展不同类型的合作（见表 1）。如普通公众可以基于自己的兴趣与研究人员建立联系，参与科学研究，感受科学的实验进程；企业既可以结合企业自身发展的需要，与在校学生建立关联，在为学生提供培养动手参与实践的机会的同时，有效地引导和鼓励学生用新锐的思维模式助力自身机构的发展，同时还可以对比较看好的研究项目和研究成果提供资金支持，并与科研人员一起合作，结合最新研究成果，开发新的产品与服务，从而促进产学研一体化的发展。政府人员可以结合自身的发展，寻求与企业、科研人员的合作等。目前，该创新合作平台已成为罗斯基勒大学开展科研工作的中心阵地，为政府、企业、科研人员、学生、公众提供了很好的协作交流、合作共赢的开放平台。

表1　罗斯基勒大学图书馆创新合作平台的合作类型[25]

	与学生的合作	与研究人员的合作	与市政当局的合作
合作类型	·私人企业	·产学研合作	·Næstved 市
	·项目合作	·融资	·Roskilde 市
	·利益组织	·本校的研究人员搜索	·Køge 市
	·PHD 项目合作	·走进科学研究	
	·新西兰地区的中小企业		

3.3　开放馆藏数据资源

图书馆可以自建平台支撑开放创新，也可以通过第三方的平台开放数据和提供服务。例如美国帕洛阿尔托市图书馆通过该市最近实施的开放数据平台将其部分统计数据（如图书馆资金使用概况、通过检验的材料清单、图书馆每年的访客量等）开放给公众，其负责人 J. Reichenthal 表示，希望能够通过这种方式增加社会用户的参与，从而激发和引导公众在未来能够以更加主动的姿态参与到图书馆的服务创新中来，共同助力图书馆的发展[26]。

在国内，中国科学院文献情报中心通过与中国科学院大学合作，共同举办了面向在校学生和科研人员的"科研教育开放信息创新应用大赛"[27]，以开放图书馆的联合目录数据库、中国科学引文数据库、中国科学院机构知识库网络元数据等 8 个数据库的信息，同时遴选和组织全球科技、经济、文化、社会等方面的 1 600 多个开放数据集的方式，来鼓励和支持更多的学生和研究人员结合科研、教育、管理以及社会生活等需求，借助开放数据和开放数据工具，创造科研、教育和社会发展方面的新应用、新方法和新工具，从而促进知识发现和知识应用，提高数字环境下的创新能力，推动创新型教育发展。

3.4　阵地服务推动开放创新

数字信息环境对阵地服务的冲击迫使图书馆阵地服务变革的脚步不断加快。国内外许多图书馆已经就阵地服务的变革做出了尝试，基于开放创新的理念和元素的引入，也为图书馆阵地服务的变革带来了新的活力。如底特律公共图书馆（Detroit Public Library）在其馆舍空间中引入创客空间项目——HYPE（Helping Young People Excel）[28]。该项目以青少年为重点服务对象，旨在为年轻人提供动手实践、激发想象力的互动交流空间，通过将数字媒体与资源服务相结合，引导青少年去创新和参与。目前 HYPE 项目空间开展的服务主要有：自行车修复指导、自行车的历史以及骑车的规则、学习在 Linux 上设置并运行 Minecraft 服务器、制作自定义的视频游戏、使用 Makerbot Replicator Ⅱ3D 打印机打印三维塑料物体以及使用计算机软件（如 TinkerCAD）制作自己的 3D 模型等[29]。

在国内，中国科学院文献情报也提出了在信息共享服务区和学习共享服务区，建设"先进知识工具公共体验区"的思路，将广泛使用的工具和平台充分集中和集成，为科研人员、到馆读者、研究生、大中学生等提供一个认知和实践"知识服务工具"的场所[30]，并借助馆员提供的信息分析和计算的强大服务能力，共同推动用户的知识创新。

3.5　开放创新研究项目

2011 年，大英图书馆主持开展了开放创新研究项目"Working With Others to Make New Idea Fly"[31]，该项目由欧盟资助，探索如何联合组织外部资源，克服组织内部的文化差异，共同促进整个西北欧洲的开放创新。此外，该项目还受到了来自法国、德国、比利时、爱尔兰以及来自英国其他地区的机构的合作和支持。因为对任何一个独立的组织而言，拥有开放创新所需要的所有的知识、技能、经验以及对自身内部客观的审视都是不可能的。通过与各国的机构开展合作，可以更好地促进思维的碰撞以及多元文化的融合。

2011 年 11 月 29 日，大英图书馆还举办了主题为"开放式创新：挑战与解决方案"的会议[32]，着眼于开放创新项目即将面临的挑战，邀请许多企业（如宝洁）和机构（如欧洲量子创新中心）的从业者和专家来共同针对这些问题进行辩论和探索。

4　图书馆开放创新需要解决的问题

4.1　知识服务的深度嵌入

图书馆引入开放创新理念的本质目标是为了实现自身和用户在数字信息环境下协同创新发展。单纯的众包模式只能算作是开放创新的初级形态。在开放科研环境中，馆员应当"翻转"嵌入服务项目，与用户平等对话[33]，协同合作。在创新服务的过程中，图书馆必须结合自身资源优势，针对项目目标开展嵌入式的知识服务，例如开展专项竞争情报分析、专利态势预测、技术方向遇见等，坚决避免将图书馆沦为单纯的运营商或场地（设备）提供商。

4.2　创新资源的综合保障

大数据时代，图书馆自身可以掌握和控制的数据信息源是有限且少数的。而用户创新所需的信息资源是不确定的。在开放创新战略下，图书馆需要利用互联网和组织内部网络为用户汇集和整理更多更有价值的数据资源，乃至于需要提供创新实践所需的工具、设备和原料等。

4.3　多元化创新合作模式

在调研的过程中，笔者对当前企事业单位中所运用的创新合作模式进行了汇总和梳理，大致可以分为4种类型（见表2）。针对不同的项目与用户对象，图书馆在组织服务项目时必须进行必要的区分，选择合适的合作模式，从而实现图书馆与用户的双赢。

表2　开放创新平台与用户的合作模式

合作类型	合作模式
资源供给型	大宗资源供货
	渠道资源共享
	项目孵化
合作共赢型	共创共享
	联合实验室
	创新公司合作
成果买断型	委托开发
	并购或入股
	项目合作
	成果买断
其他类型	大赛或奖学金

4.4　知识共享与知识产权保护

在过去的几年中，开放获取成为全球学术成果交流的大趋势。截至2013年12月底，全球已经有超过9 800种开放获取期刊[34]和3 585种可开放获取的机构知识库[35]。在信息网络技术的推动下，以开放获取为基础的知识功效体系成为图书馆实现开放创新、协同创新的前提条件。与此同时，在鼓励开放获取，加速信息交流的同时，也必须建立对智慧成果知识产权的明确区别和保护机制，从而在用户智慧创新的链条上形成良性循环。

5　结　语

创新已成为全社会进步和发展的主要动力。图书馆作为创新支撑单位，构建开放创新平台，广罗各界资源，发挥情报枢纽的作用势在必行。然而，就目前来看，开放创新战略对于大部分图书馆还属于概念试水阶段。推广开放创新战略对于图书馆而言还有许多困难需要克服。而其中最重要的是转变图书馆服务和发展的理念，坚持以用户为中心，与时俱进。

参考文献：

［1］ Michalko J，Malpas C，Arcolio A. Research libraries，risks，and system change ［OL］.
［2013 – 12 – 20］. http：//www. oclc. org/research/publications/library/2010/2010
– 03. pdf.

［2］ Chesbrough H. Open innovation：The new imperative for creating and profiting from tech-
nology ［M］. Boston：Harvard Business School Press，2003.

［3］ Chesbrough H. Open innovation：A new paradigm for understanding industrial innovation
［M］. Oxford ：Oxford University Press，2005.

［4］ 萨卡卜，休斯顿. 联系与发展宝洁的创新引擎 ［EB/OL］. 田茗，编译. ［2013 – 12
– 20］. http：//finance. sina. com. cn/MBA/shangxueyuan/20071221/04534319802. shtml.

［5］ Chesbrough H. GE's ecomagination challenge：An experiment in open Innovation ［EB/
OL］. ［2013 – 12 – 20］. http：//cmr. berkeley. edu/BHCS_ award_ 2012_ 2_ eco-
magination_ 5672. pdf.

［6］ Howe J. The rise of crowdsourcing ［EB/OL］. ［2013 – 12 – 20］. http：//www.
wired. com/wired/archive/14. 06/crowds. html.

［7］ Ptacek B. The library as catalyst for civic engagment ｜ reinventing libraries ［EB/OL］.
［2013 – 12 – 20］. http：//lj. libraryjournal. com/2013/09/future – of – libraries/the – li-
brary – as – catalyst – for – civic – engagment – reinventing – libraries/ ［2013 – 09 –
08］.

［8］ Colaço J，Moraa H. Digital libraries：Stimulating open innovation through crowdsourcing
and transparency ［OL］. ［2013 – 12 – 20］. http：//conference. ifla. org/past/2012/94
– colaco – en. pdf.

［9］ 盛芳，耿艾莉. 网络环境下高校图书馆的四项工作的众包策略 ［J］. 图书馆论坛，
2012 (1)：15 – 19.

［10］ 万红. 基于众包的图书馆管理新模式设计 ［J］. 图书馆学研究，2012 (15)：27
– 30，26.

［11］ 霍建梅，李书宁. 高校图书馆数字参考咨询引进众包模式研究——基于德尔菲法
的调查分析 ［J］. 图书情报工作，2013，57 (6)：73 – 78.

［12］ 杨艳红. 基于众包模式的特色数据库建设思考 ［J］. 图书馆学研究，2013 (19)：
35 – 38.

［13］ 张峥嵘. 创新 2.0：升级我们的图书馆服务 ［J］. 图书与情报，2011 (2)：69 –
71，80.

［14］ 陆浩东. 基于创新 2.0 模式的图书馆信息服务理论与实践 ［J］. 农业图书情报学
刊，2012 (2)：188 – 192.

［15］ 刘细文，贾苹，王保成. 中国科学院国家科学图书馆阵地服务的转型探索 ［J］.

图书情报工作, 2013, 57 (18): 6 - 10.

[16] Dempsey L. Libraries and the informational future: Some notes [EB/OL]. [2013 - 12 - 20]. http://oclc. org/content/dam/research/publications/library/2012/dempsey - informationalfutures. pdf.

[17] 罗博, 吴钢. 创客空间: 图书馆新业态发展实践与启示 [J]. 情报资料工作, 2014 (1): 97 - 101.

[18] Nielsen M. Reinventing discovery: The new era of networked science [M]. Princeton: Princeton University Press, 2012.

[19] Open science for the 21st century [EB/OL]. [2013 - 12 - 20]. http://cordis. europa. eu/fp7/ict/e - infrastructure/docs/allea - declaration - 1. pdf.

[20] 张晓林. 开放获取、开放知识、开放创新推动开放知识服务模式——30 会聚与研究图书馆范式再转变 [J]. 现代图书情报技术, 2013 (2): 1 - 10.

[21] Kroski E. 10 great technology initiatives for your library [EB/OL]. [2013 - 12 - 20]. http://americanlibrariesmagazine. org/features/02192013/10 - great - technology - initiatives - your - library.

[22] The Library of Congress 的所有相片 [EB/OL]. [2013 - 01 - 07]. http://www. flickr. com/photos/library_ of_ congress/.

[23] What's on the menu? [EB/OL]. [2013 - 01 - 07]. http://menus. nypl. org/.

[24] Scupola A, Nicolajsen H W. Open innovation in research libraries-myth or reality? [J]. Management of the Interconnected World, 2010: 3 - 10.

[25] Cooperation [EB/OL]. [2014 - 02 - 25] http://www. ruc. dk/en/cooperation/.

[26] Kelley M. Palo Alto Library makes data available via an open platform [EB/OL]. [2013 - 03 - 03]. http://www. thedigitalshift. com/2013/02/public - services/palo - alto - library - makes - data - available - via - an - open - platform/.

[27] 科研教育开放信息创新应用大赛精彩落幕 [EB/OL]. [2013 - 02 - 20]. http://www. las. cas. cn/xwzx/zyxw/201401/t20140120_ 4025730. html

[28] Detroit Public Library [EB/OL]. [2013 - 12 - 30]. http://www. detroitpubliclibrary. org/hype.

[29] Grant awarded to the Detroit Public Library develops tomorrow's innovative leaders [EB/OL]. [2012 - 09 - 25]. http://www. prlog. org/11983547 - grant - awarded - to - the - detroit - public - library - develops - tomorrows - innovative - leaders. html.

[30] 以智慧服务理念, 探索阵地服务转型 [EB/OL]. [2013 - 07 - 26]. http://xh-smb. com/20130726/news_ 20_ 1. htm.

[31] British Library. Open Innovation: An event at the British Library [EB/OL]. http://britishlibrary. typepad. co. uk/patentsblog/2012/04/open - innovation - an - event - atthe - british - library. html.

[32] British library and the open innovation project working with others to make new ideas fly

[EB/OL]．[2013 – 12 – 20]．http：//britishlibrary. typepad. co. uk/inthroughtheout-field/2011/10/british – library – and – the – open – innovation – project – working – with – others – to – make – new – ideas – fly. html.

[33] Whitehead T. Flipped classrooms, librarians as "defenders of wisdom" and the hottest tech tools [EB/OL]．[2013 – 12 – 20]．http：//www. thedigitalshift. com/2013/06/k – 12/flipped – classrooms – librarians – as – defenders – of – wisdom – and – the – hottest – tech – tools – iste – 2013/.

[34] Directory of Open Access Journals [EB/OL]．[2013 – 12 – 30]．http：//www. doaj. org/.

[35] Registry of Open Access Repositories [EB/OL]．[2013 – 12 – 30]．http：//roar. eprints. org/.

作者简介

邓玉，中国科学院大学、中国科学院文献情报中心硕士研究生，E-mail：dengyu@ mail. las. ac. cn；

贾苹，中国科学院文献情报中心研究馆员，硕士生导师。

基于生态位的参考咨询联盟
发展战略研究

任何一个有物质的、精神的、社会的和人文的要素构成的具有类生物特征的有机体都可以将现代生态学的核心概念——生态位引入其中。伴随着以协议或契约为联结方式而形成的联盟性质的组织形态的产生,生态位的研究也已经开始渗透于企业联盟、信息联盟、图书馆联盟等多种载体。但是以参考咨询联盟生态位为基本研究对象的还未涉及。本文是基于生态位的参考咨询联盟的初步探索。将有利于参考咨询联盟间不断挖掘自身的潜在和突破竞争,借鉴生态位的理论和实践,认清自身的资源优势和在整个生态系统中的地位,合理定位,促进联盟的发展。

1 参考咨询联盟生态位"态"、"势"属性

参考咨询联盟作为一种"形非而是"的新型组织体,有物质和精神要素,有生命轨迹,是包含了若干有生命咨询个体的有机体,是以实现资源共享、互惠互利为目的而组织起来的受共同认可的协议和合同制约的图书馆联合体,群体性、协作交互性以及集成性使得它就像一个生物体单元一样具有一定的生态位,符合生态位原理。生态位作为描述某个生物体单元在特定生态系统与环境相互作用过程中所形成的相对地位和作用,是"态"、"势"两方面的综合[1]。笔者认为,如果从这两个方面综合考虑看,任何一个参考咨询联盟生态位对比于生物生态位都有其特质性,应该主要取决于以下三个层面:①"态"的属性,反映的是联盟体内咨询单体自身的新陈代谢,即咨询单体为了自身状态最优化的自身协调,也就是生态位生存层面,比如单体良好的网络信息化管理能力、核心技术能力等。②"态"和"势"的交界面属性,反映的是联盟内各个咨询个体之间的相互协调性。参考咨询联盟体是包含了若干成员馆或咨询机构的参考咨询有机体,是以一个由全国、地方、区域构成的制约联合体。因此,联盟的目标就是在设计支持各种各样协同工作的应用系统中,群体能够协调完成一项共同的咨询任务。处于这样的协同生态环境里的参考咨询个体,会在其特定的联盟环境中能动地与其他的参考咨询个体以及社会各类咨询机构之间相互作用而形成一定的相对功能和地位,也就

是生态位发展力层面，如联盟的界面管理能力、战略能力、资源利用和整合能力等。③"势"的属性，反映的是联盟体内咨询单体与联盟大环境下的物质、能量、信息的交流转换情况，也就是生态位竞争力层面。联盟体所处的大环境具有自身的信息资源空间要素特征，如服务对象、服务制度、技术状态等。咨询个体存在于该联盟关系网络环境下，必然会有交叉，交叉又必然会产生"节点"。咨询个体通过不断创新的服务进化能力填充网络交叉中的这些节点，以实现其在咨询联盟生态系统中的多维度生态位（功能维度、资源维度、时空维度）。也正是由于这些多维度的存在，才会有生态位的重叠[2]。尽管联盟生态位通过这三个层面的能力体现，但三者不是孤立的，而是交互作用、互为因果的。

因此，笔者把参考咨询联盟生态位定义为"在一定的社会经济环境下，以拥有各种咨询机构或者图书馆为支撑，通过内部的关系网络大环境，能动地与其他联盟相互作用而满足用户咨询需求所形成的相对功能和地位。"

2 参考咨询联盟生态位维度模型

借鉴夏有根《图书馆生态位概念及基本原理研究》中的观点[3]，参考咨询联盟生态位也可以看作是由资源和需求两个变量及控制参数综合来描述的，前者是联盟固有性质，后者是基于前者的时空特性和制度、技术要素，两者的互动就构成了参考咨询联盟生态位维度模型，如图1所示：

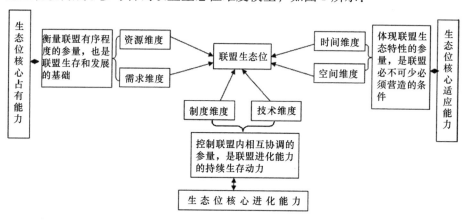

图1 参考咨询联盟生态位维度模型

在图1中，参考咨询联盟生态位核心占有能力[4]中的资源维度既包括联盟拥有的资源状况，又包括联盟拓展资源的能力，比如馆藏资源、信息资源、人力资源、资金资源等；需求维度是联盟价值的体现所在，也包括现实需求和潜在需求两个方面；空间维度更体现的是虚拟弹性网络中的位置因子，而忽略了地理区位因子的限制[5]。因为毕竟联盟是通过资源网、内部网和合作网三大价值网实现共享系统和合作机制联结在一起的。

总之，不同参考咨询个体有自身不同类型的 N 维度，影响联盟内每个条件和联盟能够利用的每个资源综合起来就是一个明确划定的多维生态位。

3　基于生态位理论的参考咨询联盟形成机理

根据生态位演变遵循的 Logistic 规律[6]，如果我们仅考虑单个咨询机构的情况，当单体的生态位宽度不断拓展时，单体可以利用很多的信息资源，满足更多的需求维度。伴随着生态位宽度的进一步增加，就会造成生态位的重叠而发生竞争。再加上咨询个体自身内部各种制约因素的限制，实现类似于企业增长率的提高就会受限。也就是说，如果该咨询机构与其他咨询机构重叠小，可减少外在的竞争压力，在特定时期内能够实现一定程度上自身增长率的提高，但其生态位宽度较窄，不能够适应当今用户需求的多样化和快速化。因此，单体必须寻求一种新的策略来使其生态位达到一种平衡，这就是战略联盟。战略联盟作为一种创新组织，正是两个或两个以上咨询机构相互之间合作的安排。从生态位的角度看，参考咨询联盟就是参考咨询间的资源共享和资源互补达到了联盟成员生态位密度的增加以及资源利用量的增加。同时，联盟成员又是独立存在的生物体，从某种程度上讲又可以实现在联盟生态位密度增加的基础上的特化。换句话说，参考咨询联盟是参考咨询生态位特化与泛化的综合体。

4　基于生态位理论的参考咨询联盟发展战略

Hutchinson 命某特定生物生存和生殖的全部最适生存条件为该种生物的基础生态位[7]。在这个生态位中，生物的所有物化环境条件都是最适宜的，而且不会遇到竞争者和捕食者。但是毕竟基础生态位是一个假设的理想生态位。任何一个生物在群落中都必须寻找出自己的现实生态位，找出所有限制的各种作用力，只有这样才能找到真正的最优发展。

4.1　避免生态位重叠

当联盟体内两个或者更多的咨询机构在同一联盟中利用相似的资源即为重叠。也就是会有一部分空间为几个生态位的 N 维超体积共同占有[2]。随着重叠维数的增加，联盟在资源维、需求维、时空维、技术制度维上重叠的程度就增大，竞争就越激烈。无论个体在联盟生态位上处于什么级别，骨干型也好，小生位或者中间位也好，都是共生、开放、共享联盟系统中不可或缺的。每个联盟成员都需要冷静地选择适合自身信息资源特点的生态位，不断地全方位调整，获得比较生存优势，避免与其他成员生态位的重叠。重叠会致使网络成员个体达不到联盟活力的目的，用户达不到满意度，势必造成联盟的频繁变动。但是如果仅仅避免了重叠，却忽略了利用共享联盟体内的信息资源也是不可行的。仅仅采用毗邻式的结合，一旦联盟体内与之关系最密切的个体退出联盟，则对新进个体的联盟地位产生很大的影响[8]，也不能适应当今用户需求的多样化和广泛化。因此，从生态位的角度看，最合理的应该是充分利用前提下的不重叠——宽生态位联盟可以适应多维环境，倾向于多元化服务；窄生态位联盟可以进行专业化的咨询服务。正如公共图书馆、高校图书馆、科研图书馆参考咨询服务上有着天然信息资源与服务对象的互补性，咨询员在咨询业务的经验上也有互补性一样，我们需要做的正是根据这种互补性，找出核心能力的构成要素。

4.2 谋取小生位

由于参考咨询联盟属于人工的类生态系统，人为的干扰控制会致使物种的单一性，从而也产生较多的空白生态位。笔者认为空白生态位是相对于生态位宽度而言的。在生态学上，生态位宽度（niche breadth）表示生物利用资源多样化的程度。同样，我们可以定义参考咨询联盟生态位宽度指的是咨询个体在联盟有限的多维生态位空间中占用的资源总和或比例。它描述的是一个联盟体内咨询个体充分利用自身信息资源、专家资源及服务资源的状况。反映的是咨询个体和联盟利用已有的信息资源与服务范围，表示的是自身的信息功能和利用信息的多样化程度。如果能合理运用生态位宽度，把适宜而有价值的咨询联盟引入系统中，创造更多的信息资源、更专业的知识资源，填充空白的生态位，就可以形成一个更具有多样化物种的生态系统。在此基础上，再充分利用高层次的空间生态位，使有限的信息资源、馆藏资源得到合理利用。正如按照彼得·德鲁克的理论[9]，咨询联盟应该致力于寻找信息资源服务的缝隙、用户缝隙等一些现有咨询服务没有顾及到的缝隙领域，并在这些缝隙领域中建立起自己的优势。这些缝隙领域正是竞争薄弱区域，是生态位分离的联盟之间都没有占据的细小空白条形区域。如果一个联盟没有先行优势或者为了凸显优势，谋取小生位应该是较好的战略选择。中山图书馆信息部创办的《决策内参》、深圳图书馆剪报服务中心的《港澳台财经快讯》、吉林省联合网上参考咨询为特定企业编辑的《高层决策参考》都是咨询个体为所在联盟谋取到合理小生位的表现。

4.3 发展附生生态位

伴随着参考咨询生态位发展而发展的生态位称为附生生态位。作为信息产业生态圈的一部分,它有别于栖息于某一固定环境中的生物,因此可以采取供应链管理方式,依赖联盟环境内外较为稳固的分工与协作关系,如邮政服务网、通信网、互联网等现代网络形成的空间复合网络经济体系,信息服务商、集成化信息提供商等。与这些行业建立稳固的协作关系,在更高层次上实现集群创新和群体协同进化。最显著的,在未来泛在业务环境(MUSE)[10]下,能否将手机等现代技术运用到咨询联盟的建设中去也备受关注。成都理工大学、重庆大学等高等院校的手机图书馆也正在尝试或者已经尝试了以手机为中介,来做高校的参考咨询联盟服务。相信未来基于手机短信、WAP网站、J2ME技术的联盟咨询服务将占据重要地位。

4.4 挖掘剩余生态位

从某种程度上讲,用户的需求与咨询服务的供给往往并不平衡。当用户的咨询需求只得到了局部满足或者根本没有得到满足,抑或是原本已经满足了的用户由于其高层次的需求而变得不满足时,就会产生大量的剩余生态位。剩余生态位指的就是那些已经被现有的竞争者和潜在入盟者所发现,但是由于技术、资源、人力等限制,还未能占据的生态位空间[3]。因此对于这部分生态位,联盟体就必须花费一定的努力,通过更广阔的人力、技术和资源来充分挖掘这部分潜在的生态位。从信息资源的稀缺,到信息资源的相对丰富,再到泛在、移动、无线、隐形和智能的信息环境,这一系列的变化特征无疑推动着我们的咨询服务经历了从到馆咨询—网络终端咨询,单体咨询—联盟咨询,再到未来泛在咨询服务[10]的变化。这也正是在信息环境变化的大背景下,咨询联盟生态系统不断挖掘剩余生态位的结果。当然了,在挖掘生态位的同时,对潜在联盟伙伴的分析也很关键,一定要做到优势互补,资源共享。

4.5 合理利用生态位密度

生态位密度指的是单位生态位上咨询个体的数量[11]。参考咨询联盟体内的个体包括横向联盟和纵向联盟。前者多以竞争为主,生态位密度往往与个体数负相关,后者则相反。如果生态位密度与个数负相关,竞争效应显著,咨询联盟保护核心力量就显得很重要,应该在重视相互学习的基础上保护自身的核心力量。如NSIL的大量特色专题数据库,网上联合知识导航站的上海地方文献及东南亚专区的信息资源，这些都是联盟体核心力量不可替代的。如果生态位密度与个数正相关，协同效应显著，这时候咨询联盟保护核心力量就显得不那么重要了。如湖南省文献信息资源共建共享协作网采用了各个成员馆轮流值班的方式服务于有信息需求的普通大众，均衡地使用各类广泛的资源。

4.6 扩大生态位容量

生物个体必然有其产生、成长到死亡的过程，但是作为生物的组合，即物种却是延绵不断的。为了生物生态位，其基因一般由上一代通过繁殖传给下一代，从而保证其相对稳定性。咨询联盟与物种有相同的生存目的，不断适应变化着的用户需求，以获得长久的生存和发展。因此联盟生态位的基因（如某个图书馆或者咨询机构的制胜战略、核心能力、管理策略等）不仅可以由联盟体向潜在个体传授，而且可被联盟间潜在自带学习、复制，这正是联盟生态位扩大自身容量的最好途径。从最早的"全国图书馆信息咨询协作网"到"网上联合知识导航站"以及最近两年启动的"湖北省图书馆网上联合咨询"、"CALIS 联合参考咨询系统"可以感受到，启动时间越晚的系统在借鉴和学习之前系统的前提下，完善得很快。CALIS 系统在之前系统的表单方式咨询、简单检索浏览功能、单语种前提下，不断完善，不断扩大自己的生态位容量，提供了一般检索、高级检索及组合检索，且语种涵盖了 57 种之多。

4.7 形成适度景观模型

根据爱德华兹的群体选择理论[7]发现很多社会性生物都会有牺牲个体而有利于种群的利他行为模式，尽管这种模式说其有矛盾的一面，但参考咨询联盟体也可以借鉴其做法，在发展过程中除了要能充分体现联盟自组织的同时，还要在外部形成一个类似于生物有机体的适合度景观空间形态。这种形态是生态位内容体系所包含的维度综述和这些维度间的互动程度不断适应的过程，是联盟生态位空间形态演化体现为探寻最适合度景观高峰的攀爬过程。"这种重要的最适度也就是对群体作为一个整体的最适度，也就是一切个体应该力图实现的最适度"[7]。

因此，笔者认为这一生态位原理也正说明了一个参考咨询联盟的咨询个体数量不会无限制扩大的原因。

此外，区别于生物生态位，参考咨询联盟生态位中虚体性因子的地位大于实体性因子的地位，因此，从某种程度上看，开展自己的个性化咨询服务空间，进行错位竞争[12]，如专题信息定制服务、推送服务；针对不同的服务对象，如不同的党政机关、企业、科研单位开展不同的咨询服务；建立一个体现特定性、匹配性、稳定性的联盟生态位评价指标体系也是必不可少的。

5 结 语

总之，参考咨询联盟作为一个有机整体，具有很强的思维性、社会性和主动性，应该有差异化服务战略，抑或叫特性化服务战略。选择合理的生态位是参考咨询联盟体的前提，发挥资源的最大效应是参考咨询联盟体的主要动因。不同馆提供不同类型的咨询服务，不同联盟要在特定的时间内分散占据不同的服务主体区域。参考咨询联盟体要在同系统中来实现协同共生、共同发展，尽量实现生态位分离大于生态位重叠。当然了，咨询联盟作为一个动态发展的生态系统，要根据用户的情况及时调整自身的生态位也是必不可少的。只有动静结合，才能实现咨询个体的协同进行，实现可持续生态位。

参考文献：

［1］ 万伦来，达庆利．虚拟企业类生物机制及其生态位研究．东南大学学报（哲学社会科学版），2003，5（4）：59－65.

［2］ 沈大维，曹利军，成功等．企业生态位维度分析．科技与管理，2006（2）：72－74.

［3］ 夏有根，刘剑虹．图书馆生态位概念及基本原理研究．图书情报工作，2010，54（1）：24－28.

［4］ 纪秋颖，林健．基于生态位理论的高校核心能力评价方法研究．中国软科学，2006（9）：145－150.

［5］ 胡振学，张宇辉．基于生态位构建的企业动态核心竞争力分析．当代财经，2010（2）：68－73.

［6］ 武玉英，田盟．基于生态位理论的企业战略联盟形成研究．统计与决策，2008（6）：174－176.

［7］ 田大伦．高级生态学．北京：科学出版社，2008.

［8］ 刘晓燕，阮平南．基于生态位理论的战略联盟稳定性研究．北京工业大学学报（社会科学版），2007，7（2）：29－31.

［9］ 刘希宋，金鹏，喻登科．基于生态位的管理职能与竞争战略新探．生态经济，2008（1）：52－55.

［10］ 鄢小燕，李名洋．国内图书馆手机移动信息服务现状研究．图书馆学研究，2010应用版（1）：63－67.

［11］ 彭璧玉，李熙. 生态学视角的产业组织成长理论研究. 经济评论，2009（1）：147 －153.

［12］ 龙叶. 基于生态位理论的图书馆联盟发展策略研究. 图书馆建设，2009（1）：31 －34.

作者简介

桑琰云，女，1979 年生，馆员，硕士，发表论文 7 篇。

基于 SWOT 分析的农家书屋
发展战略研究*

1 引　言

　　"世界上最壮丽的宫殿是藏书最多的图书馆",在我国广袤的农村大地上,能起到这种作用的是"农家书屋"。农家书屋是为满足农民群众阅读学习的需要,解决广大农民"买书难、借书难、看书难"的问题,建立在行政村、由农民自己管理、免费提供图书报刊和音像电子产品及阅读条件的公益性文化服务设施,是造福农村居民的公益性事业。笔者作为高校图书馆服务农家书屋的志愿者,通过帮扶石家庄周边区县的一些农家书屋,发现其建设很不容易,但巩固更为困难,尤其在书屋管理和持续发展等方面存在亟待解决的问题。为了防止这一惠民工程成为"政绩工程"而昙花一现,应从书屋建设之始树立科学发展观,未雨绸缪,积极探索有效的建、管、用长效机制,使农家书屋真正成为农民心中"最壮丽的宫殿"。本文根据农家书屋发展现状,应用 SWOT 分析法,对书屋内部因素和外部环境进行全面系统分析,并将其内部优势和弱势与外部机会和威胁相匹配,构建起农家书屋发展战略模型及其实现途径。

2 农家书屋建设发展现状

　　农家书屋最早于 2005 年在甘肃、贵州试点,2007 年在全国推开。从 2005 年 225 家、2006 年 2 550 家、2007 年 21 380 家、2008 年 56 157 家、2009 年 133 274 家,发展到 2010 近 30 万家[1]。2007—2010 年,中央财政累计拨付专项资金 34.7 亿元,中西部地区配套资金和东部地区投入资金达 30 余亿元[2],完成了原定的"十一五"建设任务。自 2010 年起,"十二五"农家书屋工程建设提前启动,计划到 2012 年基本实现全国村村有书屋目标,比原计划提前了 3 年。农家书屋建设至今,在选点与基础设施、资金与书刊来源、管理人

　　* 本文系 2010 年度河北省社会科学基金项目"高校图书馆与'农家书屋'的统筹协作研究——以石家庄周边区县为例"(项目编号:HB10STW009)研究成果之一。

员与编制、借阅与使用效率、培养农民阅读习惯等方面取得可喜成绩，为促进农村物质、政治和精神文明协调发展，提供优质的公益服务和智力支持。如石家庄正定县新城铺镇北辛庄村村民石洪波在自家临街杂货店里办起的"农家女书屋"，方便了村民借购物之机到书屋借阅，为本村居民带来知识与享受，小书屋虽不壮丽却也陋室生花。"偷来诗词三分魄，借得书香一缕魂"，村民们通过阅读，增长了知识、陶冶了情操，滋养了心灵。石家庄藁城市岗上镇岗上村的农家书屋，是一栋建筑面积达 600 平方米的独立二层小楼，有 40 个书柜，两米连体或三米连体的双面书架若干，藏书达 7.5 万册，其规模、藏书量及管理都堪比一个小型图书馆。书屋无论大小，在为农民提供科技文献信息、促进农民阅读等方面起着积极作用。

3 农家书屋 SWOT 分析及发展战略选择

3.1 SWOT 分析法

SWOT 分析法，最早由哈佛商学院的 K. J. 安德鲁斯于 20 世纪 70 年代提出，是欧美国家在战略管理和规划领域广泛应用的主流分析工具，即在调查研究基础上，确定并列出与研究对象密切关联的内部优势（Strengths）和弱势（Weaknesses）、外部机会（Opportunities）和威胁（Threats），然后运用系统分析方法将各因素相互匹配，得到最优决策的分析方法[3]。其主旨在于分析组织内外环境和问题，把调查分析数据进行排序，列出对组织有重大影响的因素，通过调整，扬长避短，预测未来发展趋势，选择适合组织发展的战略。中国海尔、中国电信、沃尔玛等国内外知名集体都曾用 SWOT 分析法来建立自己的发展战略。

SWOT 分析有 5 个步骤：分析并列出组织的内部优势、弱势、外部机会、威胁和构造 SWOT 分析模型。将各因素相互匹配，分别形成 SO、WO、ST 和 WT 战略，并依据这些战略及并根据组织自身情况，确定适合组织的发展战略，如表 1 所示：

表 1　SWOT 模型

因素	优势－S	弱势－W
机会－O	SO 战略（增长、发展型战略）：发挥内部优势并充分利用外部机会	WO 战略（防御型战略）：利用外部机会来弥补内部弱势
挑战－T	ST 战略（改进型战略）：利用优势回避或减轻外部威胁影响	WT 战略（改进型战略）：减少内部弱势的同时规避外部环境威胁

3.2 农家书屋 SWOT 分析模型及战略选择

应用 SWOT 模型（见表2），分析出农家书屋自身优劣势和外部发展机遇与威胁，以此制定农家书屋发展的中长期策略。

表2 农家书屋 SWOT 分析模型

内部条件	优势	● 书屋的场所优势 一般建在交通便利、农户相对密集区域，如村委会、学校、商店等，这些地方人气旺，利于书屋的宣传推广和使用。 ● 为新农村建设提供科技文化知识和信息支撑优势 书屋作为最基层的文献信息收藏中心，收集了政治经济、科技文化、种植养殖等方面的文献信息资料；担负着服务农民和传播文献信息的任务。 ● 管理员的热情投入优势 书屋管理员大多由村干部兼任，在书屋建设的认识上有一定高度，有较高个人文化素质和工作能力，在管理工作中投入了极大热情和努力。 ● 作为农村新生事物的新鲜感吸引优势 书屋是近三年才在全国农村建立起来的公共文化设施，属于农村的新生事物，其免费和公益性吸引着广大农民前往了解和观看。
	劣势	● 书刊资源的内容配置不尽合理 书屋的书刊大多由各地新闻出版部门统一配送或社会捐赠，内容配置不尽合理，大多没有配置影视、网络等电子资源，势必会影响书屋的使用和发展。 ● 缺乏科学管理理念和长效管理机制 书屋基本上沿袭市县公共图书馆旧的管理模式，采取闭架或半开架借阅方式，读者要交押金（一般为10元）办理借书证。相对繁琐的借阅手续对文化程度不高的农民来说有一定阻碍。 ● 管理员缺少必要的专业培训 兼任书屋管理员的村干部，未接受过图书管理方面的培训，缺乏相关专业知识，导致书屋的服务形式单一，多停留在书刊借还的浅层阶段，不能完全满足农民多层次、多样化的文化需求。 ● 能激起村民阅读兴趣的活动较少 大部分书屋刚刚建成，书刊借阅服务刚刚起步，书屋所开展的读书用书活动较少，不能激起广大村民的阅读兴趣。

外部条件	机遇	• 国家政策扶持、政府推动和资金投入，是最强有力的外部支撑推动力量 农家书屋工程是由政府统一规划、组织实施的惠民工程。中央和地方政府分别加大投入，使这项工程有了基本的资金保障。各地、各部门齐抓共管，建立健全组织领导和协调机构，为书屋建设提供了有力的组织保障。 • 社会各界捐助、帮扶和志愿服务，是工程顺利实施的有力保证 越来越多的企事业单位和个人参与到书屋建设中来，社会捐赠的规模、数量和志愿帮扶服务日益增长。 • 农民内在学习动机和现实文化需求，提供了良好基础和强大动力 农家书屋被誉为"农民家门口的图书馆"，方便农民读书学习，正成为百姓的"精神粮仓"、脱贫致富的好帮手。
	威胁	• 领导重视程度直接影响书屋建设与发展 农家书屋是一项自上而下层层推进的工程，部分地区的基层领导仍对书屋的重要意义缺乏足够认识，主动参与意识不强；担心此工程是一阵风，存在消极应付思想；有些村干部以经济基础差为借口，不为书屋添置设施、更新书籍。 • 资金缺乏威胁书屋建设与发展 建一个书屋需 2 万元专项资金，由中央和地方财政各负担 50%；而维持已建成书屋的正常运转和发展所需资金无固定来源，有些经济不发达的地方财政，拿不出建书屋所需的一半资金，工程进展缓慢。 • 农民保守的学习理念导致读书兴趣不高 在广大农村，农民固守着学习是年青人的事情，并由于缺乏必要条件和良好阅读氛围，大部分农民没有形成良好的学习阅读习惯和终身学习理念。 • 广泛的学习空间、学习途径的竞争压力 电视、电脑、广播、手机、互联网等通讯设施已深入农村，农民可从多种途径获取知识信息。各市县公共图书馆的开架借阅、新华书店的打折销售、超市售书场所的自由翻阅等学习空间不断扩大，给农家书屋带来不小压力。

确定农家书屋发展战略应以结合外部机会与内部优势的 SO 战略为基础，同时考虑农家书屋的弱势，兼顾 WO 战略，达到增强农家书屋影响力和可持续发展力，促进其发展的目的。农家书屋发展战略分两步走：①建设发展战略（SO 战略）。抓住外部机遇，充分利用书屋内部优势，通过构建组织领导机制和考核验收机制、建立统筹协作联盟等策略，稳步推进农家书屋工程建设。②管理发展战略（WO 战略）。利用书屋外部机遇来弥补内部弱势，通过构建资金投入保障机制和资源配置机制、制定完善的管理制度和选聘培训制度、开展读书用书活动等策略，使农家书屋逐步走向科学管理和发展轨道。

4 基于 SWOT 分析的农家书屋发展战略实现途径

4.1 以国家政策支持为契机，构建责任明确的组织领导机制和考核验收机制

我国计划 10 年内实现全国 64 万个行政村村村有书屋[4]，要想使此工程持续顺利开展，就必须加强领导，构建责任明确的组织领导体制和工作机制：①各省市书屋工程领导小组，由各省市主管文化工作的领导组成，负责省市书屋工程建设规划、落实和督导等工作；②各县乡镇书屋工程领导小组，由各县乡镇主管文化工作的副职作为负责人，抓好组织、协调、调度和指导，实行工作负责制；③各村明确一名村干部具体抓书屋建设工作，做到上下协调、配合，统一联动的工作机制。如江西九江"党委统一领导、政府积极主导、部门密切配合、社会各界捐建、农民自主管理"的"五位一体"[5]和安徽蚌埠"二会、三通、四落实、五结合"的工作机制[6]，都是各地在书屋建设中探索出的行之有效的工作机制。

为确保质量，书屋工程领导小组应构建考核验收机制。考核验收内容包括：书屋工程的领导机构成立情况、建设资金投入使用情况、年度实施计划完成情况、出版物选配是否达到总署规定的要求、硬件设施是否配齐、管理和使用是否到位等情况。据悉，新闻出版总署已对 2009 年中西部各省农家书屋工程，按照 1%~2% 的比例对已建成的书屋进行抽查验收[7]，结果显示，全国农家书屋工程建设总体情况良好，领导机制和工作机制逐步健全，资金落实得到有效保障，在建设、管理等具体环节上积累了许多好经验。

4.2 充分利用政府投资主导和社会各界的推动力量，构建多来源资金投入保障机制和资源配置机制

在政府主导基础上，争取社会力量广泛支持，构建多来源资金投入保障机制。分三步走：①政府拨款，省、市、县、乡、镇政府每年从文化建设经费中划拨一点，投入到书屋建设中；②鼓励企事业单位、社会捐资兴办农家书屋；③鼓励、支持个人投资，尤其是受益于书屋信息发家致富的农民投资兴办书屋。如河北省藁城市文体局《关于建设"新农村书屋"的实施意见》中提到："建设资金主要以乡镇、村投入为主，以热心企业赞助、机关单位援助、社会团体资助、受益群众互助为辅"[8]，基本保障了资金来源和投入。

构建选书配书、补充更新并重的资源配置机制，实现为书屋选好书、配好书、添好书、换新书的目标：①在书目选择上突出"农"字特色，根据一地一别，甚至一村一别原则，设定书刊品种结构，挑选适合"农业、农民、

293

农村"特色图书；②在资源配备上经常补充更新。可通过投资购买和接受捐赠、不同书屋之间的交换、与图书馆资源共享等途径来实现；③重视农村青少年教育，配置相当比例的青少年喜欢的优秀小说、文史、科普等读物；④注意书、报、刊的采购比例和各类图书的采配份额，适当提高如《生活导报》、《农村百事通》等生活类报纸和《读者》、《故事会》等品牌期刊的比例，适当加大致富信息、农业和法律知识的配置比例。

4.3 以书屋为主体开展丰富多彩的读书用书活动，使书屋真正成为培养新型农民的"充电场"和"黄金屋"

首先，书屋要依靠藏书优势组织多彩活动，鼓励、吸引农民读书看报，养成善于学习的习惯；其次，书屋要利用"服务育人"的教育功能，举办各种技术培训班，聘请专家为农民讲解技术，加强对农民科技教育和培训，提高农民科学种田、养殖能力。如石家庄正定县新城铺镇小邯村紧抓住"农家书屋"这块阵地，成立了"邯村读书会"，读书形式有自研自学、集体交流、论坛活动、专题讲座等，日均 200 人次光临农家书屋[9]。2010 年初，以"我的书屋，我的家"为主题的农家书屋阅读讲演活动在全国展开，通过让农民讲述读书用书体会和感受，极大地调动农民读书热情和积极性，使书屋与全民阅读计划、教育培训活动结合起来。"如今农民跟时代，钢笔本子随身带；不打麻将不摸牌，有空就到书屋来；读书看报取真经，富了脑袋富口袋"[10]。吉林省农民新编的顺口溜道出了农家书屋给他们带来的可喜变化。

4.4 借助图书馆专业人员提供的志愿帮扶服务，与各级各类图书馆建立统筹协作联盟

随着书屋工程不断深入，图书馆界人士的志愿帮扶服务已蔚然成风。农家书屋应积极探索与图书馆建立联盟，实现资源共享、联合管理、联合服务的统筹协作思路：①配备了电脑、能上网的书屋，可通过网络与图书馆建立联系，以互联网、移动存储、镜像、光盘等方式，实现网上资源共享，拓展书屋的信息服务功能；②利用图书馆丰富的人才资源，为农民提供科技帮助，如科普咨询、技术服务等，拓展书屋的教育培训功能；③充分利用公共图书馆"三下乡"机会，将书屋作为"三下乡"活动的主要阵地，联合举办如健康知识讲座和专家义诊等系列服务活动，拓展书屋的基层阵地功能。

4.5 借鉴图书馆管理模式，制定完善的农家书屋管理制度和管理员选聘培训制度

书屋建设和运转需要完善的管理制度。书屋管理制度包括：①硬件设施

［7］ 2009 年农家书屋工程督查验收工作综述．［2010 - 09 - 03］．http：//www.chi-naxwcb.com/index/2009 - 09/23/content_ 180587.htm.

［8］ 藁城市积极谋划新农村书屋工程建设．［2010 - 08 - 16］．http：//xinnongcunshuwu.blog.sohu.com/76505859.htm.

［9］ 河北省农家书屋建设工程纪实．［2010 - 09 - 03］．http：//www.gapp.gov.cn/cms/html/21/1167/200907/465092.html.

［10］ 吉林：农家书屋撑起农家一片天．［2009 - 09 - 07］．http：//www.chinajilin.com.cn/content/2009 - 09/07/content_ 1717896.htm.

［11］ 李英．农家书屋可持续发展影响因素分析与对策研究．图书情报工作，2010，54（1）：104 - 107.

［12］ 河北 5000 名农家书屋 管理员统一受训．［2010 - 08 - 16］．http：//www.zgnjsw.gov.cn/cms/html/306/2310/201008/701699.htm.

作者简介

姚秀敏，女，1968 年生，副研究馆员，发表论文 18 篇，参编著作 1 部。

樊会霞，女，1966 年生，馆员，发表论文 10 篇。

296

管理：规范屋舍、设备、书刊资源的保管、使用、损坏和丢失等责任；②服务管理：规范书刊借阅期限、数量、开放时间、管理员责任、读者权利义务等；③资金管理：规范政府资助、社会捐助和经营性收入资金；④资源共享和更新淘汰管理：规范图书交换时间和内容，建立更新淘汰规则。农家书屋要做到制度上墙，出版物登记、编目、摆放规范，日常管理到位。实践证明，完善的管理制度对于书屋的可持续发展大有裨益，如甘肃省由于建立相关的管理制度，其图书完好率和按期归还率都在98%以上[11]。

管理员选聘培训制度是决定农家书屋成败的关键。首先，选聘责任感强、服务意识好、文化素质高的同志作管理员。从各地经验看，3类人做管理员效果较好：①大学生村官，受过高等教育，有过利用图书馆的经验，有较好的文化知识储备，年轻有热情，有固定补贴；②中小学老师，有文化有知识，对书屋工程认识到位，熟悉农村生活，了解农民心理，开展工作有针对性；③热心文化事业的老同志，他们认真负责，办法较多。其次，无论是专职还是兼职管理员，都要经过培训，以提高他们的业务技能和服务水平。2010年8月，河北5 000名农家书屋管理员统一受训，培训要达到5个目的：①提高管理员的自觉性和责任感；②管理员明确图书管理的一般要求、程序和条件；③管理员了解书屋工程的有关要求；④管理员要了解群众需求，及时向上反映；⑤管理员对书屋出版物有关情况要了如指掌[12]。此外，由于农家书屋借鉴图书馆管理模式，最有效的培训就是邀请图书馆专业人员，对书屋管理员进行现场实践指导，有针对性地解决书屋在实际管理中遇到的问题，为农家书屋今后发展打下坚实基础。

参考文献：

[1]　农家书屋带动农民读书热．［2010 – 11 – 02］．http：//www. gapp. gov. cn/cms/html/21/1168/201009/702813. html.

[2]　农家书屋成推动新农村建设有力抓手．［2010 – 11 – 02］．http：//www. zgnjsw. gov. cn/cms/html/306/2483/201010/704926. html.

[3]　赵丽莹，刘彤，王小唯．高校科技期刊开放存取出版的SWOT分析．中国科技期刊研究，2010，21（3）：361 – 365.

[4]　我国计划10年内实现全国64万个行政村村村有书屋．［2010 – 09 – 25］．http：//www. gapp. gov. cn/cms/html/21/1165/201009/703430. htm.

[5]　九江市新闻出版局：完善"五位一体"工作机制全面推进农家书屋工程建设．［2010 – 08 – 16］．http：//www. jxcbj. gov. cn/system/2009/12/21/011272060. shtml.

[6]　安徽蚌埠创立各项工作机制　建好用好农家书屋．［2010 – 08 – 16］．http：//www. chinaxwcb. com/xwcbpaper/html/2009 – 12/16/content_ 1392. htm.